숨어있는
문화유산 속으로

김병인·조상현 저

景仁文化社

책을 내면서

역사를 공부하다 보면 주변 사람들로부터 여러 가지 질문을 받는다. 무궁화가 우리나라 국화가 된 까닭은 무엇인가요? 임금에게 종과 조를 붙이는 법칙이 정해져 있나요? TV 사극에 등장하는 주인공의 운명은 어떻게 되죠? 가을 답사에 좋은 곳은 어디인가요? 절에 있는 卍자는 무엇을 뜻하나요? 부처님의 이마에는 왜 보석이 박혀 있나요? 탑의 층수는 어떻게 세죠?

쉽게 대답할 수 있는 질문도 있고, 궁색한 답변을 늘어놓아야 하는 물음도 있다. 역사를 전문적으로 공부하지 않은 사람들이 이토록 역사에 관심이 많다는 사실에 새삼 놀랍기도 하지만, 결코 마음상할 일은 아닌 듯 싶다. 역사를 공부하는 일은 늘 외롭다고 느껴온 터라, 대중의 폭넓은 관심을 접하고 나면 큰 위안이 되기 때문이다. 그와 같은 기쁨과 만족감이 이 책을 펴내게 한 가장 큰 힘이 되었다. 즉 "역사전공자가 대중을 위해 할 일은 무엇일까?"라는 무거운 질문에 대한 작은 대답을 내놓은 셈이다.

우리의 역사와 문화에 관한 이야기는 결코 한 권의 책으로 답아낼 수 없을 정도로 넓고 깊다. 그럼에도 불구하고 우리의 역사와 문화유산에 대해서 100문 100답으로 한정시킨 것은 우선 시급한 질문에 대답하고자 하는 소망 때문이었다. 이에 <제1부: 우리 역사와 문화에 관한 이야기>, <제2부: 우리 조상들의 삶과 죽음에 관한 이야기>, <제3부: 우리의 옛 사찰 속에 감춰진 이야기>, <제4부: 우리 문화재를 만나러 가는 답사 이야기>로 나누어 풀어보았다. 제1부에서는 역사와 민족과 관련된 상징적인 문제를 주로 다루었고, 제2부에서는 양반과 선비, 백성과 농민, 남자와 여자의 생활상을 함축시켰다. 그리고 제3부에서는 현존하는 문화재 대부분을 차지하는 사찰문화의 면면을 소개해 두었으며, 제4부에서는 바람직한 답사를 위한 몇 가지 제언을 해두었다. 100개의 질문을 선정하고

책을 내면서

대답을 찾는 데에 신중을 기하기는 했지만 부족하기 그지없고, 또한 그 대부분도 앞선 연구자들의 연구성과에 의존한 바가 크다. 물론 이 책에서 찾아지는 내용상 오류는 전적으로 필자들의 몫임은 두말할 나위도 없다.

우리의 역사와 문화유산에 관한 대중적이면서도 전문성을 갖춘 책을 펴보고자 마음먹은 지 꽤 오래되었지만, 내용은 결코 만족스럽지 못하다. 다만 기회가 주어지는 대로 수정하고 보충하여 더 좋은 책을 만들어보겠다는 다짐에 위안받을 따름이다. 아울러 이 책이 독자의 손에 전해져서 우리의 역사와 문화에 대한 이해를 높이고 수준높은 답사의 안내자 역할을 해냈으면 하는 마음 간절하다.

이 책은 필자들의 책뒤적임과 발품만으로 만들어진 것은 아니다. 우선 목차를 구성하고 내용을 편집하는 단계에서부터 현장을 답사하고 사진촬영을 하는 데에 이르기까지 많은 시간을 할애하고 도움을 준 전남대학교 사학과 대학원 후배인 배재훈·배재영·박미선과 출간의 기쁨을 온전하게 공유하고자 한다. 또한 어려운 여건 속에서 부족한 책의 출간을 맡아주신 경인문화사 한정희 사장님께 감사드리며, 신학태 팀장님 이하 여러 편집위원들께도 고마운 마음을 표하고자 한다. 특히 수 차례의 교정과 여러 가지 번잡스러운 작업을 해맑은 표정으로 감내해 준 김명선님께 다시 한번 감사의 말씀을 전해드린다.

2003년 10월
김병인·조상현

숨어있는 문화유산 속으로

I. 우리의 역사와 민족에 관한 이야기 …1

1. 우리 민족은 <단일민족>일까? … 2
2. 우리들에게 <단군>은 무슨 의미가 있을까? … 4
3. 우리가 <백의민족>으로 불린 까닭은 무엇일까? … 8
4. 우리나라의 <이름>은 어떻게 변해 왔을까? … 11
5. 우리나라의 <영토>는 어떻게 변해 왔을까? … 15
6. <태극기>는 무엇을 상징할까? … 18
7. <애국가>는 어떻게 만들어졌을까? … 20
8. 우리나라의 <4대 국경일>은 어떤 의미가 있을까? … 22
9. <무궁화>를 우리나라 <국화>로 정한 까닭은 무엇일까? … 25
10. 북한의 <국화>는 <진달래>일까? … 27

II. 우리 조상들의 삶과 죽음에 관한 이야기 …31

11. 국왕의 이름에 붙은 <조·종·군>은 어떻게 다를까? … 32
12. 옛날 사람들은 <임금님>을 어떻게 불렀을까? … 35
13. 국왕은 <하루>를 어떻게 보냈을까? … 37
14. 국왕은 한 명인데, 왜 <궁궐>은 여러 개일까? … 40

Contents / 차 례

15. <여왕>은 왜 신라에만 있었을까? … 43
16. <장희빈>의 이름은 <희빈>일까? … 45
17. 옛 사람들은 <종묘사직>을 왜 중요하게 여겼을까? … 48
18. 옛날 사람들에게 <충>의 의미는 무엇이었을까? … 51
19. 예로부터 <민심>을 <천심>으로 여긴 까닭은 무엇일까? … 54
20. 옛날에는 <총리>나 <장관>을 어떻게 불렀을까? … 56
21. <과거시험>을 볼 때에도 <컨닝>을 했을까? … 59
22. 옛날 <공무원>도 휴가가 있었을까? … 62
23. 옛날 <공무원>도 뇌물을 받았을까? … 64
24. <암행어사>가 출두할 때 <마패>를 내세운 까닭은 무엇일까? … 67
25. 왜 <남자>는 <바깥일>을 하고, <여자>는 <집안일>을 하게 되었을까? … 69
26. 옛 사람들의 <아들낳는 비법>에는 무엇이 있었을까? … 73
27. 누가 <암탉이 울면 세상이 망한다>고 했을까? … 77
28. 우리 조상들은 왜 <가을하늘>을 좋아했을까? … 79
29. 옛날 사람들에게 <24절기>는 무슨 의미가 있었을까? … 82
30. 옛 사람들은 왜 <소>를 소중하게 여겼을까? … 85
31. <노비>도 결혼을 하고 재산을 가졌을까? … 88
32. 옛 사람들은 <물자>를 어떻게 <수송>했을까? … 91
33. 옛날 사람들은 <급한 소식>을 어떻게 알렸을까? … 93
34. <동의보감>의 처방을 따르면 모든 병이 나을까? … 95
35. 옛날 사람들도 여름철에 <얼음>을 먹었을까? … 99

숨어있는 문화유산 속으로

36. 우리 조상들은 언제부터 <김치>를 먹었을까? … 102
37. 옛날 사람들은 <우리나라의 모습>을 어떻게 그렸을까? … 105
38. 옛날 사람들은 무슨 <공부>를 했을까? … 107
39. <돈>은 언제부터 사용했을까? … 110
40. <청자>와 <백자>는 어떻게 다를까? … 112
41. <호랑이 담배피던 시절>이란 언제일까? … 114
42. 옛날에도 <1945년>과 같은 <연도>를 사용했을까? … 117
43. <10간 12지>와 <60갑자>란 무엇을 뜻할까? … 120
44. <몽촌토성>과 <남한산성>은 어떻게 다를까? … 123
45. <성곽> 앞에 <해자>가 있는 까닭은 무엇일까? … 126
46. <향교>와 <서원>은 어떻게 다를까? … 129
47. <광한루>·<식영정>·<소쇄원>은 어떻게 다를까? … 132
48. <누정>에서 선비들은 무엇을 했을까? … 134
49. 옛날 집에는 왜 <굴뚝>이 있을까? … 138
50. <맞배지붕>과 <팔작지붕>은 어떻게 다를까? … 141
51. 옛 건축물의 <기둥>을 <배흘림>한 까닭은 무엇일까? … 144
52. 과연, <명당>이란 존재할까? … 147
53. <능>과 <묘>는 어떻게 다를까? … 150
54. 청동기 시대 사람들은 <고인돌>을 어떻게 만들었을까? … 153
55. 옛 사람들은 왜 <무덤> 속에 <생활용품>을 넣었을까? … 156
56. <백제 왕릉>이 도굴을 많이 당한 까닭은 무엇일까? … 158

Contents / 차례

III. 우리의 옛 사찰 속에 감춰진 이야기 … 161

57. <해탈>이란 무엇일까? … 162
58. <나무아미타불>을 외우면 <극락>에 갈 수 있을까? … 164
59. <원효>는 왜 당나라 유학을 포기했을까? … 166
60. <5교 9산>이란 무엇일까? … 168
61. <108 번뇌>에서 <108>은 무엇을 뜻할까? … 170
62. 우리나라의 <절>은 왜 대부분 <산>에 있을까? … 172
63. <삼보사찰>이란 무엇일까? … 174
64. 스님은 왜 <삭발>을 할까? … 177
65. <큰스님>은 과연 <사리>도 많이 나올까? … 179
66. 스님은 <하루>를 어떻게 보낼까? … 181
67. 스님은 왜 <고기>를 먹지 않을까? … 183
68. <해우소>에 가면 근심이 사라질까? … 185
69. 절에는 왜 그토록 <문>이 많을까? … 188
70. <대웅전>과 <극락전>은 어떻게 다를까? … 191
71. <산신령>이 사찰에 있는 까닭은 무엇일까? … 194
72. 사찰 건물의 <단청>은 왜 화려할까? … 196
73. <팔상전>에는 무엇이 그려져 있을까? … 198
74. <대웅전> 벽면에 그려진 <소>는 무엇을 의미할까? … 200
75. 절 처마 끝에 <풍경>을 단 까닭은 무엇일까? … 204

숨어있는 문화유산 속으로

76. 사찰에서는 누구를 위하여 <종>을 울릴까? … 206
77. <탑>과 <부도>는 어떻게 다를까? … 209
78. 탑의 <층수>는 어떻게 셀까? … 211
79. <백제탑>과 <신라탑> 어떻게 다를까? … 213
80. <불상>의 모양은 시대에 따라 어떻게 변했을까? … 216
81. <불상>의 이마에 <보석>이 박혀 있는 까닭은 무엇일까? … 219
82. <불상>의 손 모양은 왜 다를까? … 221
83. <석등>이 예배의 대상이 된 까닭은 무엇일까? … 224
84. <당간지주>란 무엇일까? … 227
85. 절에 <연꽃> 그림이 많은 까닭은 무엇일까? … 229
86. <卍>자와 <卐>는 어떻게 다를까? … 231
87. 사찰에 <사자>와 <코끼리> 조각이 많은 까닭은 무엇일까? … 233
88. 사찰에 <토끼와 거북이> 조각을 해둔 까닭은 무엇일까? … 235
89. 부도비는 왜 <용머리>에 <거북몸>을 하고 있을까? … 238

Ⅳ. 우리 문화재를 만나러 가는 답사 이야기 … 241

90. 땅속이나 바닷속에서 찾은 <문화재>의 주인은 누구일까? … 242
91. <국보>와 <보물>은 어떻게 다를까? … 244

Contents / 차례

92. <숭례문>이 불타버리면, <국보 제1호>는 다른 문화재로 바뀔까? … 246
93. <동물>이나 <식물>도 <문화재>가 될 수 있을까? … 248
94. <화엄사 4사자 삼층석탑>이라는 이름은 어떻게 붙였을까? … 250
95. 우리나라 <세계 문화유산>에는 어떤 것이 있을까? … 252
96. <조선왕조실록>이 <세계기록유산>으로
　　　　　　　　　　　　　　　지정된 까닭은 무엇일까? … 254
97. <팔만대장경>이 <세계문화유산>으로 지정된 까닭은 무엇일까? … 258
98. <불국사>와 <석굴암>이 <세계문화유산>으로
　　　　　　　　　　　　　　　지정된 까닭은 무엇일까? … 262
99. 답사는 누구와 함께 가는 것이 좋을까? … 267
100. 가장 좋은 <답사지>를 꼽는다면 어디일까? … 270

참고문헌 … 274

1 우리 역사와 민족에 관한 이야기

숨어있는 문화유산 속으로

1

우리 민족은 〈단일민족〉일까?

"한국인은 단일 민족이다"는 주장은 우리 민족을 혈연공동체로 보는 데에서 유래한 것이다. 우리들이 흔히 〈단군의 후예〉·〈7천만 동포〉·〈한겨레〉·〈배달의 자손〉임을 내세우는 것도 이 때문이다. 그런데 막상 우리 민족이 한 핏줄을 가진 순수한 단일민족이라는 과학적 근거는 없다. 즉, 우리 민족을 일본민족이나 중국민족과 비교할 때, 전혀 다른 우리 민족만의 고유의 신체적·유전적 특징을 발견할 수 없다는 것이다. 다만 오랜 기간 동안 같은 지역에서 같은 문화와 환경 속에서 생활해오면서 같은 민족이라는 동류의식이 생겼을 뿐이다.

실제 역사적으로 볼 때에, 우리 조상들이 서로 한 핏줄이라는 의식을 갖게 된 것은 그렇게 오래된 일은 아니다. 예를 들어 신라시대의 골품제도 아래에서는 골품에 따라 승진할 수 있는 관등이 정해져 있었고, 생활하는 집의 크기와 타고 다니는 가마의 종류도 달랐다. 12세의 어린 나이에 당나라로 유학을 다녀온 최치원이 당대 최고의 문장가였음에도 불구하고 신라에서 끝내 출세하지 못한 까닭도 그가 6두품 집안 출신이었기 때문이다. 또한 조선시대에도 양반인가 아닌가에 따라서 일상생활의 차별은 상상을 초월할 정도로 컸다. "아버지를 아버지라 부르지 못하고, 형을 형이라 부르지 못한" 홍길동의 슬픔도 이러한 신분적 차별 때문에 생겨난 것이었다. 우리 역사에서 노비제도가 공식적으로 폐지되고, 광대와 백정이 면천된 것은 1894년 갑오개혁 때였다. 이런 까닭에 〈한겨레 한 핏줄〉에 대한 인식은 적어도 100년 전까지는 존재하지 않았다고 보는 것이 타당하다.

한편 우리 민족을 같은 문화에 토대를 두고 생활양식을 같이하는 〈문화공동체〉로 보는 시각도 있다. 즉 수천 년 동안 한반도에서 살아온 우리 민족은 생활 양식이 동일하며, 같은 언어를 썼기 때문에 고유한 민족성을 갖추게 되었다는 것이다. 그러나 신분제 사회에서 모든 사람이 동일한 문화를 향유한다는 것은 원천적으로 불가능하다. 귀족문화와 서민문화는 근본적으로 공유할 수 없는 차별성을 안고 있기 때문이다. 또한 고구려·백제·신라의 문화가 서로 다르며, 아울러 통일신라시대의 문화와 고려의 그것이 같다고 볼 수 없고, 고려와 조선의 문화 또한 질적으로 다르다. 그러므로 우리 민족이 지난 5천년 동안 동일한 문화를 공유하며 함께 생활해 왔다고 보기도 힘들다. 이러한 이유에서 최근에는 민족에 대해서 "어떠한 과학적인 정의를 내릴 수 없다"는 입장이 설득력을 얻고 있다. 그래서 베네딕트 앤더슨이라는 사람은 "민족이란 일종의 상상된 정치적 공동체, 즉 본래 범위가 한정되어 있고 주권을 소유하고 있는 것으로 상상된 것이다"고 말한 바 있다. 그는 민족이란 근대국가가 출현하면서 여러 가지 이유 때문에 상상적으로 만들어졌다고 본 것이다.

그러나 〈민족〉의 개념이 무엇이든지 간에, 우리 민족이 단일민족이든 아니든 간에, 대한민국 사람들을 하나로 뭉치게 하는 것은 〈같은 민족〉이라는 의식에 기인한다. 아울러 우리가 통일을 기원하는 까닭도 남과 북이 〈한겨레 한핏줄〉이라는 믿음 때문이다. 이와 같은 〈같은 민족〉이라는 믿음과 확신은 우리나라의 발전과 통합에 크게 도움될 것임에 틀림없다. 다만 우리 민족만이 가장 우수하다는 국수적인 생각이나, 혹은 우리 민족이 다른 민족에 비해 수준이 낮다는 비하감은 피하는 것이 좋을 듯 싶다.

숨어있는 문화유산 속으로

2

우리들에게 <단군>은 무슨 의미가 있을까?

우리는 어렸을 적부터 <단군>에 관한 이야기를 자주 들어왔다. 그래서인지 몰라도 단군은 '할아버지'로 불리면서 우리의 조상신으로 알려져 있다. 단군에 관한 가장 오래된 역사책은 고려시대 충렬왕 때 승려 일연이 쓴 『삼국유사』이다. 원래 신화는 옛날사람들로부터 전해져 내려온 이야기로서, 이를 전적으로 믿을 수도 부정할 수도 없다. 신화는 인간세계의 이야기를 신의 권위에 의존하여 해석하려 했던 고대적 관념의 산물이다. 때문에 신화의 내용이 역사적 사실과 반드시 일치하는 것은 아니다. 그러나 신화 속에는 당시의 역사적 상황을 직·간접적으로 알려주는 이야기 거리가 많이 담겨져 있다. 여기에서 『삼국유사』에 기록된 단군신화의 내용을 소개해 보면 다음과 같다.

> 옛날 하늘 나라의 왕 환인의 아들 환웅이 인간세상에 뜻을 두고 있다가 마침내 아버지의 허락을 받았다. 환웅은 천부인 세 개를 얻어 3천여 명의 무리를 거느리고 태백산 꼭대기 신단수 아래에 내려와 그곳을 신시라 이름하였다. 그리고 바람·비·구름을 관장하는 자들을 거느리고 곡식·목숨·질병·형벌·선악 등 무릇 인간 세상의 360여 가지 일들을 주관하였다.

이때 환웅 앞에 곰과 호랑이가 나타나 환웅에게 인간이 되게 해달라고 빌었다. 환웅이 이들에게 신령스러운 쑥과 마늘을 주면서, 그것을 먹고 100일 동안 햇빛을 보지 않으면 인간이 된다고 가르쳐 주었다. 그러나 참을성 없는 호랑이는 굴을 뛰쳐나가 버렸고, 이를 잘 견뎌낸 곰은 여자가 되었다. 웅녀가 항상 단수 아래서 잉태하기를 기원하자, 환웅이 잠시 변해 혼인하여 단군왕검을 낳았다.

중국 요임금이 즉위한 지 50년이 지난 해에 평양성에 도읍하고 나라 이름을 조선이라 했다. 1500년 동안 나라를 다스리다가, 주나라 무왕이 즉위한 해에 기자를 조선에 봉하므로 장당경으로 옮겼다. 뒤에 아사달로 돌아와 숨어 산 신이 되니 이때 나이가 1908세였다.

단군신화에는 우리 역사상 최초의 국가인 고조선이 성립되는 과정에서 일어났던 중요한 역사적 사실들이 상징적으로 함축되어 있다. 쑥·마늘·곡식 그리고 풍백·우사·운사 등으로 표현되고 있는 농경 사회의 모습, 하늘의 자손임을 강조하는 천손신앙, 곰과 호랑이를 숭배하는 토템신앙, 환웅과 웅녀의 혼인에서 드러난 종족간의 결합과 이동, 제사장의 의미를 갖는 단군과 정치적 군장을 뜻하는 왕검을 함께 호칭한 데에서 확인되는 제정일치 사회의 특징 등이 잘 드러나 있다.

〈단군〉은 신화 속의 인물이지만, 오늘날 우리들의 일상생활과 밀접한 관련을 맺고 있다. 첫째, 단군은 우리나라 4대 국경일의 하나인 10월 3일 개천절의 근거로 작용하고 있다. 개천절은 "우리 민족의 시조 단군이 개국한 날을 기념하는 국경일"이다. '개천'의 본래의 뜻은 단군조선의 건국일을 나타내는 것이 아니라, 단군의 아버지 환웅이 태백산 신단수 아래에 내려와 홍익인간의 대업을 이루기 시작한 BC 2457년 음력 10월 3일을 뜻한다. 개천절은 대종교에 의해 경축일로 제정되어 기념식이 열리다가 대한민국 정부 수립 후 1949년부터 양력 10월 3일을 국경일로 정하여 기념하고 있다.

둘째, 단군은 우리 민족의 역사적 출발점으로 자리잡고 있으며, 우리들

숨어있는 문화유산 속으로

이 단일민족임을 상징한다. 우리 민족의 역사를 '반만년', 혹은 '5천년의 유구한 역사'로 보는 이유는 단군이 이 땅위에 나라를 세운 시점을 출발점으로 삼았기 때문이다. 즉, 단기의 근거가 된다는 것이다. 단기란, 단군이 이 땅위에 나라를 세운 이후부터의 연도 계산법이다. 단기는 서거정 등이 편찬한『동국통감』의 기록에 따라 '기원전 2333년설'을 채택한 것이다. 이에 단기는 2333년에 서기 연도를 더하면 된다. 이 단기는 1948년부터 1961년까지 우리나라에서 공식적으로 사용되다가, 1962년부터 지금의 서기를 사용하기 시작했다. 결국 단군신화는 1949년 당시 건국이 채 일년도 되지 않은 대한민국 국민에게 우리 역사가 오래 되었다는 데 대한 자부심을 안겨주었다. 또한 우리가 흔히 한민족을 '7천만 동포'라고 말하는 데, 여기에서 동포는 바로 〈단군의 자손〉혹은 〈배달의 겨레〉라는 동족의식을 반영한 것이다.

셋째, 단군신화는 우리나라 교육 이념의 근간을 이루고 있다. 교육기본법(1997년 12월 13일, 법률 제5437호) 제1장 총칙, 제2조(교육이념)에, "교육은 홍익인간의 이념 아래 모든 국민으로 하여금 인격을 도야하고 자주적 생활능력과 민주시민으로서 필요한 자질을 갖추게 하여 인간다운 삶을 영위하게 하고 민주국가의 발전과 인류공영의 이상을 실현하는 데 이바지하게 함을 목적으로 한다"고 명시되어 있다. 홍익인간이란, "인간세계를 널리 이롭게 한다"는 단군신화의 건국이념이다.

넷째, 일제침략 하에서 독립운동의 이념적 지주로 활용되었다. 신채호 선생의『독사신론』이라는 역사책에 "우리나라를 개창한 시조는 단군이다"고 명시되어 있다. 그리고 1911년 신흥무관학교의 애국가에는 "화려강산 동반도는 우리 본국이다. 품질좋은 단군자손 우리 국민일세"라는 구절이 나온다. 그리고 평민 의병장으로 유명한 신돌석 장군은

단군 영정

"망루에 오른 나그네 갈 길을 잊고서, 단군의 터전을 한탄한다"고 노래했다. 아울러 우리의 애국가 후렴구, "하느님이 보우하사 우리나라 만세"라는 구절에 나오는 '하느님'은 단군신화에 나오는 '환인'을 의미한다. 또한 일제시대부터 민간신앙에서 단군 영정을 받들어 모시는 것 등도 단군신화와 무관하지 않다.

　이처럼 단군신화가 우리의 일상생활 속에 깊이 내재되게 된 이유가 몇 가지 있다. 우선 일연이 삼국유사를 편찬할 때에는 몽고족의 침입을 맞아 '자주의식'이 강조되어야 했다. 그리고 근대화 과정에서 제국주의와 투쟁하면서 민족운동의 이념적 근거로 활용되었다. 아울러 대한민국의 건국과 함께 유구한 역사를 가진 민족임을 일깨워 주는 역할을 담당했다. 그렇다고 하더라도 북한에서처럼 단군을 실존 인물로 규정한다거나, 이미 학계에서 조작된 책으로 판명된 『환단고기』나 『규원사화』에 의존하여 "영광스런 고대사를 복원하자"는 주장은 역사를 왜곡시킬 위험이 있으므로 경계되어야 할 것이다. 이 책들은 19세기 말 이후 단군신앙이나 관념적인 민족감정에 바탕을 둔 책으로서, 당시 암울한 현실 속에서 민족의 자긍심을 높이기 위한 방편으로 쓰여졌다. 우리의 미래는 아련한 과거의 영광 속에 있는 것이 아니라, 현재의 부단한 노력으로 이루어지는 것이다. 즉, 역사는 과거의 영화에 안주하려는 자보다는, 미래로 나아가려는 사람에게 더 중요한 의미를 갖는다는 사실을 명심해야 할 것이다.

▎▎강화도 참성단

숨어있는 문화유산 속으로

3

우리가 <백의민족>으로 불린 까닭은 무엇일까?

각 민족마다 좋아하는 옷 색깔이 있다. 예를 들어 중국인은 검정옷, 일본인은 남색옷을 즐겨 입는다. 이들과 달리 우리 민족은 흰옷을 즐겨 입었다. 우리 민족을 흔히 <백의민족>이라고 부르는 까닭도 여기에 있다. 우리 민족이 예로부터 흰옷 입기를 좋아했다는 첫 번째 기록은 중국의 역사책에서 찾을 수 있다. 『삼국지』「위지」 동이전에 "부여는 흰색을 숭상하여, 흰옷을 널리 입었다"는 기록이 있으며, 아울러 "푸른 들에서 허리를 굽히고 일하는 사람들의 옷이 모두 희었다"는 내용도 있다.

실제로 삼국시대 보통사람들은 대부분 흰옷을 입었다. 이와 달리 당시 지배층은 중국의 옷을 받아들여 주로 화려한 색깔의 옷을 입었다. 이러한 사실은 벽화나 문헌을 통해서 알 수 있다. 이들은 화려한 옷을 입음으로써 흰옷을 입은 백성들과 차별을 두었다. 이에 연유하여 <백의>는 <평민>을 뜻하며, <금의>는 <고관>을 상징하게 되었다. 그리고 <백의종군>은 "아무런 관직도 없이 평민의 신분으로 전장에 나가는 것"을, <금의환향>은 "성공하여 비단 옷을 입고 고향에 돌아온 것"을 뜻한다.

이후 고려와 조선시대에도 우리 민족은 여전히 흰옷을 즐겨 입었다. 이

안악3호분 벽화에 그려진 고구려 귀족의 화려한 복장

는 명나라 사신 동월이 성종 19년(1488) 조선을 다녀간 후 지은 『조선부』라는 책에서 "조선사람들은 모두 흰옷을 입는다"고 적어놓은 데에서 알 수 있다. 그리고 고종 5년(1868) 흥선대원군의 아버지 남연군 묘소의 도굴을 시도한 독일 항해가 오페르트가 지은 『금단의 나라: 조선기행』(1886)에도, "조선의 남자나 여자나 옷 빛깔이 모두 희다"라는 기록이 있다.

우리 민족 스스로 〈백의민족〉임을 유독 강조하기 시작한 것은 일본의 식민통치 기간(1910~1945) 동안이었다. 당시 우리 민족을 강제적으로 식민통치하고 있던 일본인들은 우리 민족이 입는 흰옷을 항일에 대한 상징으로 받아들였다. 예로부터 우리나라 사람들은 "까마귀 우는 골에 백로야 가지 마라"는 시조에서 알 수 있듯이, 흰색을 지조와 청결로 받아들였다. 이에 일본사람들도 조선 백성들이 흰옷을 즐겨 입는 것을 저항의 철학으로 이해한 것이다. 실제로 일제의 단발령과 함께 요원의 불길처럼 일어선 의병들이 모두 흰옷을 입었고, 3·1운동 때에도 흰옷을 입은 조선 백성들이 전국을 휩쓸었다.

한편 흰옷입는 것이 금지된 때도 있었다. 고려 말 충렬왕 1년(1275)에 "오행사상으로 고려는 동(東)이므로 목(木)이 되고, 목은 청(靑)이니 흰옷을 입지말고 푸른옷을 입어라"는 교지를 내린 바 있다. 그리고 조선시대에도

숨어있는 문화유산 속으로

태조·세종·연산군·인조·현종대에 수 차례 푸른옷을 권장하였으며, 숙종은 아예 푸른옷 착용을 국명으로 내리기까지 했다. 구한말 서구열강의 영향권에 편입되면서 흰옷은 더욱 노골적으로 홀대를 받았다. 1894년 갑오개혁 때 검은옷을 입으라는 칙령이 반포된 데 이어, 1897년 광무개혁 때는 아예 흰옷 입는 것을 금했다. 장터에서 흰옷 입은 사람에게 먹물을 뿌리기도 했다. 또한 일본 식민통치 기간에도 관청에서 반강제적으로 흰옷 착용을 막았으나, 도리어 일반민중의 반감만 불러일으켰다.

그런데 평생 농사일에 전념한 우리 조상들이 깨끗해 보이기는 하지만 그만큼 더러워지기 쉬운 흰옷을 즐겨 입은 까닭은 무엇이었을까? 첫째, 대부분의 복식학자들은 "염색기술이 발달하지 않아 옷감을 짠 그대로 입었다"고 주장한다. 둘째, "유교적 관념에 따라 신분을 구분하기 위해 흰옷을 입었다"는 시각도 있다. 셋째, 상례나 제례 기간이 유난히 긴 결과, 자연히 흰색 옷을 자주 입게 되었다는 견해도 있다. 이외에 최남선 선생은 『조선상식문답』에서 "태양의 자손으로서 광명을 표시하는 흰빛을 자랑삼아 흰옷을 입다가, 나중에는 온 겨레의 풍속이 된 것"이라고 이해했다.

■ 김홍도, 『단원풍속화첩』 中 「점심」에 등장하는 흰 옷 입은 평민들

4

우리나라의 〈이름〉은 어떻게 변해 왔을까?

　1945년 8월 15일 우리는 일본에게 빼앗긴 조국을 되찾아, 그토록 열망하던 민족의 해방을 이루었고, 그로부터 3년 뒤인 1948년 8월 15일 〈대한민국〉이라는 국가가 수립되었다. 이때부터 〈대한민국〉 혹은 이의 약칭인 〈한국〉이 우리나라의 이름으로 자리잡게 되었다. 이와 함께 국제적으로는 〈리퍼블릭 오브 코리아(Republic of Korea)〉라는 호칭이 공식화되었다. 서양 사람들은 통상 〈코리아(Korea)〉로 부르는데, 남한과 북한을 구분할 필요가 있을 때는 〈South〉와 〈North〉를 붙이기도 한다.

　역사적으로 우리나라를 가리키는 칭호는 대단히 많은 데, 고려·대동·동국·해동·삼한·조선·청구·진단·동이·구이·군자국·동방예의지국·근화지향·근역 등이 그것이다. 이처럼 다양하고 복잡한 이름들에 대한 뜻과 뿌리를 찾아보고자 한다.

　먼저 〈코리아〉라는 칭호에 대해 알아보자. 영어로는 〈코리아(Korea)〉, 프랑스어로는 〈코레(Corée)〉, 독일어로는 〈코레아(Korea)〉, 러시아어로는 〈까레야(Koper)〉라고 부른다. 이는 고구려나 고려의 중국음인 〈까우쥐리〉 또는 〈까우리〉가 서양인들에게 전해져 불려진 이름이다. 문헌상으로는

숨어있는 문화유산 속으로

1253년 몽고에 왔던 프랑스인 루브릭뀌(G. Rubruquis)가 본국에 돌아가 국왕 루이 9세에게 동방의 사정을 전하면서, 중국의 동쪽에 〈카울레(Caule)〉라는 나라가 있다고 보고한 것이 가장 오래 된 기록으로 알려져 있다. 이후 원나라를 다녀간 마르코 폴로의 『동방견문록』에는 우리나라가 〈카울리(Cauly)〉로 소개된다. 그리고 선조 29년(1596) 호이엔 반 리스호텔이 만든 『동인도수로기집부도』에 우리나라를 섬으로 잘못 알고 〈코레아 섬(Ilha de Corea)〉으로 적어두었는데, 이것이 현재 사용되고 있는 〈코리아〉라는 이름의 효시이다.

우리나라를 일컫는 이름 중에는 동국·동방·대동 등과 같이 〈동(東)〉자가 들어간 경우가 많다. 이는 지리적 위치에 기준을 둔 구분이다. 즉, 세계의 중심에 중국이 있고, 그 사방에 동서남북의 4국이 위치하는데, 동쪽에 우리나라가 있다는 것이다. 이들 용어는 대체적으로 조선시대 사람들이 자기 나라를 호칭하는 데에 사용하였다. 예를 들어 『동국통감』·『동국사략』·『동국여지승람』 등의 책이름에 사용된 〈동국(東國)〉은, 당시 국호인 〈조선〉의 대체어가 아니라, 〈우리나라〉의 뜻으로 사용된 것이다. 즉, 〈동〉자의 호칭은 조선뿐 아니라, 그 이전에 존재했던 고조선이나 신라·고려까지를 모두 포함하는 개념으로 쓰인 것이다. 이들 용어는 스스로를 지칭한 탓인지, 중국측의 문헌에서는 거의 발견되지 않는다. 대신 중국인들은 우리나라를 〈해동〉이라고 칭하였다.

다음으로는 〈삼한(三韓)〉·〈한국(韓國)〉과 같은 〈한(韓)〉 계통의 이름을 들 수 있다. 이는 지리적 위치와는 무관한, 우리나라에서 살아 온 사람들의 종족적 계통에 연유한 말이다. 이 이름의 시초는 〈삼한〉이다. 삼국시대에 쓰였던 〈삼한〉이라는 표현은 마한·진한·변한 등의 삼한만이 아니라, 고구려·백제·신라의 삼국을 지칭하는 이름으로 쓰였다. 이후 삼국이 통일된 뒤에는 〈한〉을 표방한 여러 나라를 가리키는 의미로 사용되었는데, 예컨대 신라나 고려의 통일을 〈일통삼한(一統三韓)〉이라거나 〈삼한위일가(三韓爲一家)〉 등으로 표현한 데에서 알 수 있다. 조선시대에는 〈삼한〉 대신에 〈동국〉

이나 〈해동〉이 주로 쓰이다가, 1897년에 〈대한제국〉이 세워짐으로써 〈한〉 계통의 이름이 재등장하게 된 것이다. 현재의 국호인 〈대한민국〉도 여기에서 유래한 이름이다.

한편 〈조선(朝鮮)〉이라는 이름은 500년 조선왕조의 국호였다. 이 이름이 처음으로 쓰인 것은 단군이 아사달에 도읍하고 국호를 〈조선〉이라 한 데에서부터 출발한다. 『삼국유사』에 의하면, 기자가 동쪽으로 와 역시 국호를 〈조선〉이라 했고, 위만도 〈조선왕〉을 자처하였다. 이들을 각기 단군조선·기자조선·위만조선이라 부르며, 모두 합쳐 〈고조선〉이라고도 한다. 그후 천여 년이 지난 1392년 이성계가 왕업을 개창한 뒤, 명나라에 〈화령(이성계의 출신지)〉과 〈조선〉의 두 이름을 제출하여 〈조선〉이 채택됨으로써, 〈대한제국〉으로 바뀔 때까지 505년 동안 국호로 사용되었다. 〈조선〉이라는 말의 뜻이 무엇인지에 대해서는 학설이 분분하여 정확치 않다. 『동국여지승람』에서는 "해가 일찍 뜨는 동방의 나라"라는 의미로 해석했고, 최남선은 "땅이 동방에 있어 날 샐 때 햇볕이 맨 먼저 쪼이는 곳"이라는 뜻으로 이해하였다. 이와 함께 〈청구〉와 〈진단〉도 역시 〈동방의 땅〉 혹은 〈동방의 나라〉라는 뜻이다.

그리고 동이(東夷)·구이(九夷)·군자의 나라·동방예의지국이라는 칭호가 있다. 이는 중국사람들이 중화사상에 입각하여 주변 나라를 부를 때 상투적으로 쓰는 칭호였다. 특히 〈동이〉는 우리 민족만을 지칭하지 않고, 한족 외의 다른 종족을 나타내는 일반적인 용어라는 점에 유의할 필요가 있다. 고대의 여러 사서에 보이는 〈동이〉에 관한 내용을 곧 우리민족과 직접적으로 연결지어 판단하는 것은 큰 오류를 범할 염려가 있기 때문이다. 이외에 예로부터 우리나라에 무궁화가 많은 까닭에 〈근화향(槿花鄕)〉 혹은 〈근역(槿域)〉으로 불렸는데, 최치원이 당나라에 보낸 표문에도 근화향이라는 용어가 등장한다. 여기에서 말하는 근화향이란 무궁화 꽃의 나라, 즉 신라를 일컫는다.

한편 통일이 되면 우리나라의 국호를 무엇으로 정해야 하는가에 대해

논란이 많다. 그런데 지금까지 우리나라의 국호가 조선(고조선: 단군조선·기자조선·위만조선)⇒ 한(삼한: 마한·진한·변한)⇒ 고려⇒ 조선⇒ 한(대한제국)⇒ 대한민국(남한)·조선민주주의인민공화국(북한)의 순서로 사용된 점을 상기한다면, 다음 국호의 순서는 자연스럽게 〈고려〉로 압축된다. 특히 남한과 북한이 서로 〈한〉과 〈조선〉을 사용하고 있기 때문에 이들 두 국호는 배제될 가능성이 높고, 우리 국호의 영어식 발음인 코리아에 어울리는 국호가 고려라는 점을 감안한다면 더욱 그러하다.

『삼국사절요』의 단군조선과 삼한에 관한 기록

5

우리나라의 〈영토〉는 어떻게 변해 왔을까?

우리나라에서 가장 오래된 국가는 단군이 건국한 것으로 알려진 고조선이다. 고조선은 대동강 유역의 평양을 중심으로 하고 있었다고 전하는데, 혹은 만주의 요하 유역이었다는 주장도 있다. 고조선 주변에는 몇 개의 연맹왕국이 있었는데, 송화강 유역의 부여, 압록강 유역의 예, 동해안 원산만 지역의 임둔, 예성강 유역의 진번, 한강 이남의 진국 등이 그것이다.

이후 고조선이 위만의 지배를 거친 이후, 중국 한나라 무제에 의해서 간섭을 받았지만, 우리나라의 여러 세력들이 이들을 몰아내고 새로운 연맹왕국을 건설하였다. 압록강 유역의 고구려, 한강이남 지역의 삼한, 그리고 동해안 지역의 옥저와 동예 등이다. 이렇게 여러 동맹왕국들이 차지한 지역은 멀리 북만주의 넓은 들에서부터 한반도의 남해안에 이르는 광대한 지역이었다. 그리고 이것이 우리나라의 국토가 대체

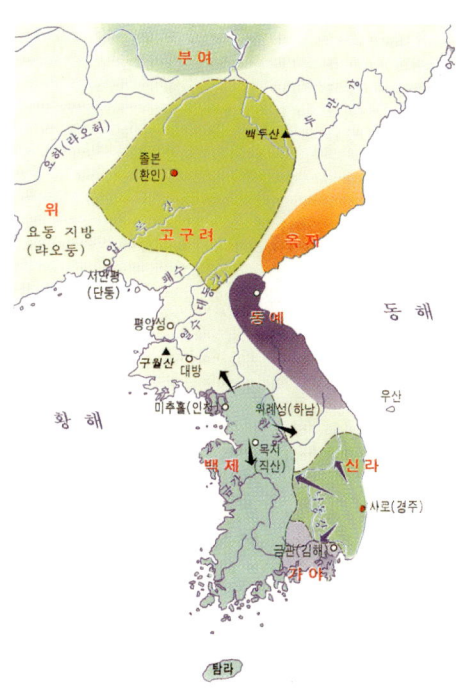

■|| 삼국 성립기의 영토

숨어있는 문화유산 속으로

적인 테두리를 잡기 시작하는 시초였다.

고구려와 백제·신라는 한반도를 포함하여 지금의 중국 만주와 요동지역까지 영토를 넓혔다. 하지만 신라가 당과 함께 고구려·백제를 멸망시키면서 신라는 대동강과 원산만 남쪽의 땅만을 차지하게 되었고 위쪽은 포기하고 말았다. 그러나 이때 발해가 송화강 유역에 나라를 세워서 고구려의 뒤를 잇게 된다. 한때는 통일한 신라가 차지한 땅만을 생각하고 우리나라의 땅이 절반 이하로 줄었다고 했지만, 지금은 발해의 역사 또한 우리나라의 역사라는 의식이 생기면서 발해가 차지한 지역까지 우리나라의 영토였다고 보기도 한다.

신라 말기에 후백제와 태봉이 독립하여 신라와 함께 후삼국을 이루었는데, 이를 고려가 통일하였다. 이때에 고려는 청천강에서 영흥만에 이르는 국토를 차지하였다. 고려는 스스로 고구려의 뒤를 이은 나라라고 일컬었으며, 옛날 고구려의 땅을 모두 차지하려고 북진정책을 쓰기도 했다. 그래서 건국 초기부터 북쪽 국경지대에 많은 성을 쌓고 남쪽 사람들을 옮겨 살게 하여 땅을 넓혀갔다.

고려의 북진정책은 거란의 세력에 부딪히게 되어, 두 나라 사이에는 여러 차례 큰 전쟁이 일어났다. 이때에도 서희 장군은 거란의 장수를 만나, 고려가 고구려의 뒤를 이은 나라로서 고구려의 옛 땅을 모두 차지할 권한이 있다고 주장하여, 압록강까지의 땅을 전투 없이 대화로만 얻어오기도 했다. 고려는 여기에 여섯 개의 성을 쌓고 군대를 주둔시켰는데, 이것이 강동 6주이다. 그리고 이 북쪽 압록강 입구에서부터 원산만까지 쌓은 천리장성은 곧 고려의 북쪽 국경선이었다.

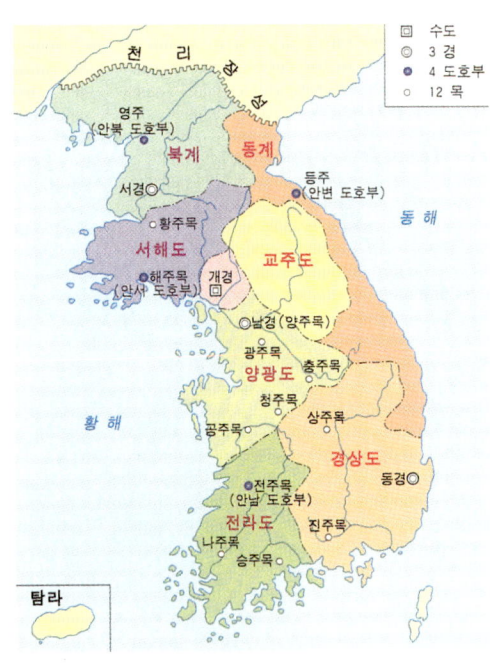

■ 고려 건국 당시의 영토

한편 함경도 지방에는 여진 사람들이 살고 있어서 도적질하는 일이 많았으므로, 윤관이 대군을 거느리고 이를 정벌하여 영토를 넓히고 9성을 쌓은 적이 있었다. 이때에 얻은 땅은 뒤에 모두 돌려주기는 했지만, 고려 북진정책의 강한 일면을 엿볼 수 있다. 고려 말기 최영 장군의 요동 정벌도 이러한 전통을 이어받은 것이었다.

고려의 뒤를 이어 건국한 조선에 이르러서 비로소 지금과 같은 우리나라의 국토가 완성되었다. 초기의 여러 왕들이 모두 북방 개척에 노력하였는데, 특히 세종 때에 김종서 장군으로 하여금 두만강 방면의 여진 사람들을 강 밖으로 몰아내고 거기에 6진을 설치하여 지키게 하였다. 또 압록강 방면에는 4군을 설치하여 압록강을 국경으로 하기에 이르렀다. 이로써 오늘날 한반도를 중심으로 하는 우리의 국경선이 완성되기에 이르렀다.

이후 1945년 해방과 더불어 38선이 그어지고, 이를 경계로 남에는 미군이 진주하고, 북에는 소련군이 들어와서 우리나라가 분단되기에 이르렀고, 그로 말미암아 6·25전란이 발발하였다. 현재 38선은 휴전선으로 바뀌어 아직까지 우리 민족을 둘로 나누는 또 하나의 국경선이 된 채 남아 있다.

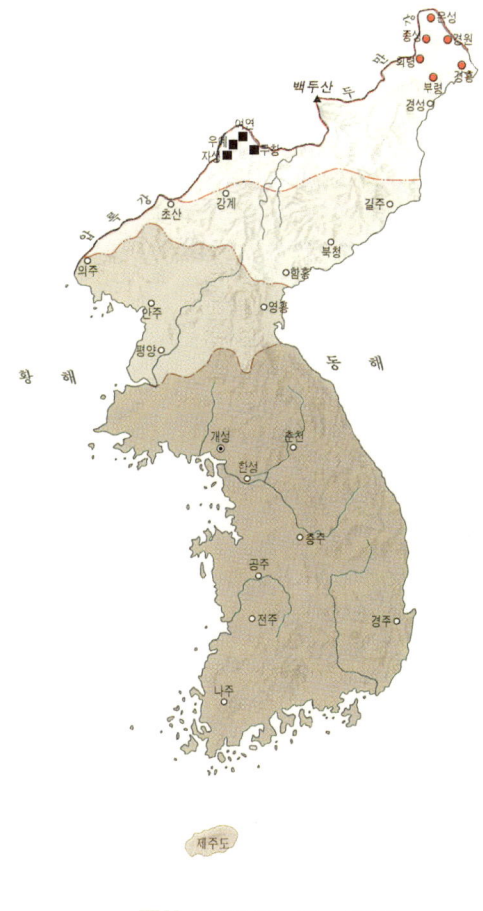

■ 조선시대 4군·6진의 개척과 영토의 확정

숨어있는 문화유산 속으로

6

<태극기>는 무엇을 상징할까?

▎▎창경궁 명정전 월대 계단부의 태극문양

태극기를 제정하게 된 결정적 계기가 된 사건은 고종 19년(1882) 5월 22일 체결된 조미수호통상조역 조인식이다. 당시 조선 정부는 청나라가 자기나라의 국기인 용기를 조금만 변형하여 사용할 것을 요구하였으나 이를 거부하고 우리 민족이 대대로 즐겨 사용하던 태극문양을 이용한 임시 국기를 만들어 사용하였다. 그 후 국기 제정의 필요성을 느낀 조선 정부는 종전의 태극 모양 임시 국기에 8괘를 추가하여 '태극 8괘' 모양의 국기를 만들었다.

한편 1882년 8월 9일 고종의 명을 받아 일본으로 가던 수신사 박영효 일행이 인천에서 일본으로 건너가던 중 선상에서 '태극 8괘' 모양의 국기 대신 건곤감리 4괘만을 그려 넣은 <태극 4괘> 모양의 국기를 처음 사용하였다. 이들 일행은 8월 14일 일본의 고베에 도착, 니시무라야에 숙소를 정하고, 이 건물 옥상에다 '태극 4괘'가 그려진 기를 게양하였는데, 이것이

태극기의 효시였다. 이후 고종은 1883년 3월 6일 왕명으로 '태극 4괘' 모양의 국기를 정식으로 제정·공포하였다.

이후에 태극기가 널리 보급되기는 했지만, 4괘와 태극 모양의 위치가 혼동된 탓에 태극기의 제작법을 통일할 필요성이 제기되었다. 이에 1949년 10월 〈국기제작법〉을 제정하여, 오늘에까지 이르고 있다.

〈국기제작법〉에 의한 태극기는 흰색 바탕에 가운데 태극 문양과 네 모서리의 건곤감리 4괘로 구성되어 있다. 우선 태극기의 흰색 바탕은 밝음과 순수, 그리고 전통적으로 평화를 사랑하는 우리의 민족성을 나타낸 것이다. 그리고 가운데 태극 문양은 음(파랑)과 양(빨강)의 조화를 상징하는 것으로, 우주 만물이 음양의 상호 작용에 의해 생성하고 발전한다는 대자연의 진리를 형상화한 것이다. 또한 4괘는 음과 양이 서로 변화하고 발전하는 모습을 효(음 --, 양 —)의 조합을 통해 표현한 것이다. 여기에서 〈건괘〉(|||)는 하늘과 정의를, 〈곤괘〉(:::)는 땅과 풍요를 의미한다. 또한 〈감괘〉(:|:)는 달과 물과 생명력을, 〈리괘〉(|:|)는 해와 불과 지혜를 상징한다.

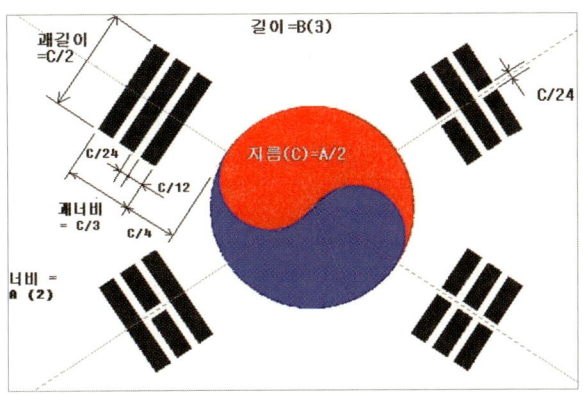

■|| 태극기 작도법

■|| 독립문의 태극기 문양

숨어있는 문화유산 속으로

<애국가>는 어떻게 만들어졌을까?

우리나라 사람들이 평생 동안 가장 많이 듣는 노래는 무엇일까? 아마도 <애국가>일 것이다. 아침 일찍 TV나 라디오를 켜면 맨 먼저 들리는 음악이 애국가이며, 방송이 끝날 때에도 반드시 흘러나온다. 그리고 스포츠 게임이나 각종 행사의 도입 부분에 국민의례의 일환으로 애국가를 제창한다. 또한 남자들은 군생활 내내 1년 12달 365일 매일 같이 아침마다 애국가를 부른다. 아울러 올림픽같은 국제행사에서 금메달을 목에 걸고 울려퍼지는 애국가는 우리들 가슴을 찡하게 만들곤 한다.

그렇다면 이처럼 우리 생활과 밀접한 애국가는 언제 어떻게 만들어졌을까? 물론 지금의 애국가가 처음부터 우리나라의 국가로 사용된 것은 아니었다. 우리 역사에서 처음으로 애국가라는 개념이 생기고 가사와 곡조가 붙여진 것은 개화기 즈음이다. 1896년 『독립신문』 창간을 계기로 여러 가지 애국가 가사가 신문에 게재되기 시작했는데, 안타깝게도 이 노래들이 어떤 리듬으로, 어떤 곡조에 붙여져 불렸는지 확실치 않다. 다만 1902년 대한제국 시기 서구식 군악대를 조직하여 <대한제국 애국가>라는 이름의 국가를 만들어 주요 행사에 사용했다는 기록이 남아 있을뿐이다.

당시 주로 4~5종의 애국가가 많이 불렸는데, 그 중에서 지금의 애국가와 가사와 같은 것은 『창가책』에서부터 나타나며, "무궁화 삼천리 화려강산 대한 사람 대한으로 길이 보전하세"라는 후렴부분은 1896년 독립문 정초식 때 배재학당 학도들이 부른 애국가에서 등장한다. 그러나 아직도 애국가의 작사를 누가 했는가에 대한 논의는 분분한 실정이다. 그래서 아직까지는 작가 미상으로 알려져 있다.

한편 개화기 이후 초기의 애국가들은 지금 〈석별의 노래〉로 더 알려진 스코틀랜드의 민요 〈올드 랭 사인(Auld Lang Syne)〉이라는 곡에 가사만 붙여 불러졌던 것으로 보인다. 후에 남의 나라 민요, 그것도 이별의 슬픔이 가득한 노래에 곡을 붙여 애국가를 부르는 것을 안타깝게 여긴 안익태 선생이 1935년 지금의 애국가를 작곡하였다. 대한민국 임시정부는 이 곡을 애국가로 채택해 사용했으나, 당시에는 해외에서만 불렀을 뿐 국내에서는 광복 이후 정부 수립 무렵까지 여전히 '올드 랭 사인'의 노래에 맞춰 부르고 있었다. 그러다가 1948년 대한민국 정부가 수립된 이후 현재의 노랫말과 함께 안익태가 작곡한 곡조의 애국가가 정부의 공식 행사에 사용되고 각급 학교의 교과서에도 실리면서 전국적으로 애창되기 시작하였다. 이처럼 나라가 어려움에 처했을 때, 그 나라에 대한 애틋한 사랑을 담아 온 국민이 즐겨 부른 애국가의 의미를 되새겨보는 것도 의미 있을 성 싶다.

숨어있는 문화유산 속으로

8

우리나라의 <4대 국경일>은 어떤 의미가 있을까?

전 세계 대부분의 나라는 국가를 처음 세운 날이나 큰 전쟁에서 이긴 날, 또는 식민지에서 벗어난 날 혹은 국왕의 생일 등을 <국경일>로 정해서 경축하고 기념하고 있다. 이에 국경일은 그 나라의 역사적 정체성을 상징하며, 국민의 애국심을 발휘하는 데에 중요한 역할을 하는 경우가 많다. 외계인의 침략에 맞선 미국인의 위대함을 자랑하는 영화 제목이 <인디펜더스 데이>인 까닭도 여기에 있다.

우리나라에는 모두 5개의 국경일이 있는데, 삼일절(3월 1일) · 제헌절(7

국 경 일 에 관 한 법 률 - [제정 1949. 10. 1 법률 제53호]
- [개정 2005. 12. 29 법률 제7771호]

제1조 국가의 경사로운 날을 기념하기 위하여 국경일을 정한다.
제2조 국경일은 다음 각 호와 같다.
　1. 3·1절　3월　1일
　2. 제헌절　7월 17일
　3. 광복절　8월 15일
　4. 개천절 10월　3일
　5. 한글날 10월　9일
　[전문개정 2005.12.29]
제3조 본법 시행에 필요한 사항은 대통령령으로 정한다.

월 17일)·광복절(8월 15일)·개천절(10월 3일)·한글날(10월 9일)이 그것이다. 우리의 국경일은 지난 1949년 10월 1일 「국경일에 관한 법률」에 의거 제정되었으며, 지난 2005년 12월 29일 새로 개정된 법률에 의거하여 한글날이 새로운 국경일이 되었다.

우선 〈개천절〉은 우리 민족의 역사적 출발을 기념하기 위한 날이다. 흔히 개천절을 단군이 고조선을 처음 개국한 날로 알고 있는데 이것은 잘못된 것이다. 〈개천〉은 "환웅이 천신인 환인의 뜻을 받아 처음으로 하늘 문을 열고, 태백산 신단수 아래에 내려와 홍익인간의 대업을 시작한 기원전 2457년 음력 10월 3일"을 뜻한다. 이 날을 기리는 것은 먼 옛날부터 전래되어왔는데, 부여의 영고, 예의 무천, 마한과 변한의 계음, 고구려의 동맹, 백제의 교천(천지제사), 신라와 고려의 팔관회 등이 그것이다. 이후 1909년 나철에 의해 대종교가 만들어지면서 대종교 자체의 경축일로 제정하고 해마다 행사를 거행하였다. 특히 대한민국 임시정부는 음력 10월 3일을 개천절로 정하고 중국으로 망명한 대종교와 합동으로 경축하였다. 그리고 1949년부터는 양력 10월 3일을 개천절로 삼아 기념식을 거행하고 있다.

다음으로 〈삼일절〉은 일본의 식민 통치에서 벗어나기 위한 민족 최대의 독립운동이었음을 기념하기 위한 것이다. 일본 식민통치 기간 중 우리 민족의 가장 큰 소망은 물론 '해방'이었다. 해방을 강대국이 시켜줄리 만무했고, 일본이 아량을 베풀어 줄 가능성도 전혀 없었기 때문에 해방은 전적으로 우리 힘으로만 얻어내야 했다. 우리 민족에게 그러한 힘이 있다는 희망을 안겨준 사건이 바로 3·1 만세운동이었던 것이다. 온 민족이 "대한 독립만세"를 외치며 거리로 뛰어나온 그때의 감동과 열정은 히로시마에 떨어졌던 원자폭탄의 위력만큼이나 컸다. 이처럼 3·1 만세운동은 일제치하 우리민족 최초·최대의 전국적인 독립운동이었고, 대한민국의 뿌리라 할 수 있는 임시정부를 수립시키는 결정적 계기가 되었기 때문에, 국경일로 지정된 것이었다. 즉, 3·1 운동에서 나타난 대동단결과 민주주의 이념이 대한민국 임시정부와 해방 후 대한민국 정부에 의해서 계승 발전되었다고 보고

숨어있는 문화유산 속으로

1919년 3월 1일

이를 기념하는 것이다.

한편 〈광복절〉은 일본 식민 통치에서 벗어난 것을 경축한 날이다. 물론 광복절의 말 뜻 자체는 "광명을 되찾았다"는 의미이지만, 보다 본질적으로는 민족의 해방과 새로운 독립국가의 수립에 대한 염원을 담고 있다고 하겠다. 비록 분단되어 반쪽짜리 해방에 머물고 말았지만, 우리가 언젠가 통일을 이루게 되면 진정한 광복절의 의미를 되새길 수 있게 될 것이다.

네번째로 〈제헌절〉은 대한민국의 헌법이 제정되어 진정한 주권국가가 되었음을 기념하는 날이다. 전 세계적으로 주권국가로 인정받기 위해서는 국제법에 어긋나지 않는 헌법이 있어야 하며, 이를 바탕으로 의회를 구성해야 한다. 때문에 헌법의 제정은 진정한 의미에서 주권국가의 출발됨을 의미한다. 때문에 8월 15일 정부수립일에 대신하여 제헌절을 국경일로 정하게 된 것이다.

마지막으로 〈한글날〉은 세종대왕의 한글 반포를 기념하고 한글의 연구·보급을 장려하기 위하여 정한 날이다. 1940년 발견된 『훈민정음 해례본』 서문에 '세종 28년 9월 상순'이라고 날짜가 적혀 있었기 때문에, 상순의 마지막 날인 음력 9월 10일을 양력으로 변환하여 10월 9일을 한글날로 확정하였다. 한글날은 1970년 처음 법정 공휴일로 지정된 이후, 1990년 법정 공휴일이 아닌 기념일로 바뀌었으며, 지난 2005년 다시 기념일에서 국경일로 지정되었다.

숨어있는 문화유산 속으로

9

<무궁화>를 우리나라 <국화>로 정한 까닭은 무엇일까?

　예로부터 우리 민족의 사랑을 받아온 <무궁화>는 우리나라를 상징하는 꽃으로서 "영원히 피고 또 피어서 지지 않는 꽃"이라는 뜻을 지니고 있다. 서양에서는 무궁화를 이상향인 '샤론의 장미(Rose of Sharon)' 라 하여 '꽃 중의 꽃' 으로 받아들이고 있다.
　무궁화에 관한 가장 오래된 기록은 지금으로부터 대략 4200년 전에 편찬된 고대 중국의 지리서인 『산해경』에 "해동에 군자국이 있는데, 의관을 정제하고 칼을 차며 양보하기를 좋아하고 다투지 않으며, 무궁화가 많아 아침에 피고 저녁에 진다"는 내용이다. 한편 중국 진나라시대 『고금주』에 신라를 가르켜 "군자의 나라로서 온 나라 천지에 무궁화 꽃이 많이 피어 있다"고 적어두었다. 아울러 신라사람들도 스스로를 <근화향(槿花鄕)>이라고 표현하였다. 또한 『고려사절요』와 조선 광해군 6년(1614년) 이수광이 펴낸 『지봉유설』에도 <근화향>이라 일컬었으며, 세종때 강희안은 『양화소록』에서 우리 겨레를 '근화의 민족' 이라 자칭하기도 했다.
　이처럼 오랜 세월 동안 우리 민족과 함께 해 온 무궁화는 조선말 개화기를 거치면서 "무궁화 삼천리 화려강산"이란 노랫말이 애국가에 삽입된 이

숨어있는 문화유산 속으로

후 더욱 국민들의 사랑을 받게 되었다. 이후 무궁화는 일제 강점기에도 계속적으로 국민의 사랑을 받았는데, 남궁억 선생의 무궁화 국화(國花) 제창 운동 및 동아일보의 겨레꽃 보존운동 등이 단적인 예이다. 이에 일본인들은 무궁화가 한국의 국화라는 이유를 들어 전국의 무궁화를 뽑아버리기까지 했는데, 한 나라의 국화가 정치적 이유로 이처럼 피해를 받은 경우는 찾아보기 힘들다고 한다.

무궁화는 우리나라가 일제로부터 해방되면서, 자연스럽게 〈나라꽃〉으로 자리 잡게 되었다. 이후 국기가 법으로 제정되면서, 이 때에 국기봉을 무궁화 꽃봉오리로 정하였다. 그리고 정부와 국회의 표장도 무궁화의 도안으로 널리 사용하게 되었다.

현재 우리나라에는 100여 종류가 넘는 무궁화가 자라고 있는데, 꽃의 색깔에 따라 단심계·배달계·아사달계 등으로 크게 나뉜다. 정부에서는 이 다양한 품종 가운데서 꽃잎 중앙에 붉은 꽃심이 있는 단심계 홑꽃을 보급 품종으로 지정하였는데, 흔히 텔레비전과 책을 통해 볼 수 있는 무궁화가 바로 이 종류이다.

▮▮▮ 무궁화

숨어있는 문화유산 속으로

10

북한의 <국화>는 <진달래>일까?

"북한의 <국화>가 무엇이냐?"고 물어보면, 대부분 별 생각없이 '진달래'라고 대답한다. 그러나 정답은 <목란>이다. 여기에서 말하는 목란은 김영랑 시인의 「모란이 피기까지는」이라는 시에 등장하는 모란과는 전혀 다른 꽃이다.

목란은 남한에서 함박꽃나무로 불리는 활엽 교목으로서, 5~6월에 6~9개의 흰색 꽃잎에 노란색의 암술, 보라색의 수술을 가진 직경 7~10㎝의 꽃이 핀다. 목란은 함경북도를 제외한 전 지역에서 볼 수 있는 우리나라의 자생수종이다.

해방직후 북한도 한때 무궁화를 국화로 삼은 적이 있었다. 이는 북한에서 최초로 발행된 우표(46년 3월)의 도안에 무궁화가 사용되었다는 사실에서 확인된다. 이후 한국과 북한이 국화를 달리하기 시작한 것은 1964년경부터로 알려져 있다. 북한이 목란을 국화로 지정하게 된 데에는 다음과 같은 일화가 전한다. 김일성이 1964년 5월 황해북도의 어느 휴양소에 들렀을 때, 그 곳의 함박꽃나무를 보고 "이처럼 좋은 꽃나무를 그저 함박꽃나무라고 부른다는 것은 어딘가 좀 아쉬운 감이 있다. 내 생각에는 이 꽃나무의

우리 역사와 민족에 관한 이야기

숨어있는 문화유산 속으로

이름을 '목란(木蘭, 나무에 피는 난이라는 뜻)'으로 부르는 것이 좋겠다"고 말한 데에서 연유했다고 한다.

북한은 이후 '김일성훈장'(72년 3월 제정)에 목란꽃을 부각하고, 김일성 김정일이 해외 인사들로부터 받은 선물을 전시하는 '국제친선전람관'(78년 준공)의 천장과 벽, '주체사상탑'(82년 4월 준공)의 기단 벽 부분과 탑신 받침대 등에 목란꽃 무늬를 새겨넣는 등 목란을 비공식적으로 국화로 사용했다. 그리고 91년 김주석이 "목란꽃은 아름다울 뿐만 아니라, 향기롭고 생활력이 있기 때문에 꽃 가운데서 왕"이라며 국화로 삼을 것을 지시하여, 4월 10일 '국화'로 공식 지정되었다.

그러나 오늘날 북한에서는 국화인 목란보다도 김일성과 김정일을 상징하는 '김일성花'와 '김정일花'가 더 신성시되고 있다. '김정일花'는 88년 2월 김정일의 46회 생일에 즈음하여 일본의 원예학자 가모 모도데루가 육종하여 김정일에게 바쳤다고 선전하는 베고니아科의 다년생 화초를 말한다. 이 꽃은 한번 피면 4달 정도 계속 피어있다고 한다. 이후 북한은 '김정일花'의 대내외 보급과 선전을 위해 88년 4월 평양 중앙식물원 내에 '김정일花 온실'을 설립하였다. 그리고 95년 2월에는 중국 연길에 '김정일花 화원'을 개관하는 등 해외에도 보급 및 선전활동을 활발히 전개하였다. 또한 북한은 김정일 생일행사의 일환으로 97년 2월 55회 생일 때부터 〈김정일화 전시회〉를 매년 평양에서 개최해 오고 있다.

■|| 북한의 국화 〈목란〉

II
우리 조상들의 삶과 죽음에 관한 이야기

숨어있는 문화유산 속으로

11

국왕의 이름에 붙은 <조·종·군>은 어떻게 다를까?

옛날사람들은 사람의 이름은 친근하게 함부로 부르는 것이 아니라 조심하고 경계해야 할 것으로 생각했다. 특히 왕의 이름은 함부로 부를 수 없었으며, 만약 잘못하여 글로 쓰거나 하면 큰 벌을 받았다. 예를 들어 과거시험에서도 역대 왕들의 이름이 답안에 한 글자라도 들어가면 무조건 낙방이었을 정도였다. 따라서 조선시대 사람들은 역대 조선왕의 이름을 죽 외우고 있어야 했다. 그러나 수많은 왕의 이름들을 일반 생활에서 쓰지 못한다면 사람들이 생활하기에 큰 불편이 있기 때문에, 조선시대 왕의 이름은 우리가 흔히 쓰지 않는 특이한 글자를 쓰거나 아니면 새로운 글자를 만들어 쓰는 경우가 많았다.

조선시대 국왕을 부르는 말로는 시호·묘호·능호·전호 등 여러 가지가 있다. 이들은 모두 왕이 죽은 뒤에 얻어진 이름이다. 국왕은 재위 동안에는 별다른 칭호가 없었고, 다만 문자로 쓸 때는 금상·대행대왕 또는 당저라고만 했으며, 중국에 글을 보낼 때는 '조선국왕 신 아무개' 하는 식으로 본인의 실명(實名)을 썼다. 그러다 왕이 승하하게 되면 군신들이 군주의 치세동안의 공적을 기리어 군주의 시호와 묘호를 정하였다. 조선왕조실록에는 왕의 이름을 짓는 내용이 실려 있는데 다음의 예를 한번 살펴보기로 하자.

> 대신·육경·관각 당상·삼사 장관이 빈청에 모여 의논하여 묘호를 효종으로, 시호를 선문 장무 신성 현인으로, 전호를 경모로, 능호를 영릉으로 올렸다(『효종실록』 21권, 10년 5월 9일).

이 기록은 효종에 관한 것인데, 우리가 흔히 '효종'이라고 부르는 것은 곧 묘호인데, 이는 종묘에서 제사지낼 때 사용하는 이름이다. 그리고 효종의 시호는 '선문장무신성현인대왕'인데, 이는 효종의 생전 공덕을 기리기 위해 올리는 칭호이다. 다음으로 능호는 '영릉'인데, 이는 효종의 무덤에 붙인 이름이다. 그리고 전호는 '경모'인데, 이는 국장 이후 삼년상 동안 신주를 모시는 혼전(魂殿)에 붙인 이름이다.

조선시대 국왕의 칭호는 이처럼 복잡하여 보통 20~30자, 혹은 많은 경우에는 60~70자에 이르렀다. 예를 들어 세조는 '세조혜장승천체도열문영무지덕융공성신명예흠숙인효대왕(世祖惠莊承天體道烈文英武至德隆功聖神明睿欽肅仁孝大王)'이었다. 또한 영조는 '영종지행순덕영모의열장의홍윤광인돈희체천건극성공신화대성광운개태기영요명순철건곤령익문선무희경현효대왕(英宗至行純德英謨毅烈章義弘倫光仁敦禧體天建極聖功神化大成廣運開泰基永堯明舜哲乾健坤寧翼文宣武熙敬顯孝大王)'이었다. 이들 국왕의 이름은 외우기는커녕 읽기도 힘들 정도였는데, 이는 국왕의 권위를 존중하고 그의 공덕을 기리기 위한 방편이었다.

한편 조선시대 왕의 이름에는 조(祖)와 종(宗) 그리고 군(君)이 붙어 있다. 이들은 어떠한 차이가 있을까? 우선 군을 붙이는 국왕은 재위 중에 쿠데타로 왕위에서 쫓겨난 임금들이다. 이는 다른 말로 표현하면 종묘에서 제사지낼 때 사용하는 묘호를 받지 못했다는 뜻이다. 예를 들어 연산군은 종묘

숨어있는 문화유산 속으로

에서 제사를 지내지 않기 때문에 묘호가 없는 것이다. 이와 달리 단종은 세조에 의해 쫓겨나 노산군으로 강봉되었으나, 숙종 24년(1698) 임금으로 복위되어 단종이라는 묘호를 받았다.

다음으로 조는 창업주나 변란을 겪은 군주, 혹은 반정으로 즉위한 군주, 또는 큰 난국을 극복하였다고 평가되는 국왕에게 붙였으며, 그렇지 않은 군주에게는 종을 썼다고 한다. 또한 '조유공 종유덕'이라 하여 공이 큰 임금에게는 조, 덕이 큰 임금에게는 종을 붙였다는 기록도 있다.

그러나 이러한 설명은 맞는 부분도 상당히 많지만, 틀린 경우도 있기 때문에 정확한 원칙은 없었던 것으로 보인다. 예컨대 조선시대의 임금 중 조를 붙인 태조·세조·선조·인조 등은 앞서의 경우와 맞는 예이지만, 영조·정조·순조 등은 맞지 않으며, 또 중종의 경우에는 쿠데타로 집권했음에도 종자를 붙였다. 중종의 경우, 인종이 "선왕이 난정을 바로잡아 반정을 하여 중흥의 공이 있으므로 조로 칭하고자 한다"라는 교서를 내렸으나, 예관이 "선왕이 비록 중흥의 공이 있기는 하나 성종의 직계로 왕위를 계승하였으므로 조로 함이 마땅하지 않다"고 반대하여 중종으로 하였다 한다.

이처럼 조가 창업이나 중흥의 공업을 남긴 왕에게 붙인다는 원칙 때문에 은연중 조가 종보다 더 훌륭한 임금이라는 생각이 생겨서, 본래 종을 썼던 것을 조로 바꾼 경우도 있었다. 즉, 자신의 부왕이 중흥의 공이 있는 조로 불리는 것은 본인에게도 큰 영광이라고 생각했던 것이다. 선조는 원래 선종이었으나, 광해군 8년에 선조로 개칭하였다. 그리고 처음에 영종·정종이었던 영조와 정조도 고종때 바뀌었고, 순조도 철종 때 순종에서 순조로 바뀌었다.

■ 강원도 영월에 있는 단종의 능(장릉)

12

옛날 사람들은 <임금님>을 어떻게 불렀을까?

<왕>은 우두머리, 최고통치권자를 가리키는 말이다. 王자는 각각 천·지·인을 뜻하는 '一'과 이 세 가지를 하나로 통괄하는 'ㅣ'가 합쳐져 최고의 인격체를 상징하는 것이다. 즉, 하늘과 땅, 그 가운데 존재하는 인간, 이들 모두는 각각 하나의 우주로서, 그 각각의 우주를 하나로 통괄하여 전체 우주를 다스리는 자가 곧 왕인 것이다.

이처럼 최고의 권력을 가지고 있는 왕을 함부로 부를 수 없어 조선시대의 경우 왕을 부를 때 주로 천·성·용·옥 등을 사용했다. '천'은 만물을 생육하는 것이고, '성'은 성스럽다는 의미이며, '용'은 신비하여 헤아릴 수 없는 동물을 상징하고, '옥'은 따뜻한 덕을 갖추고 있음을 뜻한다. 이들은 모두 왕이 당연히 갖추고 있어야 할 덕성들을 표현하고 있다.

국왕은 신료들에게 자신을 나타낼 때 '여'라고 했는

■ 궁중유물 전시관에 소장된 영조의 영정

숨어있는 문화유산 속으로

데, 이것은 '나'라는 뜻이다. 이외에 국왕이 자기를 스스로 부르는 용어로는 '과인'·'과매'·'과궁'·'불체' 등이 있는데, 모두 자신을 낮추어 겸손하게 나타내는 말이다. 그리고 국왕이 신료를 부를 때에는 '이'라고 했는데, 이것은 '너'라는 뜻이다. 다만 2품 이상의 고위관료들을 부를 때에는 '경'이라는 말로서 존중해주기도 했다.

신하는 임금에게 항상 '신'이라고 표현했는데, 이는 "왕 앞에 무릎을 꿇고 엎드린 노예"라는 뜻이 있다. 더 심한 경우에는 '신' 앞에 '천' 혹은 '미' 등의 말을 덧붙여 자신을 더욱 낮추었다. 그리고 신하가 왕을 호칭할 때에는 '상'·'주상'·'성상'으로 부르거나, '전하'·'대성인'·'성궁'·'군부'·'군사'·'인주'·'명주'·'명왕'·'천위'·'성자'·'군' 등으로 불렀다.

그리고 신료들이 왕의 신체 일부 또는 행위를 표현하는 경우에 사용하는 말 또한 따로 정해져 있었다. 왕의 얼굴은 용안·청광이라 했는데 '용안'은 용의 얼굴이란 뜻이다. 이에 왕이 앉는 자리는 용상, 왕이 입는 옷을 용포라 했다. '청광'은 맑고 빛이 난다는 의미로서, 바로 태양을 상징한다. 그리고 임금이 타는 수레는 '용가'라고 하였으며, 왕의 눈물은 '용루', 그리고 임금의 자손은 '용종', 왕이 타는 배는 '용주'라고 불렀다. 또한 왕이 노여움을 내는 것은 신하들과 백상들에게는 큰 화근이 되었는데, 천노·뇌위·뇌정지위·진첩이라 했다. '천노'는 "하늘의 노여움"이란 뜻이니, 왕이 화를 내는 것은 하늘이 노여워하는 것과 같다는 의미인 셈이다. 이는 조선시대 사람들이 하늘의 노여움을 천둥·우레·번개 등으로 이해하고 있었던 데에서 연유하였다.

■ 창경궁 명정전 안에 있는 용상

숨어있는 문화유산 속으로

13

국왕은 〈하루〉를 어떻게 보냈을까?

조선시대 국왕은 아침 일찍 일어나서 글을 읽는다. 그리고 아침식사 전에 왕대비나 대왕대비 등 왕실의 어른들께 문안 인사를 올린다. 다음에 국왕 자신도 세자와 같은 아랫사람으로부터 문안 인사를 받는다.

그리고 아침식사를 들고 나서는 외전에 나가 정사를 본다. 3정승과 6판서, 그리고 사간과 옥당이 참석한 정식 사무는 한 달에 여섯 번 보고, 그 외에도 대신들과 종종 만난다. 또 한 번씩 신하들과 한자리에 모여 경서 공부도 함께 한다.

■ 국왕이 업무를 보던 경복궁 근정전

국왕은 저녁에도 잠자리에 들기 전까지 늦은 시간에도 책을 읽는다. 가끔 윗전에 올라가 직접 문안을 드리고 식사를 하시는 동안 곁에서 지켜봐 주기도 한다.

왕대비나 대왕대비가 병에 걸렸을 때는 왕이 직접 약과 미음을 받들어 권한다. 종기가 나면 고약까지도 붙여줌으로써 효도의 시범을 스스로 보여

숨어있는 문화유산 속으로

■|| 조회 광경

■|| 국왕이 휴식을 취하던 경복궁 향원정

야 한다. 왕이 내전에 있을 때에는 안사랑을 쓰고, 그 곁에서 내관과 시녀 상궁과 대전 상궁들이 왕을 모신다. 신하를 만날 때에는 바깥사랑으로 나가는데, 절대 혼자 만나지 않으며 국왕을 곁에서 보좌하는 신하들과 함께 만난다. 국왕이 단독으로 신하들을 만나는 것을 '사적(私覿)'이라 했는데, 불필요한 오해가 있을까 염려하여 스스로 피하였다.

국왕은 매일 버선은 한 켤레씩 갈아 신었으나, 사복으로 입는 두루마기는 몇 조각을 기워서 입을 정도로 검소함을 몸소 실천하였다.

국왕의 하루 일과표를 시간대별로 정리해서 만들어보면 아래와 같다.

- 새벽 4~5시경 : 기상
- 새벽 6시경 : 왕실 웃어른께 아침 문안
- 오전 7시경 : 아침식사
- 오전 8시경 : 아침 공부(조강)
- 오전 10시경 : 아침 조회(조참 또는 상참)
- 오전 11시경 : 오전 업무(보고받기, 신료 접견)
- 정오~오후 1시경 : 점심 식사
- 오후 2시경 : 낮 공부(주강)
- 오후 3시경 : 신료 접견
- 오후 5시경 : 궁궐 내의 야간 숙직자 확인
- 오후 6시경 : 저녁 공부(석강)
- 오후 7시경 : 저녁 식사
- 오후 8시경 : 왕실 웃어른께 저녁 문안
- 오후 10시경 : 상소문 읽기
- 오후 11시경 : 취침

숨어있는 문화유산 속으로

14
국왕은 한 명인데, 왜 〈궁궐〉은 여러 개일까?

예로부터 권력자들은 성읍이나 도읍지 등 가장 필요한 장소에 큰 집을 짓고 살면서 권위를 자랑하며 백성들을 다스렸는데, 이들이 사는 집을 보통 〈궁궐〉 혹은 〈궁전〉이라 부른다. 여기에서 도성 안의 적절한 장소나 국내 여러 곳에 필요에 따라 옮겨 살 수 있는 궁전을 이궁이라 했으며, 가례를 행하는 궁전을 별궁이라 했다. 그리고 국왕의 행차시 임시로 머무는 궁전을 행궁이라 불렀다.

동양에서는 도성의 건축계획이 궁전을 중심으로 실행되었고, 궁전의 정문에서 시작되는 대로를 주축으로 하여 모든 시설을 배치하였다. 궁성 내부는 국왕이 업무를 보는 장소, 국왕과 왕비 그리고 이들을 모시는 사람들이 거주하는 공간, 이들에게 편안한 휴식을 제공해주는 후원으로 구분할 수 있다.

궁궐 건축에서는 무엇보다도 보안기능과 공간구성의 위계성이 중요시되었기 때문에 엄격한 문제(門制)를 실시하였다. 특히 여러 개의 다른 공간을 구분하는 문을 중첩적으로 만들어 위계질서를 세우고, 이로써 국왕의 권위를 상징하였다. 각 문의 형식과 규모는 궁궐의 격에 따라 서로 달랐는

조선 순조때
제작된 동궐도
(창덕궁과 창경궁 옛모습)

데, 정궁인 경복궁의 광화문만 3개의 홍예를 튼 석축 위에 중층 누각을 세 웠으며, 그 외의 궁은 격에 따라 칸수 및 층수가 줄어들었다.

　조선 태조는 도읍을 한양으로 옮기면서 경복궁을 지어 왕이 주요업무를 보고 거주하는 정궁으로 삼았으며, 이후 여러 국왕들이 창덕궁·창경궁·경덕궁·덕수궁 등을 조영하였다. 경복궁은 1395년에 낙성되었는데, 당시 규모는 390여 칸이었다고 한다.

　한편 창덕궁은 태종 때 이궁으로 지어졌다가 여러 차례의 화재로 지금은 초기의 모습과 많이 달라졌는데, 후원인 금원은 대표적인 한국정원으로서 풍모를 자랑한다. 그리고 창경궁은 성종 15년(1484)에 건축된 것으로, 정문인 홍화문과 정전인 명정전이 지금까지 남아 있다. 또한 덕수궁은 선조 26년(1593)에 임금이 의주에서 환도하여 궁궐로 삼았던 곳인데, 특히 석조전은 융희 3년(1909)에 건립된 한국 최초의 서양식 건물로 유명한 곳이다.

　그렇다면 국왕은 한 명뿐인데 궁궐은 왜 여러 개가 있었을까? 왕은 한 국가의 최고 통치자인 까닭에 국왕의 신변에 위협이 생기는 것은 결코 용납될 수 없었다. 만약 왕이 거주하고 있던 궁궐에 큰 화재가 발생한다든가, 또는 전염병으로 인해 궁을 비워야 하는 일이 생길 때 궁궐이 하나 뿐이라면 곧

숨어있는 문화유산 속으로

광화문 수문군의
재현모습

란했을 것은 쉽게 짐작된다. 또한 왕이 한 곳에 너무 오래 거주하면 불순한 의도를 품은 사람들로부터 왕의 신변을 보호하기 힘들게 된다. 이 때문에 간혹 정궁과 이궁을 옮겨가면서 집무를 보았으며, 왕의 숙소에서도 한 방이 아니라 여러 방을 옮겨가며 머물렀던 것이다.

 이 때문에 조선왕조에서는 서울에 늘 두 곳 이상의 궁궐을 지었다. 왕이 정규적으로 살면서 활동하는 제1궁궐을 정궁 혹은 법궁이라 했으며, 필요한 경우 옮겨가서 살면서 활동하는 궁궐을 이궁이라고 불렀다. 물론 이궁도 법궁과 마찬가지로 궁궐로서 규모와 체제를 갖춘 정식 궁궐이었다.

15

<여왕>은 왜 신라에만 있었을까?

　우리나라 역사상 수많은 왕이 있었지만 그 중 여자가 왕이 된 적은 딱 3번 밖에 없다. 그리고 그 세 명의 <여왕>은 모두 신라에만 있었다. 고구려나 백제, 그리고 이후 고려나 조선에서는 절대 찾아볼 수 없는 여왕의 존재가 신라에만 세 명씩이나 존재하게 된 이유는 무엇일까?

　우리나라 최초의 여왕은 선덕여왕(632~647)이다. 선덕여왕의 이름은 '덕만'이었으며 아버지는 진평왕이었고 어머니는 마야부인 김씨였다. 선덕여왕이 재위했던 시기는 신라의 중고시대로서 고구려·백제·신라가 치열한 전쟁을 하던 시기였으며, 국력을 키우기 위해 당과의 외교를 긴밀하게 유지하였던 시기였다. 『삼국사기』 신라본기에서는 이런 중요한 시기에 신라인이 여왕을 세운 이유로 우선 성골남자가 없어 여자를 세울 수밖에 없었다는 이야기를 전해주고 있다.

　당시 신라는 골품제라는 철저한 신분제도를 가지고 있었으며 이 골품제는 각 신분에 따라 오를 수 있는 관직의 등급과 입을 수 있는 옷의 색까지 정해 둘 정도로 엄격하였다. 그 중 성골은 일반적으로 왕이 될 수 있는 왕족계층이었다. 그런데 이때 문제가 생겼는데 선덕여왕의 아버지 진평왕이

 숨어있는 문화유산 속으로

죽을 때 아들이 없었고 또 친척 중에도 왕위를 물려받을 만한 성골귀족이 없었던 것이다. 그렇다면 진평왕의 세 딸 중 장녀인 선덕여왕이 왕위를 물려받는 게 당연한 일이었는지도 모른다.

하지만 선덕여왕이 왕이 되는 것은 그리 쉽지만은 않았다. 전통적으로 귀족들의 영향력이 강한 신라에서 여자가 왕위에 오르기 위해서는 여왕을 지지하는 세력이 있어야만 했다. 이때 선덕여왕을 적극적으로 지지한 사람으로 훗날 태종무열왕이 된 김춘추와 김유신 등이 있었다. 김춘추의 할아버지인 진지왕은 진골귀족들의 반발로 인해 폐위된 적이 있어 김춘추는 진골귀족들에게 좋지 않은 감정을 가지고 있었다. 금관가야 귀족 출신인 김유신도 보수적인 신라 일부 귀족들에게 좋은 대접을 받지 못했다. 이 두 사람은 일부 귀족들에게 대항하기 위해 선덕여왕을 지지하게 되었던 것이다.

또한 신라에 첫 여왕이 등장하는 데에는 이웃나라 일본의 영향도 있었다. 선덕여왕의 아버지인 진평왕 때 일본에서는 최초의 여성천황인 스이코 천황이 즉위하게 되었는데, 일본과 많은 교류를 하던 진평왕은 여자도 왕이 될 수 있다는 생각을 갖게 되었을 것이다. 이렇게 하여 신라에서는 선덕여왕을 시작으로 신라에서는 이후에 진덕여왕과 진성여왕까지 총 3명의 여왕이 탄생하게 된다.

16

<장희빈>의 이름은 <희빈>일까?

조선시대 국왕의 혼례 절차는 『국조오례의』에 따라 준수되었는데, 그 과정은 대략 이러하다. 우선 왕의 혼인이 결정되면 <가례도감>이라는 임시 관청을 설치하고 전국에 금혼령을 내린다. 가례도감은 왕의 혼례를 주관하는 관청이고, 금혼령은 왕의 배우자가 될 만한 연령에 있는 처녀들의 혼인을 금하는 명령이다. 금혼령이 내려지면 처녀를 둔 가문에서는 조정에 보고해야 했는데, 이 보고서를 '처녀단자'라고 한다. 이 단자에는 처녀의 사주와 거주지, 그리고 부·조·증조·외조의 이력을 기록하여 가문 내력을 알 수 있도록 했다. 처녀단자를 접수한 왕실에서는 이를 기초로 3차에 걸쳐 선발했는데, 초간택·재간택·삼간택이 그것이다. 간택은 대체로 왕실의 어른인 대비가 주관했는데, 왕비 감을 미리 내정해 놓고 간택한 경우가 많았다.

한편 왕에게는 왕비 이외에도 후궁이라는 배우자들이 있었다. 이 후궁들은 공식적으로 내명부의 직첩을 받고 왕을 모시는 여인들이다. 조선시대 내명부의 품계와 명칭은 아래의 표와 같다.

품 계	정1품	종1품	정2품	종2품	정3품	종3품	정4품	종4품
명 칭	빈	귀인	소의	숙의	소용	숙용	소원	숙원

숨어있는 문화유산 속으로

보통은 왕의 자식을 낳은 후궁들이 내명부의 직첩을 받았다. 그렇지만 후궁이 예쁘고 마음에 들면 왕은 그 여인의 환심을 사기 위해 내명부의 직첩을 내리기도 하였다. 때문에 왕의 총애를 독차지하고 이를 기회로 권세를 흔들던 후궁들도 적지 않았다. 연산군 시절의 장록수, 광해군 때의 김개시, 숙종대의 장희빈 등은 왕의 후궁으로서 일세를 풍미하던 여인들이라 하겠다.

그러나 후궁들에게 부귀영화만 주어졌던 것은 아니다. 만약 자신이 모시던 국왕이 죽으면, 후궁들은 개가를 할 수도, 다른 남자를 만나 사랑에 빠질 수도 없었다. 죽을 때까지 수절해야만 했다. 왕을 모시던 여성들은 나라에 모범을 보여야 했기 때문이다. 또한 후궁들은 국왕 이외의 다른 남자와 절대 동침할 수 없었다. 만약 그런 일이 발생한다면 국왕과 혈통이 다른 사람이 왕위를 계승한 꼴이 되므로, 그 왕조는 생명력과 정통성을 잃게 되는 것이다. 그 예로써, 고려 말 이성계세력이 공민왕의 아들인 우왕과 창왕이 왕씨가 아니라, 신돈의 아들인 신씨라는 이유를 내세워, 그들을 폐위시켜 사실상 고려왕조를 종식시킨 사실을 들 수 있다.

한편 조선시대의 왕비는 왕이 사망한 이후에도 계속 대궐에서 살았다. 그리고 자식을 낳은 후궁들의 경우에는 장성한 자식들과 함께 살 수 있었다. 문제는 자식도 없이 갑자기 과부가 된 후궁들이었다. 이들은 대개 여승이 되었는데, 수절을 하면서 죽은 왕의 명복을 빌기 위함이었다. 조선초기 과부 후궁들이 머리를 깎고 모여 있던 절이 바로 정업원인데, "업이 정해져 있는 사람이 사는 집"이라는 뜻이다. 그 업이란 바로, '국왕을 모실 수 있는 기쁨'과 '국왕만을 모셔야 한다는 족쇄' 이 두 가지 모두를 의미한다고 하겠다.

조선왕조의 후궁들 가운데 소설·영화·드라마 등에서 가장 많이 다루어졌던 여인은 아마 장희빈일 것이다. 장옥정(장희빈)은 궁녀의 신분으로 왕의 총애를 받아 왕비의 자리에까지 올랐던 여인이다. 그녀의 극적인 삶은 오늘날까지도 많은 이의 관심과 호기심의 대상이 되고 있다. 그리고 장희빈과 더불어 빠짐없이 등장하는 여인이 그녀의 연적인 인현왕후이다.

숙종이라는 한 남자를 사이에 두고 파란 만장한 일생을 살았던 장희빈과 인현왕후, 이들 두 사람에 대한 평가는 정반대이다. 장희빈은 일반적으로 음모와 술수를 바탕으로 투기를 일삼는 악독하고 요사스러운 여인으로 알려져 있다. 반면에 인현왕후는 인자하고 온화한 성품의 소유자로 회자되었다. 그런데 이들 두 여인의 갈등은 단지 시기와 질투만으로 파악할 수 없는 역사적 배경이 있다. 숙종은 30세가 넘도록 왕비인 인현왕후 민씨에게서 후사가 없다가 숙의 장씨(장희빈)가 왕자를 출산하자 몹시 기뻐하여, 왕자 균을 원자로 정하고, 숙의 장씨를 빈으로 책봉하고 '희'라는 빈호를 주었다. 그러자 송시열을 비롯한 서인들이 상소를 올려 이의를 제기하였다. 이에 숙종은 진노하여 송시열 등을 유배보낸 뒤 죽이고 서인을 모두 파직하였는데, 이를 소위 '기사환국'이라 한다.

■ 황원삼 예복을 입은 왕비의 모습

　인현왕후의 집안은 당대의 명문 벌족이며 서인의 한 분파인 노론의 핵심 가운데 하나였다. 장희빈은 중인 신분의 역관 집안의 딸로서 남인과 연결되어 궁녀가 된 것으로 추정되며, 그녀를 지원했던 세력 또한 남인이었다. 이처럼 인현왕후와 장희빈의 배후에는 서인과 남인이라는 서로 다른 정치 세력이 있었기 때문에 장희빈의 아들 균이 원자가 된다는 것은 곧 남인 세력의 득세를 의미하는 것이었다. 이에 당시 실권을 잡고 있던 송시열을 위시한 서인 중심의 조정 대신들이 이를 받아들일 리 만무했다. 이처럼 숙종 때의 정치는 남인과 서인의 정치적 주도권을 놓고 극심한 대립을 벌이면서 부침이 거듭되는 양상을 띠고 있었다. 이것을 '환국(換局)'이라 한다. 환국이란 국면이 바뀐다는 뜻으로 정치세력이 전면적으로 대체되는 정치형태이다. 이러한 과정에서 집권한 붕당은 상대 붕당에 대해 혹심한 보복과 숙청을 가하였다. 숙종 재위 기간 46년 동안 수 차례의 환국이 있었고, 당연히 정치는 혼돈스러워 민심은 흉흉해졌다. 황석영씨의 유명한 장편소설『장길산』의 도적 떼가 날뛴 시기가 바로 이때라는 사실은 결코 우연이 아니다.

숨어있는 문화유산 속으로

17

옛 사람들은 <종묘사직>을 왜 중요하게 여겼을까?

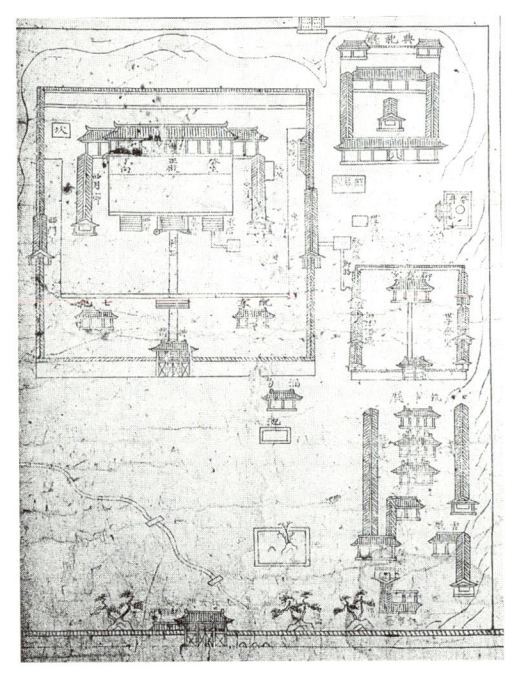

■■ 「종묘의궤」의 종묘 일곽

조선을 건국한 태조 이성계는 수도를 개성에서 한양으로 옮기고 궁궐을 짓기 전에 가장 먼저 종묘와 사직을 지었다. 또한 임진왜란 때 한양이 잿더미가 되었는데 피난에서 돌아온 임금도 제일 먼저 종묘를 다시 세웠다고 한다. 도대체 종묘와 사직이 무엇이기에 국왕이 머무를 궁궐보다 먼저 지었을까?

종묘와 사직은 왕조 시대에는 흔히 국가 그 자체를 상징하는 말이었다. 예를 중시하는 나라에서는 제사 지내는 예를 가장 중요시했는데 그 중에서도 종묘와 사직의 제사를 가장 으뜸으로 하였다. 즉 종묘와 사직에 제사를 지내지 않으면 국가가 있어도 있는 것이 아니라는 생각이 있었기 때문에 그 무엇보다도 먼저 종묘와 사직을 건설하여 국가의 정신적인 기틀을 만들었던 것이다.

■ 종묘 영녕전 (왼쪽)
종묘 정전 제실 (오른쪽)

종묘와 사직은 '좌묘우사' 라는 원칙에 따라 종묘는 궁궐의 동쪽에, 사직은 서쪽에 만들었다.

    종묘와 사직의 제도는 중국에서 비롯된 것이다. 우리나라에서는 삼국시대에 시조묘에 제사를 지냈다는 기록이 있는 것을 시작으로 고려와 조선시대에도 역대 왕들에게 늘 제사를 지내왔다. 지금 남아 있는 조선시대 종묘의 경우 역대 왕과 왕비의 신주를 모시고 1년에 몇 차례 제사를 지내는데, 태조와 현 왕의 4대조 할아버지의 위패는 정전이라는 곳에, 4대조가 넘는 왕들의 위패는 영녕전이라는 곳에 봉안을 하였다. 한편 국가를 다스릴 때 공이 있다고 인정되는 국왕의 신주는 4대가 지나도 영녕전으로 옮기지 않고 정전에 모시는데 이를 〈세실〉이라고 한다. 종묘의 건물 안을 살피면 넓은 건물 안쪽으로 칸이 막아져 각기 다른 임금님의 위패가 모셔져 있지만 그 앞쪽으로는 전부 뚫려 있어 하나의 공간을 만들고 있다. 이러한 방식을 한 건물이지만 방이 각기 다르다고 하여 '동당이실' 이라고 부른다. 또한 위패를 놓는 순서는 서쪽에 가장 높은 태조의 신위를 모시고 아래 사람들을 동쪽으로 한 칸씩 물리는 방법을 택했는데, 이것을 서쪽이 높다고 해서 '서상의 원칙' 이라고 한다. 한편 종묘 정전 앞에는 공신들에게 제사를 지내는 공신당과 일곱 잡신에게 제사를 지내는 칠사당이라는 건물이 따로 만들어져 있다.

숨어있는 문화유산 속으로

■ 서울 사직공원내 사직단

종묘의 정전은 외국의 건축가들이 칭찬을 아끼지 않는 가장 뛰어나고 한국적이며 세계적인 목조건축물이라고 한다. 지붕의 좌우 길이는 한눈에 다 들어오지 않을 정도인 100미터가 넘는 길이이며 14세기에 지어진 단일 건축물로는 세계에서 가장 크지만, 아주 단순한 양식과 안정감으로 보는 사람에게 엄숙함과 성스러움을 느끼게 해주고 있다. 현재 종묘와 종묘에서 제사를 지내는 예식인 종묘제례는 세계문화유산으로 등록되어 있다.

한편 사직은 토지의 신인 사와 곡식의 신인 직에게 제사를 지내는 곳인데, 종묘와는 달리 지붕을 하지 않고 넓은 단만 만들어 놓았다. 이는 하늘과 땅이 서로 조화를 이룰 수 있도록 하기 위한 것이라고 한다. 단을 만드는 것도 사단과 직단을 따로 만들었는데 그 중 사단이 동쪽에, 직단이 서쪽에 놓인다. 사직도 종묘와 마찬가지로 국가의 중요 제사 대상으로 국가 자체를 가리키는데 종묘와 크게 다른 점이 있다. 종묘의 경우 한 나라에 한 곳만 설치하였는데, 이에 반해 사직은 도성은 물론 지방의 각 행정 단위마다 설치되어 왕을 대신하여 지방수령이 제사를 지내게 하였다. 전국 각지에서 빠지지 않고 사직에 대한 제사를 올리게 한 것을 보면 어쩌면 종묘에 대한 제사보다 더 중요한 제사로 생각하고 있었는지도 모르겠다.

18

옛날 사람들에게 <충>의 의미는 무엇이었을까?

충(忠)이란 무엇인가? 현대인에게는 어울리지 않을 질문일지 모르겠으나, 왕조국가에서는 대단히 중요한 덕목이었다. 물론 '충'이라는 말이 지닌 본래의 뜻을 이해한다면, 우리들에게도 역시 무의미하지 않음을 쉽게 알 수 있다.

충이란, "유교의 중요한 도덕규범으로서, 자기 자신 및 국가·임금·주인 등과 같은 특정대상에 대해서 정성을 다함"을 뜻한다. 물론 "다수의 사람 전체에 대하여 공평하게 성실을 다한다"는 의미도 포함하고 있다. 때문에 공자는 인간의 모든 행위의 근본을 충에 두었다. 성리학의 대가 주희도 "충은 자기 자신을 온전히 실현하는 것"이라 하였다.

우리들이 흔히 말하는 충은, 실제적으로는 백성과 신하가 국가와 임금에게 정성을 다하는 것을 일컫는다. 역사상 국가와 임금에게 충성을 다한 인물의 예는 수없이 많다. 『삼국사기』 열전에는 고구려의 을지문덕·온달, 그리고 백제의 성충·흥수·계백, 또한 신라의 김유신·사다함·관창·원술 등의 충의정신이 기록되어 있다. 특히 김유신은 삼국전쟁의 와중에, "지금 우리나라(신라)는 충신으로서 남아 있고, 백제는 오만으로 인하여 망하

였고, 고구려는 교만으로 해서 위태롭게 되었다"고 하여, 신라가 승리한 원인을 '충'에서 찾은 바 있다. 한 시대의 오만과 교만, 이로 인한 패망을 막을 수 있는 것은 '충'이라는 것이다.

고려시대에 충절을 지킨 대표적인 인물로는 정몽주를 들 수 있다. 정몽주는 공양왕 4년 (1392), 선지교에서 이방원의 심복에게 철퇴를 맞고 죽었다. 이때 정몽주의 선혈이 흘러내린 선지교 돌 틈에서 대나무가 솟았다 하여, 선죽교라 부르게 되었다. 이방원이 정몽주를 죽인 것은 자신의 부친인 이성계가 새 나라를 개창하여 왕이 되는 데에 정몽주가 걸림돌이 되었기 때문이다. 그런데 이방원은 즉위 직후에 권근의 상소를 받아들여, 정몽주에게 익양부원군을 추증하고 문충공이라는 시호를 내렸다. 조선의 건국에 반대한 고려의 충신 정몽주를 조선의 종묘사직을 지켜나갈 충신의 표상으로 삼은, 역사의 아이러니라 할 수 있겠다.

이 몸이 죽고 죽어 일백번 고쳐 죽어
백골이 진토되어 넋이라도 있고 없고
님 향한 일편단심이야 가실 줄이 있으랴.

조선시대의 충의정신은 크게 두 가지로 구분할 수 있다. 첫째는 "두 임금을 섬기지 않는다"는 신조로써 절개를 지킨 성삼문을 비롯한 사육신과 김시습으로 대표되는 생육신의 충절을 들 수 있다. 둘째는, 외침으로 나라가 위태로울 때 목숨을 아끼지 않고 국난 극복에 앞장선 이순신·조헌·유정·김상헌 등의 충의가 있었다. 한편 한말에 존왕양이와 척사위정의 대의를 드높인 이항로·최익현·유인석, 그리고 식민통치기에 항일투쟁의 선봉에 선 윤봉길과 안중근의 애국충절도 빠트릴 수 없을 것이다.

이들은 모두 각 시대마다 위기에 처한 국가를 구하기 위해 목숨 바쳐 충의정신을 발휘한 인물들이다. 때문에 오늘날 우리들 삶의 뿌리에는 이들의 순절이 토대하고 있음을 잊어서는 안될 것이다.

한편 예로부터 충은 효로부터 나온다고 하였다. 고려 말 길재는 국운이 기우는 것을 보고 관직에서 물러 나와, "옛사람들이 말하기를, '충신은 반드시 효자가 나오는 가문에서 나오는 것이니 거기에서 구하라'고 하였다. 따라서 어버이에게 먼저 효도를 하면 자연히 임금에게 충성을 할 수 있게 되고, 임금에게 충성을 하면 부모에게도 효도할 수 있게 되는 것이다. 대체로 충성과 효도는 마음 속에 고유하게 있는 것으로 병행하는 것이다"라는 충효관으로써 후진을 양성하였다. 조선시대 성리학적 이상국가를 꿈꾸며 치열하게 살았던 조광조도, "임금 사랑하기를 부모 사랑하듯 하였고, 나라 근심하기를 집안 근심하듯 하였네"라고 노래한 바 있다. 이는 왕조국가에 있어서 인간의 기본도리가 충과 효에 있었음을 뜻한다. 현대라 하여, 어찌 가정이 바로 서지 않고 사회에서의 올바른 역할을 기대할 수 있겠는가?

■ 광주 무등산 <전상의 장군>의 사당인 충민사의 현판

그렇다면 충의 현재적 의미는 무엇일까? 충이라는 글자의 뜻, 마음(心)에 중심(中)이 있음을 말한다. 혹은 중심있는 마음이라 할 수 있겠다. 마음에 중심이 있다는 것은, 그렇지 않은 상태를 통해 설명할 수 있다. 마음에 중심이 하나가 아니고 둘이면, 근심이 있기 마련이다. 근심을 뜻하는 '환(患)'자에는 마음에 중심이 둘 있음을 알 수 있다. 즉, 두 마음을 갖지 않는 것이 충이라는 것이다. 오늘날에도 두 마음을 갖는 것은 바람직하지 않으니, 그렇다면 충의 가치는 지금까지도 유효하다고 하겠다. 남녀지간의 사랑에 있어서도, 직장에서도 말이다.

숨어있는 문화유산 속으로

19

옛 사람들에게 <하늘>은 어떤 의미가 있었을까?

중국 주나라의 최고신은 '하늘'이었다. 주나라 사람들이 숭배한 '천(天)'은 우주 삼라만상을 창조한 창조주, 천지자연의 법칙을 운행하고 인간사를 제어하는 규제자였다. 그리고 천벌을 내리는 저항할 수 없는 힘을 가진 존재, 덕이 있는 자에게 명을 내리는 절대신이었다. 중국의 5경 중 하나인 『서경』에 따르면, '천'이 주나라 문왕에게 "포악한 은나라의 마지막 왕인 주왕을 멸하고 주나라를 세우라"는 명령을 내렸다. 이와 같은 명령을 받은 문왕은 은나라를 정벌하기 위해 계획을 세웠고, 문왕의 아들 무왕이 마침내 동방의 대국 은나라를 멸망하고 주나라를 세웠다고 기록하고 있다.

하늘을 숭상하는 경천사상은 주나라가 은나라를 지배하기 위한 일종의 정치 이데올로기이다. 즉, 중국 산시성 웨이수이강 유역을 기반으로 성장한 주나라는 은나라 유민들을 이념적·심리적으로 포섭하기 위해 우주 삼라만상의 절대자인 '천'을 이용했다. 주나라의 이러한 경천사상은 주나라가 하나라와 은나라의 뒤를 이은 정통 국가임을 강조하기 위해 만든 것이었다. 이러한 경천사상은 곧 천명사상과 천하관념으로 이어져 중국 고대사회는 물론 이후 중국 왕조의 주요한 사상으로 자리잡게 되었다.

한편 하늘의 태양을 자신의 권력과 동일시 한 사람으로는 단연 중국 하나라 걸왕을 꼽을 수 있다. 걸왕은 지독한 폭군이었는데, 일찍이 말하기를 "내가 천하를 얻은 것은 하늘의 해가 있는 것과 같으니, 저 해가 없어져야 내가 망한다"고 했다. 그의 폭압과 학정을 견디다 못한 하나라 백성들이, "저 해는 언제 없어질꼬? 만일 없어지지 않는다면, 차라리 너랑 나랑 함께 망해버리자"고 했다고 한다. 『맹자』에 나오는 이 구절은, "임금이 혼자 즐기고 그 백성을 불쌍히 여기지 않으면, 백성이 원망하여 능히 그 즐거움을 보전치 못한다"는 교훈을 전하고 있다. 아무튼 하나라 걸왕은 제발 하늘이 무너지지 말기를 기원했을 터이고, 하나라 백성들은 그 하늘이 하루라도 빨리 무너지기를 바랐을 터이니, 참으로 기묘한 이치라 하겠다.

숨어있는 문화유산 속으로

20
옛날에는 <총리>나 <장관>을 어떻게 불렀을까?

<정승>이란 "고려와 조선시대 문무백관의 가장 높은 수상급 관직"을 말한다. 고려 태조는 935년(태조 18) 고려에 항복해온 신라의 마지막 왕 경순왕에게 정승 벼슬을 내렸는데, 이 벼슬은 태자의 지위로서 예우한 것이었다. 고려 충렬왕대에는 좌정승·우정승으로 나뉘어졌으며, 이후 공민왕 5년(1356)에는 시중으로 바뀌었다. 그리고 계속하여 문하시중·첨의좌정승·첨의우정승·수시중 등으로 명칭이 바뀌었다. 조선시대에는 의정부의 영의정·좌의정·우의정을 정승, 또는 3정승으로 불렀다.

다음으로 <당상관>이란 "조선시대 관리 중에서 문신은 정3품 통정대부, 무신은 정3품 절충장군 이상의 품계를 가진 자"를 가리킨다. 넓게는 명선대부 이상의 종친, 봉순대부 이상의 의빈을 포함한다. 조정에서 정사를 볼 때 대청에 올라가 의자에 앉을 수 있는 자격을 갖춘 자를 가리키는 데서 나온 용어로서, 왕과 같은 자리에서 정치의 중대사를 논의하고 정치적 책임이 있는 관서의 장관을 맡을 자격을 지닌 품계에 오른 사람들을 가리킨다. 관직으로는 정1품이 맡는 의정부의 삼정승, 종1품에서 정2품이 맡는 육조의 판서와 의정부의 좌참찬·우참찬, 한성부 판윤, 팔도관찰사, 종2품에서

숨어있는 문화유산 속으로

창경궁 명정전 앞
품계석

정3품이 맡는 사헌부 대사헌과 사간원 대사간 및 홍문관의 대제학과 부제학, 성균관 대사성, 각도의 관찰사와 병사·수사, 승정원의 승지 등이 여기에 해당한다.

당상관은 양반 관료를 천거하는 인사권, 소속 관원의 근무성적을 평가하는 포폄권으로부터 군대의 지휘에 이르기까지 큰 권한을 지녔다. 근무 일수에 관계없이 공덕과 능력에 따라 품계를 올려받거나 현직에 얽매이지 않고 관직에 임명될 수 있었고, 가까운 관계에 있는 자를 같은 관서에 임명하지 않는 상피제도에 적용되지 않았으며, 입는 옷이나 이용하는 가마 등에서도 그 밑의 당하관들과 뚜렷이 구별되는 특권을 누렸다. 세종 21년(1439)에는 그 수가 100여 명으로 늘었으며, 그 뒤 서북 정벌로 승진이 많아져 더욱 급격히 증가하였다. 19세기에 이르러 순조·헌종·철종대 60여 년 동안 실록의 인사기록에 등장하는 문반 당상관직 역임자의 규모는 740여 명에 달하였다.

그리고 〈당하관〉은 "조선시대 관리 중에서 문신은 정3품 통훈대부, 무신은 정3품 어모장군 이하의 품계를 가진 자"를 말한다. 넓게는 창선대부

이하의 종친, 정순대부 이하의 의빈을 포함한다. 조정에서 정사를 볼 때 대청에 올라가 의자에 앉을 수 없다는 데서 나온 용어로서, 국가 정책의 입안보다는 주로 국정실무를 수행하였다. 문신·무신은 물론이고 의관·역관 등의 기술관도 많이 포함되어 있었다. 정해진 근무일수를 채워야만 관품이 높아질 수 있고, 정해진 촌수 이내의 사람과 같은 관청에 근무할 수 없는 것에서 의복·가마에 이르기까지 많은 제약을 받았다. 당하관 내에서는 다시 6품 이상의 참상관과 그 이하의 참하관으로 등급이 나누어졌다.

한편 〈정경부인〉이란 "조선시대 문·무관의 부인에게 그 남편의 품계에 따라 주던 최고의 봉작"을 말한다. 외명부의 하나로, 정·종 1품 문·무관의 처에게 주던 칭호인데, 공주·옹주·부부인·봉보부인(임금의 유모)과 동격의 대우를 받았다.

21

<과거시험>을 볼 때에도 <컨닝>을 했을까?

과거란 오늘날 고급공무원이나 판·검사를 선발하는 <고시>에 해당한다. 옛날에는 선비들이 관직에 나아가 출세를 하기 위해서는 대부분 과거시험을 합격해야만 했다. 우리나라의 과거제도는 고려시대 광종이 쌍기의 요청을 받아들여 시행함으로써 시작되었다. 고려시대에는 아버지나 집안 어른의 명망 덕택에 관직에 나갈 수 있는 <음서제도>가 있기는 했지만, 음서로 진출한 관료들이 나중에 다시 과거시험을 응시하는 일이 많았던 점으로 미루어 보아, 과거가 더 중요했던 것 같다. 이후 조선시대에 들어와서는 음서가 유명무실해진 탓에, 과거를 통해서 관직에 나가는 것이 일반적이었다. 조선시대 500여 년 간 모두 848회의 과거 시험이 있었고, 이 기간 동안 1만 5137명의 대과 합격자가 나왔다.

과거시험의 종류에는 경서의 내용을 직접 말하는 구술시험인 강경, 시·부·송과 같은 문학이나 경서내용을 바탕으로 논술하거나 정책을 논의하는 시무 등을 직접 글로 쓰는 제술, 외국어를 베껴 쓰거나 번역하는 사자·역어 등이 있었다. 과거는 임금이 직접 주관하는 시험이 있는가 하면, 그렇지 않은 경우도 있었다. 그리고 일정한 기간을 정해놓고 보는 과거시

숨어있는 문화유산 속으로

험과 수시로 보는 과거시험으로 구분되어 있었다.

한편 과거시험은 우선 수험생의 입장이 끝나면 6자 간격으로 앉아 시험지인 대호지(大好紙)를 배부 받는다. 대호지는 폭이 석 자인 두루마리로 성균관의 도장이 찍혀 있었다. 그 대호지 오른쪽 첫머리에 수험자의 주소·나이·이름을 적고, 다음으로 부·조부·증조부·외조부의 품계를 차례대로 적었는데, 이것을 〈봉내〉라고 불렀다. 이는 일종의 신원진술서와 보증서였다. 과거시험을 볼 때는 반드시 정자로 써야 하고, 도교·불교·법가·음양가 등 이단서를 인용해서는 안되고, 국왕이나 선대왕의 이름자를 써도 탈락했다. 그리고 국왕과 관련되는 글자는 두 자 올려 쓰고, 국가와 관계되는 글자는 한 자 올려 써야 했다.

그런데 과거시험은 선비들에게 너무 힘든 일인지라 마치 지옥에 비유할 정도였다. 그런 탓인지 몰라도 점잖은 선비들의 시험장인 과거시험에서도 부정행위가 성행했다. 과거시험은 양반의 권위를 존중하여 감독관의 감시가 약한 탓에 컨닝이 가능했던 것이다. 과거시험에서 앉을 자리는 시험 전날 예비 소집에서 정해지는데, 이 때 서로 좋은 자리를 얻고자 왈패들을 동원시키기도 했다. 그리고 많은 노복을 시험장에 데리고 가서 자리를 잡게 하고, 먹을 갈게 하고, 문제와 관련된 자료를 뽑게 하는 등 온갖 비정상적인 방법을 동원하는 사람도 있었다. 또한 이들은 〈협서〉라는 컨닝페이퍼를 준비하여 붓 속이나 두루마기에 감추었으며, 심지어 자신의 코 안에 숨겨 부정행위를 저지르기도 했다. 그리고 답안지에 이름을 바꿔 붙이기도 했으며, 대리시험인 〈차시〉도 있었다. 당시에는 과거에 나올 예상문제를 모은 〈초집〉도 유행했다고 한다.

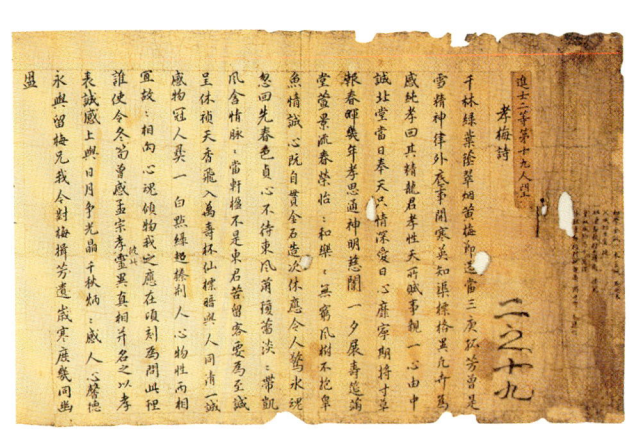

■ 과거시험 답안지

광해군 3년(1611) 별시문과에 병과급제한 임숙영의 과거시험 답안지 중 일부

과거 시험 문제 : "내가(광해군) 부족한 자질로 외람되이 큰 기업을 이었으니, 지혜와 현명함이 참으로 부족하다. 깊은 못과 얕은 얼음을 건너야 하는데 구제할 방법을 모르듯 지금 무엇을 힘써야 할지 모르겠다. … 마땅히 힘써야 할 것이 무엇인가? 그대들은 모두 뛰어난 인재이므로 반드시 평소 마음속에 분연히 품고 있었던 것이 있을 테니, 각자 그 뜻을 모두 글에 실어 보아라. 내가 장차 친히 보리라."

임숙영의 답변 : … 전하께서는 오늘날 처해 있는 나라의 큰 우환과 조정의 커다란 병폐를 문제로 내지 않으셨으니, 신은 전하의 뜻을 알지 못하겠습니다. 어찌 자잘한 일 때문에 원대한 것을 도모하지 않으며, 이를 덮어두기만 하고 논하지 않는 것입니까? 혹 중요한 정사를 돌보시느라 겨를이 없어 성상의 생각이 미치지 못한 것입니까? 그렇지 않다면 어찌 마땅히 물어 봐야 할 질문을 하지 않으십니까? 지금 전하께서 계신 지위는 바로 조종의 지위이고, 전하께서 이은 대업은 바로 조종의 대업으로서 조종께서 애써서 얻은 것이니, 전하께서는 태만하거나 소홀히 그 자리에 임해서는 절대로 아니 됩니다. … 또 등용하는 방법을 깨끗이 하여 분에 넘치는 승진을 막고, 직무를 태만히 하는 습관을 경계하여 나태함을 바로 잡아야 마땅합니다. 그런데 어찌하여 크게 혁신하지 않으시고 구태의연하게 하시는 것입니까? … 엎드려 바라옵건대, 전하께서는 스스로를 닦는 것을 깊이 생각하시어 깊이 자만을 경계하옵소서. 대개 자만하여 뜻이 날로 교만해지고, 마음이 날로 나태해지고, 덕이 날로 깎이고, 공이 날로 일그러지고, 만사가 제대로 이루어지지 않아, 온갖 일이 이루어지지 않습니다. 그러므로 전하께서 경계할 바가 바로 여기에 있습니다. … 신은 지극한 걱정과 근심을 이기지 못하고 삼가 죽기를 무릅쓰고 대답합니다.

숨어있는 문화유산 속으로

22

옛날 <공무원>도 휴가가 있었을까?

조선시대 대부분의 양반들이 갖고 있던 유일한 꿈은 과거에 급제하여 관직에 나가는 것이었다. 관료가 된다는 것은 경제적인 이유보다는 가문과 개인에게 영광을 가져다주는 출세로서의 의미가 더 컸다. 조선 초기에는 과전법이라는 것이 시행되어 관료가 되면 자기의 직급에 맞는 토지를 받아 이 땅으로부터 세금을 거둘 수 있는 경제적인 특권이 생겼다. 그리고 또한 매년 관료의 등급에 따라 녹봉을 받았으므로 경제적 이득이 적지 않았다. 하지만 전직·현직 모든 관료들에게 토지를 지급하다보니 70여년이 지나자 토지가 부족해져 더이상 과전법을 실시할 수 없게 된다. 그리하여 현재 관료 생활을 하고 있는 사람에게만 토지를 주는 직전법이 실시되었다. 그러나 직전법 역시 몇 십 년 지속되지 못하였고, 결국 중종대 이후에는 관료가 되어도 토지를 지급받지 못하고 약간의 녹봉만 받게 되었다.

당시에는 관료가 되는 방법으로 크게 세 가지가 있었다. 첫째는 과거시험을 통하는 길, 둘째는 학행과 도덕이 높은 선비라는 명분으로 추천을 받는 길, 셋째는 문음이라는 방법으로 관료가 되는 길이다. 문음은 아버지나 할아버지가 공신이거나 3품 이상의 실제 벼슬을 거친 경우, 또는 중요 관직을 거친 경우에 그 자식이나 사위 중 1명을 간단한 시험을 통하여 종9품부터 종7품까지의 관리로 등용시켜 주는 제도이다.

관료들은 해가 긴 봄과 여름에는 묘시(오전 5~7시)에 출근하여 유시(오후 5~7시)에 퇴근하였다. 해가 짧은 가을과 겨울에는 출근이 두 시간씩 늦어지고 퇴근은 두 시간씩 빨라졌다. 그리고 옛날 공무원들에게 정기적인 휴일은 없었다. 다만 국경일과 국기일(왕이나 왕비가 돌아가신 날)에는 쉴 수 있었다. 당시 국경일로는 왕과 왕비, 왕대비의 생일과 설과 추석 같은 명절이 있었다. 조선시대의 기록에 의하면 관료의 일년 근무기간을 300일로 계산하고 있다. 이로써 당시 관료들은 60여 일 정도의 휴무와 휴가가 있었던 것으로 생각된다.

조선시대 관료들이 받는 봉급의 양은 조선전기에는 네 계절마다 쌀 2석씩을 지급 받았는데, 봄에는 좁쌀 1석, 콩 1석, 삼베 1필과 가을에는 보리 1석, 삼베 1필, 겨울에는 콩 1석을 추가로 받았다. 한편 조선후기에 가면 매달 쌀 10말과 콩 5말을 받았다. 이러한 봉급의 양은 관료의 품계에 따라 달라졌으며, 지급 시기도 품계에 따라 날짜가 정해져 있었다.

『경국대전』 중 말미를 주는 규례 [給假]

철 따라 지내는 제사이면 제사를 주관하는 사람과 뭇 아들들에게 모두 2일간의 말미를 주고, 제사를 받들 맏손자 및 같은 증조의 후손으로서 아버지가 죽은 기타 여러 장손에게는 하루를 주며 제삿날이면 다같이 2일을 준다. 증조모 이하 친어머니에게 제사를 부쳐 지내는 어머니라든지 외조부모 및 처부모의 제삿날도 마찬가지이다. 친어머니에게 제사를 부쳐 지내는 어머니란 위에서 말한 아내가 두 사람 이상인 경우를 말한다.

거상 중에 벼슬자리로 불려나간[起復] 관리들에 대해서는 초하루, 보름의 제사나 대상과 소상 제사에 3일간 말미를 준다. 백부와 백모나 숙부와 숙모, 형, 아우, 아내의 제삿날에는 3일간의 말미를 준다.

숨어있는 문화유산 속으로

23

옛날 <공무원>도 뇌물을 받았을까?

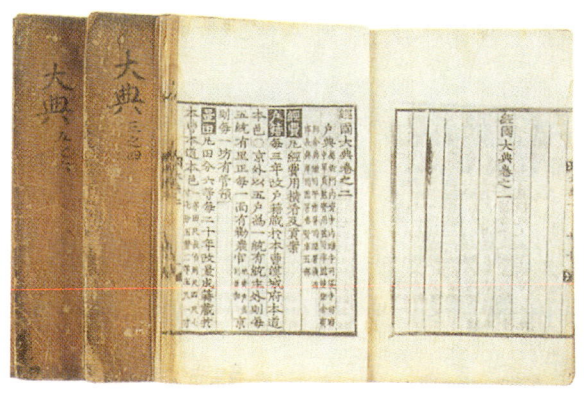

▎▎경국대전

오늘날 우리 사회가 고쳐야 할 병폐를 꼽으라면 '부정부패' 는 꼭 들어갈 것이다. 부정부패는 망국병이라고 일컬어질 만큼 우리 사회를 괴롭히고 있다. 이에 우리 선조들은 부정부패를 없애기 위해 어떠한 지혜를 발휘했는지 살펴보기로 하자.

조선왕조는 어떤 국가보다 부정부패를 막기 위한 제도적 장치가 발달했다. 어쩌면 부정부패를 방지할 수 있는 수단이 마련되어 있었기 때문에 500년이 넘는 세월 동안 지속될 수 있었을지도 모른다. 조선사회는 세계에서 유례가 없을 만큼 치밀하게 관료의 부정부패를 막아냈는데, 그 구체적인 방법은 다음과 같다.

첫째, 관료체계의 원활한 운영과 권력의 집중·전횡을 막기 위하여 일정 범위 내의 친족간에는 같은 관청 또는 상하 관계에 있는 관청에서 근무할 수 없게 했다. 이를 <상피제>라고 한다.

둘째, 하급관리가 상급관리의 집을 방문하여 벼슬을 사는 행위인 엽관이나 청탁을 하지 못하도록 규정한 〈분경금지법〉이 있었다. 조선시대의 『경국대전』에는 "상급관리의 집을 방문하여 엽관행위를 하는 자는 곤장 100대를 가하여 3,000리 밖으로 유배한다"는 기록이 있다. 그러나 왕족이나 외척에 대한 분경금지는 실현시키지 못한 탓에 조선후기에 세도정치의 폐단을 낳았다.

『경국대전』 중 녹봉에 관한 부분

【녹봉 등급[祿科]】

각 등급의 녹봉은 실직에 따라 네 계절의 첫 달에 내준다. 사고가 있어서 기한 내에 녹봉을 받지 못한 사람에 대해서는 기한 후 100일 이내면 추가로 내준다.

○ 수도에 번(番)을 들러 올라오는 군사는 배치된 날로부터 계산하며, 번을 서고 내려간 후에 배치된 사람도 배치된 날로부터 계산한다. 동북계와 서북계에 방어하러 나간 군사는 번을 마친 날로부터 계산하되 정상적인 근무기한에다 100일을 가산해 준다.

○ 사신으로 파견되는 사람이 벼슬을 받으면 공무를 보지 않았다 하더라도 녹봉을 내준다. 만일 녹봉을 내주는 분기 전에 상사를 당했거나 본인이 사망한 경우에는 출근일수가 50일이 차고 벼슬이 갈리지 않았으면 녹봉을 내준다. 종친과 당상관은 출근일수를 따지지 않는다. 출근일수를 따지지 않기는 하지만 근무일수가 50일이 찬 경우에는 녹봉을 내준다. 벼슬이 갈려서 고을원으로 임명된 사람이 인계문건을 넘겨 맡는 이외에 공무 때문에 임지에 도착하지 못하는 경우에는 기한이 넘더라도 노정을 계산하여 보고하고 추가로 녹봉을 내준다.

셋째, 조선시대에는 위의 두 법을 위반한 사람의 경우 자자손손 공직에 취임할 수 없게 했다. 5대 이내 관직에 나가지 못하면 자연스럽게 상민으로

 숨어있는 문화유산 속으로

전락하던 그때, 자기 가문의 보존을 위해서라도 〈분경금지법〉은 꼭 지켜야만 했다.

넷째, 『경국대전』 권5 형전 '원악향리' 항목에는 오늘날의 지방 하급관리에 해당하는 아전들의 부정부패에 대한 처벌 조항이 있다. 그 내용을 보면, 고을 수령을 조종하여 마음대로 권세를 부린 자, 몰래 뇌물을 먹고 부역을 면해준 자, 세금을 받을 때 수고비를 받은 자, 불법으로 양민을 부역시킨 자, 관청을 빙자하여 백성을 괴롭히는 자, 양인의 딸이나 관청 여종을 첩으로 삼은 자 등을 〈원악향리〉 즉 사악한 시골향리로 부르고, 엄한 형벌을 가했다.

이상에서 살핀 바와 같이 조선시대 뇌물죄 처벌은 오늘날의 〈특정경제범죄가중처벌법〉보다 열배는 엄했다. 특히 뇌물을 바친 백성들은 사형 위기에 몰렸다가 겨우 감형돼 곤장을 맞은 후 북쪽 지방의 노비로 전락하기까지 했다.

24

<암행어사>가 출두할 때 <마패>를 내세운 까닭은 무엇일까?

『춘향전』의 가장 극적인 반전은 이도령이 암행어사로 출두하는 것이라 할 수 있다. 이때에 등장하는 것이 <마패>이다. 때문에 우리들은 <마패>를 암행어사의 전유물로 알고 있다. 그러나 마패는 사실 "대소 관원이 공적인 일로 지방에 나갈 때 역마를 징발할 수 있는 증빙으로 사용하던 패"를 말한다.

마패는 지름이 10cm 정도의 구리쇠로 만든 둥근 패에 한 쪽면 연호·연월일과 <상서원인(尙書院印)>이라 새기고, 다른 면에는 말을 새겨두었다. 여기에 새겨진 말의 수는 1마리부터 10마리까지 여러 종류가 있었는데, 이는 급마 규정에 따라 지급할 수 있는 말의 마리 수를 뜻한다. 다만 암행어사에게 지급된 마패는 어사가 인장 대용으로 사용하였으며, 어사가 출두할 때에 역졸이 손에 들고 "암행어사 출두"라고 크게 외쳤던 것이다.

암행어사라는 말은 조선 명종 5년(1550)에 처음으로 씌여졌으나, 암행어사 제도가 본격적으로 시행된 것은 중종 4년(1509)부터이다. 그 후 조선왕조 400년간 수많은 암행어사가 임명되어 국왕의 성덕을 백성들에게 전달하고, 지방 수령과 방백들의 탐학을 방지하는 역할을 수행하다가, 고종 29년

숨어있는 문화유산 속으로

(1892)에 전라도 암행어사로 임명된 이면상을 마지막으로 이 제도가 없어지게 되었다.

　암행어사는 국왕이 단독으로 선택하여 임명하였는데, 선조 3년(1570)에 왕이 대신들에게 어사 적임자를 천거하도록 요구하자 당시 대신이었던 권철 등은 어사를 대신들이 천거한 전례가 없다고 아뢰면서 천거하지 아니하였다. 이후에도 국왕이 단독으로 암행어사를 임명하다가, 영조가 재위 11년에 암행어사 초택 명령을 내림으로써 암행어사 추천정책이 실현되었다. 이때부터 국왕이 극비로 단독 임명하는 경우와 대신의 천거로 임명하는 두 가지 방법이 병행되었다. 대신천거는 의정부로 하여금 초계 즉 대상자를 추천케 하여 그 중에서 국왕이 선정하는 방식이다.

　암행어사로서 가장 유명한 사람은 조선 영조 때의 인물인 박문수를 꼽을 수 있다. 그의 호는 기은이고, 1723년 문과에 급제하여 사관이 되었고, 병조정랑에까지 올랐으나 노론의 집권으로 삭직되는 비운을 맛보게 된다. 이후 1727년에 사서로 다시 등용되자, 영남지방의 암행어사로 나가 탐학한 관리들을 적발하여 백성들의 억울함을 풀어 주었다. 그는 『탁지정례』·『국혼정례』 등의 저서를 남겼으며, 특히 군정과 세정에 밝아 당시 국정의 개혁 논의에 중요한 몫을 다하였다. 박문수는 암행어사로 활약하면서 온 나라 백성들의 어려움을 직접 보고 가난한 백성들의 구제에 힘썼다. 그가 거지 차림으로 나타나 "암행어사 출두야!"를 외치면서 부패한 지방 관리를 엄벌에 처한 일들은 설화를 통해 오늘날까지 전해지고 있다.

25

왜 <남자>는 <바깥일>을 하고, <여자>는 <집안일>을 하게 되었을까?

아주 옛날, 이제 막 직립보행을 하게 된 인간은 만물의 영장이 아니라 아주 나약하여 맹수의 사냥감에 불과했다. 초창기 인류는 동물을 사냥하기에는 신체적 조건이 너무 열악하였다. 그들은 빨리 달리지도 못했고, 물 속을 헤엄치거나 하늘을 날 수도 없었다. 또한 사나운 발톱이나 이빨 혹은 날카로운 부리나 무서운 독을 갖고 있지도 못했다. 더구나 밤에는 이동이 거의 불가능하여 동굴 속에서 추위를 피하고 자신을 숨기기에 급급하였다.

이 당시 사람들은 주로 나무의 잎 그리고 줄기나 뿌리를 먹고 살았다. 때문에 이 당시 사람들의 화석을 살펴보면 아래턱이 육중하게 발달한 것이 특징적으로 나타난다. 이들은 영양 상태가 좋지 않았기 때문에 임신과 출산에 어려움이 따랐다. 또한 유아의 사망 확률이 높아 평균연령은 매우 낮았으며, 인구증가율은 극히 미미하였다.

원시 인류는 어느 날 다른 맹수의 사냥감 찌꺼기나 죽은 동물의 고기를 먹게 되는데, 이때부터 인간은 동물성 단백질, 즉 고기에 대한 욕구를 가지게 된다. 인간은 이제 스스로 동물을 잡아먹어야겠다고 작정하고, 드디어 사냥을 하게 된다. 마침 인간은 직립보행을 하고 있었기 때문에 손이 걷는

숨어있는 문화유산 속으로

일에서 해방되었으며, 그 손으로 도구를 사용하기 시작했다. 세월이 흘러 인간은 돌을 갈아 만든 무기를 사용할 단계에까지 발전하게 된다.

그러나 사냥에 나선 원시인류는 대부분 맹수의 사냥감이 되어버리고 만다. 무기의 조건이 열악하였을 뿐만 아니라, 힘도 없었고, 능숙한 사냥기술도 갖고 있지 못했기 때문이다. 이에 인간은 혼자서는 사냥이 힘들다는 사실과 다른 사람과 공동작업으로 사냥에 나서면 성공할 확률이 훨씬 높다는 사실을 깨닫게 된다. 드디어 인류는 공동생활의 지혜를 터득하게 된 것이다.

인류가 무리를 지어 생활하면서 서로의 의사소통의 필요성을 느끼게 되었고, 이에 사회적 약속과 기호로서 언어가 만들어지게 된다. 사냥과 같은 고난도의 공동작업을 위해서는 반드시 서로 주고받을 수 있는 의사소통의 수단이 필요했던 것이다. 물론 첫 번째 언어는 손짓이나 발짓과 같은 '바디랭귀지'였을 것이다. 다음 단계로 이것 혹은 저것과 같은 지시어가 만들어지게 된다. 그리고 사람의 동작을 묘사하는 서술어가 생겨났다. 마지막 단계로 이것을 연결하여 하나의 문장을 만들게 된 것이다. 이처럼 언어의 사용을 통해 사냥은 더욱 효과적인 성공을 거두게 된다.

인간은 언어를 사용하면서 기억 능력이 커지게 되고, 두뇌활동도 훨씬 활발해졌다. 이때에 인간의 뇌 용량이 늘어나서 두개골의 모습이 변하게 된다. 또한 인간의 언어사용으로 인해 입안의 구조도 달라졌는데, 특히 혀가 말하기에 적당한 크기로 조절되었으며, 입안도 넓어지게 된다. 그리고 성대도 발달하게 된다. 이러한 신체구조의 변화는 인간을 점차적으로 사회적 동물로 변모시켜 나갔다.

인간이 공동 작업으로 사냥을 시작할 당시에는 남녀노소 구별없이 총동원되었을 가능성이 높다. 왜냐면 사나운 맹수를 사냥하기에는 많은 수의 사람이 동원될 필요가 있었기 때문이다. 그런데 사냥을 하면서 한 가지 문제가 발생했는데, 바로 임산부의 행동이 사냥에 방해가 된 것이다. 사냥은 먼 거리를 오랜 기간 이동해야 했으므로, 출산을 앞둔 임산부는 사냥 활동에 적절치 못했던 것이다. 이에 임산부가 사냥에서 제외되었으며, 이후 점

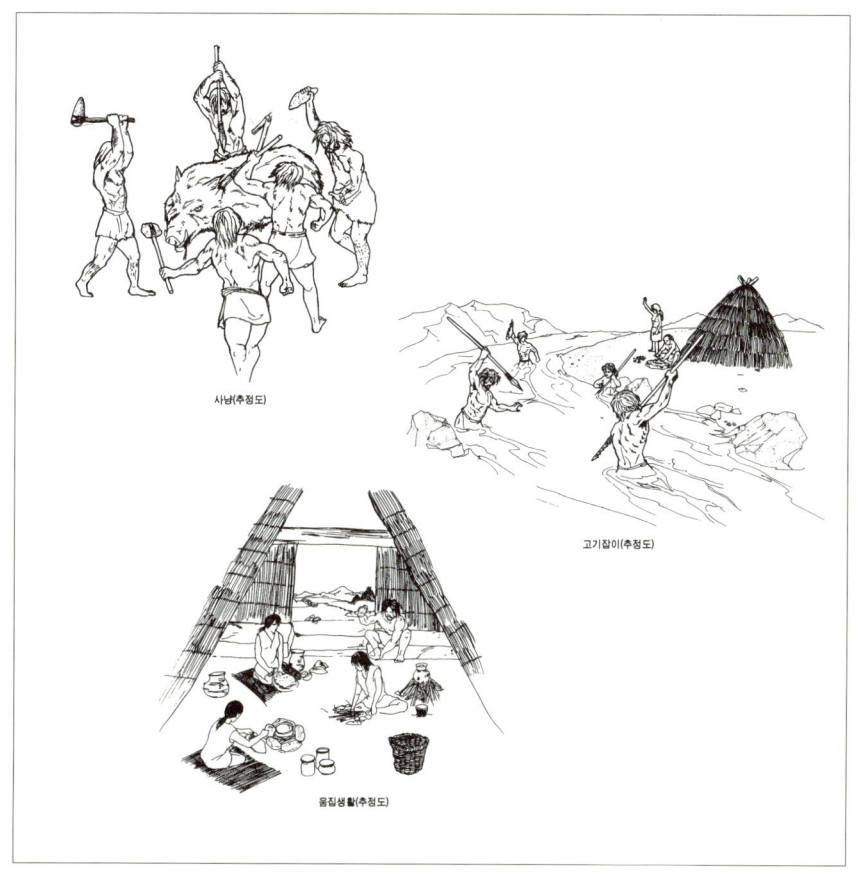

사냥(추정도)

고기잡이(추정도)

움집생활(추정도)

■ 선사시대 사람들의
생활모습 상상도

차적으로 여자들은 사냥에서 빠지게 된 것이다. 이로써 사냥은 남자들의 몫으로 바뀌게 된다.

한편 사냥에서 빠지게 된 여자들은 집 가까운 곳에서 채집에 전념하게 된다. 물론 채집은 사냥보다는 간단하고 쉬운 작업이었지만, 그 안정성과 성공률은 사냥과는 비교되지 않게 높았다. 때문에 사냥은 어렵고 특별한 작업으로 고착되었으며, 채집과 가사는 쉽고 일상적인 작업으로 인식되기에 이른다. 특히 사냥은 어렵지만 한번 성공하고 나면 온 동네 사람들이 모두 푸짐하게 먹을 수 있었기 때문에 오히려 매우 중요하고 특별한 일로 정착하게 된 것이다. 때문에 사냥을 전담하게 된 남자들은 사냥에 대한 준비

숨어있는 문화유산 속으로

를 핑계로 가사와 채집을 위한 노동에서 벗어나게 된다. 이때부터 남자들은 주로 사냥도구를 만들거나 다듬는 일을 맡게 된 것이다. 이런 분업 형태가 계속됨으로써 남자들은 점차 사냥에 익숙해지고, 이에 따라 힘도 더욱 강하게 된 것이다. 반대로 여자들은 가사에 능숙해졌으며, 채집과 같은 간단한 노동에만 전념하게 됨으로써 힘을 쓰지 않아도 된 것이다.

때문에 "남자가 힘이 세서 사냥을 전담하였고, 여자는 원래 힘이 약했다"는 주장은 틀린 것이다. 여자들도 언제든지 힘을 기르면 보통 남자보다 훨씬 더 큰 힘을 발휘할 수 있기 때문이다.

26
옛 사람들의 <아들낳는 비법>에는 무엇이 있었을까?

　조선시대 부인들에게는 <칠거지악(七去之惡)>이라는 족쇄가 있었다. 이는 남편이 부인을 내칠 수 있는 7가지 잘못을 일컫는다. 동양의 율령법에서 남편이 일방적으로 아내와 이혼하는 일을 <기처; 아내를 버림>라 하였는데, 기처의 이유가 되는 7가지 사항을 칠출 혹은 칠거라 했다. 칠출은 『의례』·『대대례』·『공자가어』 등과 같은 책에 적혀있는 데, 당시에는 남녀 모두가 당연하게 생각하는 법칙이었다.
　<칠거>란 "시부모에게 순종하지 않으면 내쫓고, 아들이 없으면 내쫓고, 음탕하면 내쫓고, 질투하면 내쫓고, 나쁜 병이 있으면 내쫓고, 말이 많으면 내쫓으며, 도둑질을 하면 내쫓음"을 말한다. 그러나 비록 칠거지악에 해당된 여자라 할지라도 이혼해서는 안되는 3가지 경우가 있었는데, 이를 <삼불거(三不去)> 또는 <삼불출(三不出)>이라 하였다. 즉, 보내도 돌아가 의지할 곳이 없으면 내쫓지 못하고, 함께 부모의 3년상을 치렀으면 내쫓지 못하며, 전에 가난하였다가 뒤에 부자가 되었으면 내쫓지 못하였다.
　한편 칠거지악 중에서도 "아들이 없으면 내쫓는다"는 규정은 참으로 가혹한 조치였다. 다른 조항은 본인이 처신을 잘하면 해결할 수 있었지만, 아

숨어있는 문화유산 속으로

들을 낳고 못 낳고 하는 문제는 딱히 부인의 잘못이라고 규정할 수도 없는 불공평한 조치였다. 왜냐하면 당시에는 의술이 발달하지 못해, 그 책임이 남자와 여자 중 누구에게 있는지 확인할 수 없었기 때문이다. 당시에는 이렇게 아들을 낳지 못하는 책임이 전적으로 여자에게 있다고 생각했기 때문에 결국 첩을 들이거나 대리모를 쓰는 경우가 많았다.

아들에 대한 욕구는 조선시대 중기이후에 더욱 커졌는데, 이는 〈종법제도〉의 정착과 함께 생겨난 적장자의 상속권과 제사권 때문에 생겨난 결과였다. 즉, 남자로서 적자이면서 장자인 경우에만 재산을 상속 받을 권리를 갖게 된것이다.

제사권을 독점하게 됨에 따라, 남자의 사회적 비중이 커지게 되었다. 종법제도에 의해 남자를 통해서만 대물림이 가능하게 됨으로써, 남자는 단순한 성별의 하나가 아니라, 여자에 우선하는 특권을 누리게 된 것이다. 이제 한 집안의 대물림을 위해서는 반드시 아들을 필요로 하게 된 것이다. 만약 장남에게 아들이 없으면 다른 형제의 아들을 양자로 들이는 방법까지 동원되기에 이른 것이다. 이전에는 외가 쪽에서 양자를 들여오는 경우가 허다했는데, 조선 중기 이후에는 친가 쪽에서만 양자가 가능해졌다. 아들의 중요성은 더욱 커지게 되었고, 여성들의 아들 출산의무도 덩달아서 커지게 된 것이다.

아들에 대한 사회적 욕구가 이렇게 커지다 보니, 부인들이 남자아이를 출산하려는 의무적 욕망은 더욱 증대되었다. 이에 아들 낳기를 염원하는 각종 주술과 민간신앙이 넘쳐났는데, 이를 〈기자신앙〉이라고 했다. 기자신앙이란, "자식이 없는 집안에서 자식, 특

■ 순천 내우 선돌 - 남근석

히 아들 낳기를 기원하여 행하는 신앙"을 말한다. 주로 부녀자가 중심이 되어 신앙행위를 했는데, 그 형태는 지역과 집안의 전통에 따라 다양했다.

여자들은 아들의 출산을 위해 잉태의 능력을 가졌다는 삼신, 수명장수를 관장하는 칠성을 비롯하여 용신과 산신에게도 빌게 되었다. 장소는 산이나 물, 바위와 나무아래, 삼신당·용왕당·칠성당 등이었으며, 삼신할머니가 좌정해 있다고 믿는 집안의 안방을 택하기도 한다. 그외 절에 다니면서 부처의 영험에 의지하기도 한다. 시기는 일정하지 않으나 정월대보름 전후, 삼월 삼짓날, 사월 초파일, 오월 단오, 유월 유두, 칠월 칠석, 시월 삼일을 비롯한 매월 초사흘날이 많으며, 이외 명절을 전후하여 비는 경우도 있었다.

의례방법은 절에 가서 불공을 드리는 것 외에 촛불을 켜놓고 간단한 제물을 준비하거나 정화수를 받쳐놓고 손을 비비며 기원하는 형식이 많았다. 치성을 드리기 전에는 반드시 목욕재계하여 몸과 마음을 깨끗이 하고 부정을 가렸다. 또한 범상치 않은 자연물을 신앙의 대상으로 하여 치성을 드리는 유형도 있었는데, 가장 광범위한 신앙대상은 기자석이었다. 2개의 바위가 서로 포옹하듯이 엉켜있거나 남성 또는 여성의 성기를 닮은 바위가 주로 기자신앙의 대상이 된다. 이들은 아들바위·남근석·선바위 등으로 불렸다. 이외의 자연물로는 나무가 있는데 구멍이 나 있는 고목, 두 나무의 가지가 한나무처럼 엉켜있는 것, 인체를 닮은 나무 등이 기자신앙의 대상이 된다. 또한 깨끗한 샘을 찾아가 비는 경우도 있는데 경주 석굴암의 약물이 아들을 낳는 효험이 있다고 믿어왔다.

이외에도 무속신앙을 통한 기자행위도 다양했다. 영남지역의 삼제당굿이나 제주의 불도맞이 굿에서는 산신

▮▮ 경주 골굴암의 여근석

을 청하여 아들낳기를 빌었다. 그 외 주술적인 방법을 통해 아들을 낳으려는 노력도 많은데, 특정한 물건을 먹거나 몸에 지니는 것이 있다. 수탉의 생식기를 생으로 먹는다든가 석불의 코를 떼어 가루를 내어 먹는 방법, 아들 낳은 산모에게 첫국밥을 해주고 그 산모와 함께 국밥을 먹는 것, 아들 낳은 집의 금줄에 달려 있는 고추를 훔쳐 달여먹는 것, 비석에 새겨진 글자 중 아들과 관련된 한자, 즉 자(子)·남(男)·문(文)·무(武)·용(勇) 등을 떼어 가루로 먹는 것 등이 이에 속한다. 그리고 몸에 지니는 방법으로는 부적을 간직하거나 다산한 여인의 속옷이나 월경대를 훔쳐다가 몸에 두르고 다니기, 신부가 신행갈 때 아들 낳은 집의 금줄을 걷어서 가마에 걸기 등 많은 예가 있었다. 이와 같은 기자신앙은 일차적으로 자손을 보기 위한 것이지만, 아들을 낳은 후에는 그 아들이 무병장수하여 부귀영화를 누리기를 기원하는 것으로 계속 이어졌다.

27

누가 <암탉이 울면 세상이 망한다>고 했을까?

옛날 은나라의 주왕은 달기라는 요부에게 빠져 그녀의 말이라면 무엇이든지 들어주었고 주색을 즐겨 매일같이 주연을 베풀면서 어진 신하들을 멀리하고 일족들마저도 돌보지 않았다. 그런 까닭으로 백성들의 생활은 피폐해지고 세상은 혼란하여 여기저기서 반란이 일어났다. 주나라의 무왕은 그러한 모습을, "옛 사람의 말에 '암탉은 새벽에 울지 아니하니, 암탉이 새벽에 울면 오직 집안이 망할 뿐이다'"라고 했다(『서경』). 이 고사성어에 따르면 "암탉이 울면 세상이 망한다"는 말의 본래 뜻은 왕노릇을 잘못한 주왕을 비판하는 데에 있다. 즉, 주왕이 백성의 태평성대를 위해서 왕도정치를 실시해야 함에도 불구하고 국정을 돌보지 않은 잘못을 질타한 것이다. 물론 그 배경에 달기라는 요부가 있었지만, 이것은 모든 여자들에게 화살을 돌리는 것은 잘못이다. 때문에 요즈음 집안에서 부인의 말많음에 대해서 이 고사성어를 적용하는 것은 잘못된 경우이다. 이는 오히려 남편 자신의 무능력을 지적하는 말로 들릴 수도 있다.

여성정치가로 널리 알려진 박순천 여사는 "암탉이 울면 집안이 망한다"는 남성의 인신공격에 대해서, "나라 일이 급한데 암탉 수탉 가리지 말고

 숨어있는 문화유산 속으로

써야지, 언제 저런 병아리를 길러서 쓰겠느냐. 암탉이 낳은 병아리가 저렇게 꼬꼬댁거리니 길러서 쓰려면 아직도 멀었다"고 반격한 바 있다.

한편 조선시대 부인들에게 족쇄 채워진 〈칠거지악〉 중에는 "말이 많으면 내쫓는다"는 규정이 있다. 조선시대에는 남녀간의 역할이 뚜렷하였는데, 특히 집안 밖의 일에 대한 남자의 독점권은 매우 강했다. 그래서 밖의 일에 대해서 여자들이 왈가왈부하는 것을 무척 꺼렸던 모양이다. 그래서 여자들이 말을 많이 하는 것을 금기시했다. 이런 이유로 해서 생겨난 속담은 매우 많다. "여자가 시끄러우면 집안도 시끄러워진다. 여자 셋이 모이면 그릇이 깨진다. 암탉이 울면 집안이 망한다" 등은 모두 여자들의 말많음을 경계하는 속담들이다.

최근에는 여기에 대응하여 "수탉이 울면 기왓장이 깨진다" 혹은 "암탉이 울면 달걀은 낳는다"는 말이 유행하고 있다. 이는 여자들의 가정적·사회적 역할과 지위가 높아진 데에 따른 변화이다.

 빈 계 지 신

빈계지신(牝鷄之晨: 암탉의 새벽)이라는 말은 『서경』에 나온다. 주나라 왕 서백이 죽자 그의 아들 무왕이 대를 이었다. 이때 은나라의 주왕은 달기의 미모와 주색에 빠져 실정한 탓에 백성들의 원망이 하늘을 찔렀다. 무왕은 주왕의 폭정이 날이 갈수록 더해지자 제후들의 강력한 요청과 은나라의 백성들을 구제한다는 이유로 주왕을 토벌할 결심을 세웠다. 무왕은 병사 3천명을 이끌고 은나라의 목야지역까지 진출하였다. 이곳에서 그는 병사들에게 "병사들이여, 창을 세우고, 방패를 늘어 세워라. 옛 사람이 말하기를 '암탉은 새벽에 울지 않는다. 암탉이 울면 집안이 망하는 법이다'고 했다. 지금 주왕은 여인의 색향에 빠져 백성을 학대하고 나라를 어지럽혔다"고 말했다. 이는 신하인 무왕이 천자인 주왕을 정벌하기 위한 명백한 대의명분을 말한 것이다.

28 우리 조상들은 왜 〈가을하늘〉을 좋아했을까?

〈천고마비〉는 "하늘은 높고 말은 살이 찐다"는 뜻으로, 우리의 가을철을 상징한다. 이 말의 원래 뜻은 "흉노족에게 있어서, 활동하기 좋은 계절"을 이르는 말이었으나, 언제부턴가 "하늘이 맑고 오곡백과가 무르익는 가을"을 형용하는 말로 바뀌었다.

은나라 초기에 중국 북방에서 일어난 흉노는 주·진·한의 세 왕조를 거쳐 6조에 이르는 근 2000년 동안 북방 변경의 농경 지대를 끊임없이 침범 약탈해 온 사나운 유목민족이었다. 이에 고대 중국의 군주들은 흉노의 침입을 막기 위해 늘 고심했는데, 전국시대에는 연·조·진나라의 북방 변

■ 벼가 익어 갈 무렵의 가을 하늘

경에 성벽을 쌓았고, 천하를 통일한 진시황은 기존의 성벽을 수리·증축하여 만리장성을 완성하기도 했다. 그러나 흉노의 침입은 끊이지 않았다. 북방의 초원에서 방목과 수렵으로 살아가는 흉노에게는 우선 초원이 얼어붙는 긴 겨울을 살아야 할 양식이 절실하게 필요했기 때문이다. 그래서 북방

변경의 중국인들은 "하늘이 높고 말이 살찌는 가을만 되면 언제 흉노가 쳐들어올지 몰라 전전긍긍했다"고 한다.

천고마비의 원말은 〈추고새마비〉로서, 당나라 초기의 시인 두심언의 시에서 나왔다. 두심언은 진나라의 명장이고 학자였던 두예의 자손이며, 성당의 대시인 두보의 조부이다. 젊어서부터 문명을 떨쳐, 소미도·이교·최융 등과 함께 〈문장사우〉라고 불렸다. 다음 시는 당나라 중종 때, 두심언이 참군으로 북녘에 가 있는 친구 소미도가 하루빨리 장안으로 돌아오기를 바라며 지은 것이다.

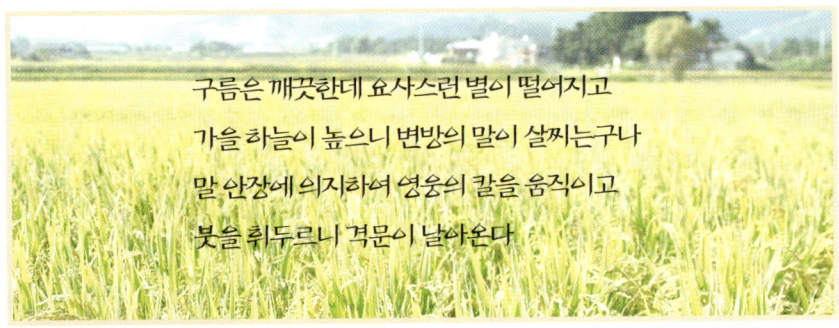

구름은 깨끗한데 요사스런 별이 떨어지고
가을 하늘이 높으니 변방의 말이 살찌는구나
말 안장에 의지하여 영웅의 칼을 움직이고
붓을 휘두르니 격문이 날아온다

이 시는 변방의 정경과 당나라 군대의 빛나는 승전보를 전하는 내용이다. 여기서 〈추고새마비〉라는 구절은 당군의 승리를 가을날에 비유한 것이다. 따라서 〈추고마비〉는 아주 좋은 가을 날씨를 표현하는 말로 쓰였다.

우리나라 10월의 하늘은 마치 돌을 던지면 쨍그랑 깨질 것 같은 청명함으로 빛난다. 하늘의 모습과 색깔이야 원래부터 천태만상의 조화를 이루어 낸다지만, 유독 우리의 가을 하늘은 〈천고마비〉와 〈도숙어비〉의 풍요를 온전히 상징해주고 있는 것 같다. 그래서 한국의 가을 하늘은 가히 세계에 내세울만한 천연자원이라 해도 과언은 아닐 듯 싶다.

우리 조상들은 하늘이 아름다운 가을 날, 늘 "민심은 천심이다"고 믿고 살았다. 농사짓는 일이라는 게 애초에 하늘의 도움없이는 불가능한 일이었으니, 농부가 지닌 하늘에 대한 경외심은 충분히 상상되는 일이다. 그렇지만 하늘이 항상 '스스로 돕는 자'를 도와준 것만은 아니었다. 오히려 힘없고 불쌍한 민초들에게 심술쟁이 같은 존재이기도 했다. 모내기철에 비가 오지 않아 거북 등짝처럼 갈라진 논 한번 쳐다보고 햇볕 쨍쨍 내리쬐는 하늘 한번 올려다보는 농민의 심정이야 원망말고 뭐 있었겠는가? 나락의 알곡들이 막 여물어 갈 때, 장마가 지거나 태풍이 몰아치기라도 한다면 제발 비 좀 그치게 해달라는 탄식의 목소리 또한 작지 않았을 것이다. 그러니 이래저래 천신만고 끝에 가을이 되어 들판에 오곡이 무르익어 마음이 따뜻하고 인심이 넘칠 때, 모처럼 허리를 펴고 고개를 들어 하늘을 바라보면, 어찌 고맙지 않고, 어찌 아름답지 않았겠는가? 그러고 보면 우리네 가을 하늘의 아름다움은 그저 주어진 것이 아니라, 봄날과 여름 내내 원망과 탄식 속에 영글어진 소망의 결과인 셈이다.

숨어있는 문화유산 속으로

29

옛날 사람들에게 <24절기>는 무슨 의미가 있었을까?

■ 윤두서, 『윤씨가보첩』 「밭갈이」에 등장하는 밭가는 농부

　조선시대에는 농업에 종사하는 사람이 가장 많았다. 국가의 경제력이 농업을 바탕으로 하였으므로 대부분 백성들은 농사를 짓고 살았다. 농사일이 가장 바쁜 시기는 춘분에서 추분 사이였다. 이 시기는 농절(農節)이라고 하여 국가적으로도 농사일에 방해가 되는 소송이나 제도를 시행하지 못하게 하였다. 농업의 중심은 논농사였다. 벼는 그 수확량이 다른 곡물에 비해 월등하였으며 국가에서도 세금으로 쌀을 내도록 하였기 때문이다.

　한편 모내기철에는 집중적인 노동력의 투입이 필요하였다. 이에 따라 두레라는 효과적인 노동력 동원방법이 나타났다. 두레는 집집마다 한사람씩 동원하였는데 농악을 연주하거나 농가를 부르며 일을 하였다. 두레의 지휘는 숫총각이라고 불리는 자가 하였는데 힘이 세고 영리하며 통솔력이 있는 자가 맡았다. 그는 작업

■ 작가 미상, 「모내기 민화」의 　　　　■ 김홍도, 『단원풍속화첩』 「벼타작」의 놀고있는
　 모내기하는 모습 　　　　　　　　　　양반과 일하는 농민의 모습

　을 직접 지휘하며 작업과정을 통제했으며 일에 방해되는 자는 호되게 나무랐다. 이러한 숫총각의 통솔력 때문에 두레의 작업속도는 매우 빨라 짧은 시간에 많은 양의 작업을 할 수 있었다. 두레는 모내기 외에도 김매기·벼베기·타작 등의 논농사와 관계된 일에도 동원되었다.
　조선조의 농부는 자연환경의 변화에 따라 하루, 한달, 한해의 농사를 지었다. 특히 계절의 변화와 절기의 순서에 크게 영향을 받았다. 따라서 농사에 있어 씨뿌리기·김매기·모내기 등의 중요한 작업은 24절기에 따라 행해졌는데, 그 구체적 내용은 다음과 같다.

숨어있는 문화유산 속으로

24절기

1. 입춘(立春) : 농기구 점검
2. 우수(雨水) : 봄보리 파종
3. 경칩(驚蟄) : 콩, 들깨, 수수, 담배 파종
4. 춘분(春分) : 조, 메밀, 목화 파종
5. 청명(淸明) : 올벼 파종, 과수 접붙이기
6. 곡우(穀雨) : 율무, 참깨 파종
7. 입하(立夏) : 중생벼 파종, 천수답에 직파
8. 소만(小滿) : 올벼의 모내기
9. 망종(芒種) : 중생벼의 모내기
10. 하지(夏至) : 보리 수확
11. 소서(小暑) : 김매기, 퇴비 장만, 장마 대비
12. 대서(大暑) : 김매기, 메밀 심기
13. 입추(立秋) : 김매기, 배추·무씨 파종
14. 처서(處暑) : 올벼, 참깨 수확
15. 백로(白露) : 잠깐의 휴식기
16. 추분(秋分) : 가을보리 파종, 중생벼 수확
17. 한로(寒露) : 꼴풀 베기
18. 상강(霜降) : 들깨수확, 칡밧줄 만들기, 닥나무 베기
19. 입동(立冬) : 무레수확, 창호 등 집안 보수, 메주를 디딘다.
20. 소설(小雪) : 억새로 이엉을 만들고, 숯을 구음
21. 대설(大雪) : 띠, 솔새로 밧줄과 도롱이 만듬
22. 동지(冬至) : 멍석 짜기
23. 소한(小寒) : 멍석과 이엉 짜기
24. 대한(大寒) : 농기구 보수

30

옛 사람들은 왜 <소>를 소중하게 여겼을까?

　　IMF라는 괴물에 짓눌려 의욕 없는 일상 속에서 헤매던 1999년, 故 정주영 회장이 500마리나 되는 소떼를 몰고 판문점을 넘어가는 장면은 놀라울 정도로 감동적이었다. 어릴 때 소 한 마리 값인 70원을 훔쳐 달아났다가 한국 최고의 재벌이 된 한 실향민 출신이, 바로 그 한 마리 소 값을 치르고 남북통일에 기여한다며 북한에 건너간 것이다. 물론 정회장은 사업가이기 때문에 경제적 이익을 감안했겠지만, 마침내 <금강산 관광>을 실현시켰으니, 남북화해와 평화에 공헌한 바가 크다고 하겠다.

　　미국에서도 소떼가 남북의 갈등을 해소시킨 사실이 있어서 흥미롭다. 미국이 남북전쟁이라는 최악의 지역 갈등을 겪고 나서, 승리한 북부인과 패배하고도 자존심이 강한 남부인을 연결시켜 준 것이 바로 카우보이와 소떼였다. 즉, 남부에서 소를 키워 북부인에게 팔아 장사하자는 벤쳐사업이 제기되어 텍사스 지방을 중심으로 남부에 목장 붐이 일어났던 것이다. 중서부 대평원의 초지를 거쳐 남부의 소들은 건강하게 북부에 도착하고, 북부 상인을 통해 남부인들에게 수입을 안겨 주었던 것이다. 이에 힘입어 북부인에 대한 비하감으로 만들어진 양키라는 용어가 '뉴욕 양키즈' 라는 프로야구

숨어있는 문화유산 속으로

구단명으로까지 발전할 수 있었던 것이다.

12 간지(干支) 중의 하나인 소는 예로부터 우직하고 인내력이 많으며 성실한 동물로 상징되어 왔다. 그만큼이나 소는 우리 역사 속에서 대단히 의미 있는 역할을 해 왔다. 고대에 있어서 소 사육의 가장 큰 목적은 희생(犧牲)을 위한 것이었다. 『삼국지』「동이전」 부여조에는, "나라에 전쟁이 있을 때면 소를 잡아 하늘에 제사지내고, 발굽의 상태를 관찰하여 그것이 벌어져 있으면 흉한 징조이고 합쳐져 있으면 길한 징조로 점쳤다"라고 기록되어 있다. 소가 그만큼 신성하고 믿음직스러운 동물로 받아 들여졌음을 나타내 주는 기록이다.

■ 김홍도, 『단원풍속화첩』「논갈이」의
소를 이용해 논을 가는 농부

특히 조선시대에는 농사의 신인 신농씨와 후직씨에게 소를 바쳐 제사를 올렸다. 이 제단을 선농단이라 하였는데, 해마다 풍년을 빌기 위하여 경칩 후 임금이 친히 제사를 지냈다. 이 선농제에 즈음하여 임금에게 바친 헌시 가운데에, "살찐 희생의 소를 탕국으로 만들어서 널리 펴시니 사물이 성하게 일고 만복이 고루 펼치나이다"라는 대목이 있다. 당시 선농제에서 제물로 쓰인 소고기로 탕국을 만들어 많은 제관들이 나누어 먹었는데, 이를 오늘날 〈설렁탕〉이라고 부른다.

한편 『삼국사기』에 의하면, 우리나라에서 소를 가지고 농사를 지은 우경이 시작된 것은 신라 지증왕 3년(502)이었다. 당시 지증왕은 각주의 군주들에게 명하여 농사를 권장케 하고, 처음으로 소를 밭가는 데 사용하였다. 우경은 농업기술의 혁명적 발전을 가져왔다. 우선 축력을 이용함으로써 작업의 능률성이 높아졌고, 사람의 육체적 피로는 그만큼 감소하였으며, 논밭을 깊게 갈 수 있어서 생산량이 증가하였다. 또한 소의 오물은 거름의 주원료가 되어 이 또한 생산량 증대에 큰 영향을 끼쳤다.

소는 이와 같이 제사와 농사에 이용되는 외에도 우리 일상 생활과 밀접하게 연관되어 있다. 소를 이용해서 수레를 끄는 우차법이 일찍이 사용되었고, 우유와 고기는 식용에 쓰이며, 가죽과 뼈 또한 긴요하게 이용된다. 그리고 소의 담석인 우황은 약효가 뛰어난 '우황청심환'의 주원료이기도 하다.

소가 갖는 재산적 가치는 더욱 컸다. 송아지를 낳으면 온 집안의 경사였으며, 얼마 전까지만 해도 농사짓는 시골 출신들은 정성껏 키운 소를 팔아서 대학도 가고 시집 장가도 갔다. 우리네와 삶의 애환을 같이 하였던 것이다. 어린 날의 추억은 항상 소 풀 먹이며 개구리 잡고 뛰어 놀던 그곳에 있었던 것이다.

예로부터 소를 생구(生口)라 불렀다고 한다. 우리가 흔히 쓰는 식구(食口)라는 말은 가족을 일컫고, 생구는 한집에 사는 하인이나 종을 말한다. 즉, 소는 사람 대접을 받았던 것이다. 이러한 사실은 황희 정승의 일화 속에 잘 드러나 있다. "조선시대 유명한 정승인 황희가 길을 지나가는데, 두 마리 소가 밭을 갈고 있었다. 황희가 농부에게 다가가 누가 더 일을 잘 하냐고 묻자, 농부가 다가와 귓속말로 이 쪽 소가 더 잘한다고 하였다. 황희가 의아하여 왜 귓속말로 말하느냐고 묻자, 소가 미물이기는 하지만 사람의 마음과 같아 주인이 누구를 더 잘한다고 칭찬하면 질투가 생겨서 안된다"고 하였다는 것이다.

숨어있는 문화유산 속으로

31

<노비>도 결혼을 하고 재산을 가졌을까?

〈노비〉는 신분제 사회의 최하층 집단으로서 흔히 '종'이라 불렸다. 노비는 고대로부터 존재했는데, 주로 전쟁포로·인신매매·채무·투탁·귀화·형벌·출산 등을 통해 양산되어 왔다. 특히 조선시대에는 혈통에 의해 재생산된 노비가 주를 이루었고 생계유지를 위해 노비가 되는 투탁도 많은 편이었다.

조선시대 노비는 그들의 주인이 누구냐에 따라 공노비와 사노비로 구분되었다. 공노비는 중앙의 각 관아에 소속된 각사노비와 지방 관아에 소속된 각관노비로 나눌 수 있으며, 이는 다시 일정 기간 관아에 입역하는 선상노비와 노비 신공을 바치는 납공노비로 분류할 수 있다. 그리고 사노비는 거주 형태에 따라 솔거노비와 외거노비로 구분되었다

공노비는 16~60세까지 국가에 대하여 1년에 6개월간 육체노동을 바칠 의무가 있었다. 그러나 사노비는 개인의 사적 소유물로서 국가에서 직접 통제하지 못했다. 그런데 임진왜란 이후 거듭된 전란과 군역 담당층인 양인의 감소로 인해 사노비에게도 군역이 부과되었다.

조선왕조는 엄격한 신분제를 바탕으로 운영되는 사회로서 노비가 개인

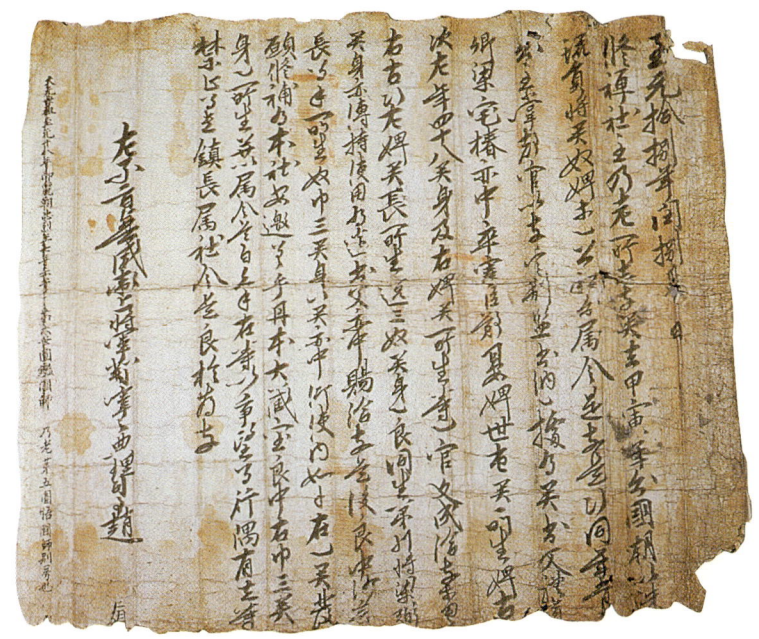

■■ 송광사 노비첩

적으로 아무리 뛰어난 능력을 지녔다고 해도 신분상승을 이룰 수 없었다. 노비의 신분은 대개 '일천즉천(一賤則賤)'의 원칙에 따랐다. 이는 "한번 노비인 사람은 계속 노비가 된다는"는 뜻인데, 이는 신분사회의 전형적인 유지 방식이기도 하다.

그렇다면 노비도 결혼 생활을 했을까? 노비들이 결혼을 할 수 없었던 것은 아니지만, 결혼보다는 동거 생활을 많이 한 편이었다. 그들은 경제적인 이유로 잔치를 치를 수도 없었고, 주인집에서 특별한 예식을 갖춰주지도 않았기 때문이다. 또한 노비 주인들은 노비의 재생산을 위해 여자노비를 양인이나 노비와 결합시키기도 하였다. 그러나 노비의 가정생활은 그리 순탄하지는 못했는데, 주인이 노비를 매매한다거나 증여한 탓에 가족끼리 생이별을 해야하는 경우가 많았기 때문이다.

아울러 노비들의 생활상은 매우 열악한 조건에 놓여 있었다. 노비들은 노동량에 비해 제대로 된 식사를 할 수 없었으며, 의복도 제대로 갖추기 어

숨어있는 문화유산 속으로

려웠다. 그리고 농사일 외에도 주인집의 모든 잡일을 도맡아 처리한 탓에, 어른은 물론이고 아이들까지 끊임없는 노동에 시달려야 했다. 또한 원칙적으로 노비의 생명을 함부로 빼앗는 일은 국법으로 금해두었지만, 노비는 개인의 사유재산이었기 때문에, 주인이 주는 체벌을 감수해야 했다.

노비들이 이와 같은 열악한 상황 속에서 벗어날 수 있는 가장 확실한 방법은 주인으로부터 도망가는 것이었다. 이들이 도망가는 곳은 주로 변방의 섬이나 깊은 산 속 등 인간의 발자취가 드문 곳이었다. 남자 노비가 가족을 남겨둔 채 홀로 도망가는 경우에는 승려가 되기도 하였다. 도망간 노비는 일반적으로 뇌물을 사용하여 호적에서 빠지거나 국가가 보호할 수 있는 보충대와 같은 특수 병종에 속하는 방법을 택하기도 하였다. 도망간 노비들이 주인에게 다시 잡혀가지 않고 생활할 수 있던 가장 큰 이유는 국가에서 노비주에게 도망노비의 추적을 자주 금지시켰기 때문이다. 국가가 세금을 많이 거두어들이기 위해서는 노비의 양인화 정책이 필요했던 것이다.

이와 달리 적극적인 방법으로 상업활동에 뛰어들어 경제적 지위의 향상과 그것을 바탕으로 양인이 되는 길이 있었다. 그러나 이는 드문 경우였으며, 설령 돈을 바치고 노비 신분을 벗어났다고 해도 옛 주인들은 계속적으로 몸값을 요구했다. 또한 문서상으로는 노비가 아니지만, 예전에 자기 집에서 부렸다는 이유를 들어 상속재산에 포함시켜 다시 금품을 요구하기도 하였다. 아울러 이들이 노비신분을 면하더라도 실제로 양인대접을 받기는 어려웠다.

32

옛 사람들은 <물자>를 어떻게 <수송>했을까?

고려시대나 조선시대에는 각 도에서 국가에 수납하는 전세 및 대동미를 물길을 따라 서울의 저장 창고까지 수송했는데, 이를 <조운>이라 했다. 경기·충청·황해·전라·경상 등의 바닷가에 접해있는 곳에서는 각종 물자와 세금을 조운선을 통해 서울까지 운반했다. 배가 없는 곳에서는 지방 관아의 배나 개인 배를 빌려서 강이나 바다를 이용하여 운송했다. 조운을 하는 시기는 매년 2월부터 시작하여 가까운 거리는 4월, 먼 거리는 5월까지 실시되었는데, 기간을 지키지 않으면 책임자가 처벌받았다.

한편 조운을 통해 운송된 물건을 보관하고, 이를 중앙에 수송하기 위해 수로 연변에 설치한 창고에 보관하였는데, 이를 <조창>이라 했다. 조창 제도가 정비된 것은 고려 성종 11년(992) 무렵으

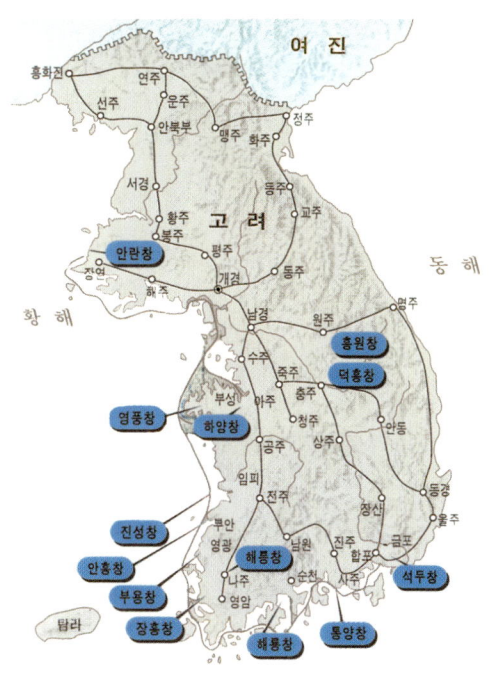

▎▎▎ 고려의 교통운송로

숨어있는 문화유산 속으로

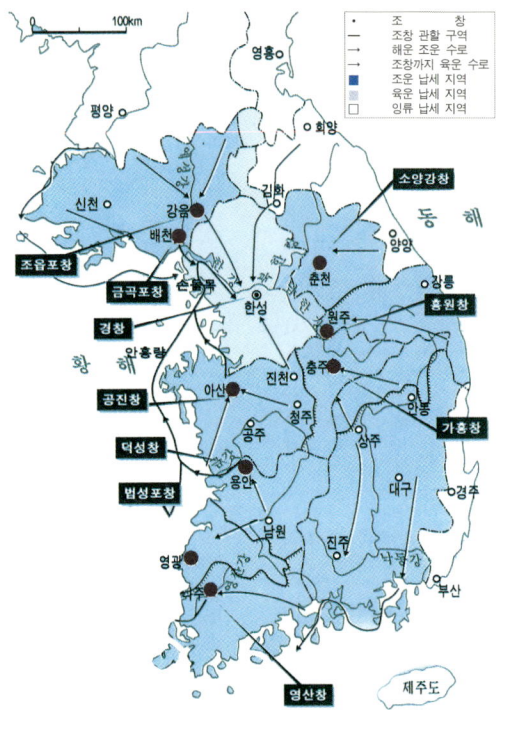

■ 조선 전기의 조운

로 개경 이남에 12개소와 그 이북에 1개소의 조창이 설치됨으로써, 국가재정의 근원을 이루게 되었다. 전국의 중요한 강변에 설치된 이 조창 중에서 바다를 통한 조운을 담당한 것을 〈해운창〉이라 하고, 강을 통한 조운을 맡은 것을 〈수운창〉이라 했다. 그리고 가을에 조창에 수집된 세곡은 이듬해 2월부터 한강과 황해를 통하여 개경으로 운송되었는데, 개경에 가까운 조창은 4월까지, 먼 조창은 5월까지 운송을 끝내도록 되어 있었다. 특히 고려 말기에는 세미의 운반기간에 왜구가 발호하여 조운을 중단하는 사례가 있어 육로로 수송되는 경우가 많았다. 조선시대에 들어와서는 기존의 조창제도를 정비해서 사용하였는데, 해운창은 예성강구로부터 섬진강구에 이르는 서해안에 몇 군데 두었고, 남해안에는 영조 때에 설치하였다.

다음으로 국가의 명령과 공문서의 전달, 변경의 중요한 군사정보, 그리고 사신 왕래에 따른 영송과 접대 등을 위하여 마련된 교통통신기관으로 〈역참 제도〉가 있었다. 『삼국사기』 신라본기 소지왕 9년(487) 3월조의 "사방에 우역을 설치하고 유사들에게 명하여 도로를 수리하게 하였다"는 기록으로 보아, 이때에 최초로 우역이 설치된 듯하다. 이후 역참이 전국적으로 조직되어 운영된 것은 고려시대부터였다. 특히 성종 때에 이르러 10도제, 12목 설치와 병행하여 주·부·군·현과 관·역·강·포의 명칭을 개편하였다. 그리고 조선시대에 들어와서도 거의 대부분 고려의 역제를 계승·발전시키면서 재편되었다. 역참의 가장 중요한 기능은 국가명령이나 공문서의 전달에 있다. 뿐만 아니라, 사신왕래에 따른 영송과 관물 및 공물의 수송, 심지어는 죄인을 체포·압송하고, 유사시에는 국방의 일익을 담당하기까지 하였다.

숨어있는 문화유산 속으로

33 옛날 사람들은 〈급한 소식〉을 어떻게 알렸을까?

오늘날에는 지구 반대쪽의 나라에서 일어나는 전쟁도 바로 알 수 있지만, 전화나 인터넷이 없던 옛날 우리 선조들은 위급한 상황을 빨리 알리기 위해서 봉수대라는 것을 만들어 이용하였다. 주로 멀리서도 잘 보이는 높은 산봉우리에 설치하여 밤에는 횃불을 피우고, 낮에는 연기를 피워 나라의 위급한 소식을 왕이 있는 곳까지 전하였다. 조선시대에는 경흥 · 동래 · 강계 · 의주 · 순천의 5개 봉수대에서 올라온 신호를 서울 목멱산(남산)의 봉수대로 보내게 되어 있었다. 이외에도 상호 연락이 가능한 20~30리(10Km 내외)마다 봉수대가 있었는데 그 수가 전국적으로 수백 개에 이르렀다.

〈봉수〉에서 〈봉〉은 "불을 피워서 알리는 것"을 말하고, 〈수〉는 "땔나무에 불을 질러서 그 연기를 바라보게 하는 것"을 뜻한다. 일반적으로 하나의 봉수대에는 총 5개의 굴뚝이 설치되어 있었다. 평상시에는 1개의 굴뚝에만 연기

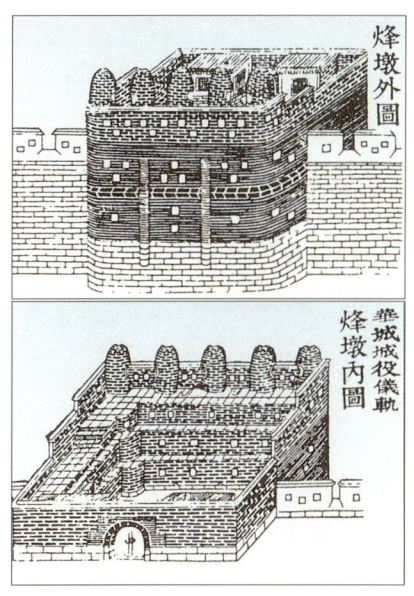

■ 「화성성역의 궤」에 나오는 봉돈 외부 모습 (위)
「화성성역의 궤」에 나오는 봉돈 내부 모습 (아래)

숨어있는 문화유산 속으로

봉화의 신호 방법
1거(炬) - 평화
2거(炬) - 동요
3거(炬) - 접근
4거(炬) - 침범
5거(炬) - 접전

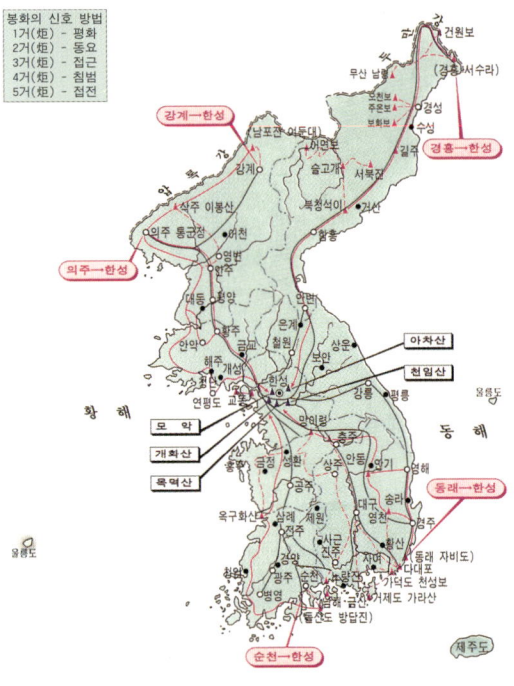

■ 조선 전기의 역로와 봉수

■ 수원화성 봉돈

나 불을 피웠다. 그런데 해상에 적군의 배가 보이거나 국경지역에 적군이 나타나면 2개를 피우고, 국경에 가까이 다가오면 3개를 피웠다. 그리고 우리 배와 적군의 배가 전투를 벌이거나 적군이 국경을 침범하면 4개, 적군이 우리나라 해안에 내리거나 국경을 침범한 적군과 전투가 벌어지면 5개 모두에서 불을 피우도록 했다.

만약 적군이 침입하면 동서남북의 어느 곳에 위치한 봉수대에서 올린 봉화이든지 간에 약 12시간이면 서울에 도착하는 것이 원칙이었다. 그러나 만약 근무를 게을리 하여 적군이 오는 것을 알리지 못하는 경우가 생겨 성이 함락되면, 봉군과 책임자를 참형시켰다. 그리고 적이 경내에 침입하여 포로가 생기는 경우는 100대의 태형과 함께 변방으로 쫓아버리는 벌을 내렸다.

한편 비가 오거나 안개가 끼어서 불빛이나 연기가 보이지 않은 경우가 생기면 어떻게 위급한 소식을 전했을까? 일단 적이 오면 포를 쏘거나 하는 등 시끄러운 소리를 내어 주변 사람들과 군인들에게 소식을 알리고, 봉화를 지키는 군사가 다음 봉수대까지 달려가 소식을 전달하였다.

물론 20~30리 떨어진 곳에서 다른 봉수대의 신호를 제대로 구분하기 위해서는 불을 피우는 봉수대의 간격을 일정하게 만들어두었다.

34

《동의보감》의 처방을 따르면 모든 병이 나을까?

우리 나라를 대표하는 의학서의 자리에 『동의보감』을 올려놓는 데에 주저할 사람은 그리 많지 않을 것 같다. 실제로 『동의보감』은 우리뿐 아니라 중국과 일본에서도 오늘날까지 널리 읽히고 있는 귀중한 한방 임상의학서이다.

우리가 흔히 알고 있는 허준에 대한 신화 같은 이야기의 압권은, 그의 스승 유의태의 시신을 해부하는 장면일 것이다. 이는 천재 음악가 모차르트와 살리에르가 주고받은 애증과는 차원을 달리하는, 허준을 가장 허준답게 만드는, 하이라이트라 할 수 있다. 그런데 이와 같은 사실은 소설가 이은성이 지은 『소설 동의보감』에 바탕을 둔 허구로써, 실제와는 많이 다르다. 왜냐하면 허준의 스승인 유의태라는 인물을 역사 속에서 찾을 수 없을 뿐더러, 유의태로 추정되는 『마진편』의 저자 명의 유이태 또한 허준보다는 100년쯤 뒤의 인물이기 때문이다.

『동의보감』의 지자 허준은 명종 1년(1546)에 태어나 광해군 7년(1615)에 70세의 나이로 세상을 떠났는데, 그의 나이 36세(1581) 때 맥법 진단의 원리를 밝힌 『찬도방론맥결집성』을 펴낸 데 이어, 『언해구급방』·『두창집

숨어있는 문화유산 속으로

요』·『언해태산집요』·『동의보감』·『신창벽온방』·『벽역신방』 등의 의학 서적을 계속적으로 편집 배포하였다. 그리고 그 기간 동안에 내의원에 봉직하면서 내의·태의·어의로서의 명성을 드높여, 마침내 공신에 책록되고 양평군 보국숭록대부의 지위를 하사 받기에 이르렀다. 즉, 허준은 30여 년을 오로지 의학 연구와 의료 행정에 힘쓴, 이론과 실무를 겸한 진정한 전문가였던 것이다.

허준이 『동의보감』을 편찬하게 된 배경은, 1596년 선조의 명을 받든 데서부터 시작한다. 그러나 그가 『동의보감』을 편찬하게 된 보다 실제적인 이유는,

> 의학 서적은 더 많아졌으나 의술은 더욱 애매해졌다. (중략) 서투른 의사는 깊이 이치를 알지 못하고, (중략) 자기 맘대로 하거나 옛날 방법에만 매달릴 뿐이지, 변통해서 쓸 줄 모른다. 또 맘대로 취사 선택함으로써 그 중심을 잃었기 때문에 사람을 살리려다 드디어 죽이는 일이 많았다(『동의보감』 서문).

라는 글에서 알 수 있듯이, 기존 의학계의 혼란상을 극복하고자 하는 의도 때문이었다. 특히 당시는, "전란으로 인한 살상과 기근·질병으로 인심이 극도로 불안하고 민생이 극도로 피폐해졌기" 때문에, 이에 대한 대책이 더욱 절실한 시기이기도 했다. 즉, 『동의보감』은 허준이 활동한 시기에 처한 조선의 의학계 내부 문제와 사회적 위기에 대한 대책 수립의 일환으로 편찬되었던 것이다.

허준의 『동의보감』이 지니고 있는 의미와 가치는 지대한데, 이를 몇 가지로 요약해 보면 다음과 같다.

첫째, 병의 치료보다는 예방에 중점을 두었다는 것이다. 『동의보감』은 그 당시의 의학 지식을 거의 망라한 임상의학의 백과전서로서, 내경·외형·잡병·탕액·침구 등 5편으로 구성되어 있다. 허준은 몸의 생명력을 기르는 양생술이 단순히 병을 치료하는 의학보다 우선한다고 믿고 있었기 때문에, 도가적 양생론이자 동양의학이 추구하는 예방의학의 결정체인 '내

경' 편을 맨 앞에 편집하였고, 병의 치료와 관련된 탕액과 침구에 관한 내용을 맨 나중에 두었던 것이다. 그는 또한 양생론을 강조하면서 이를 사대부 층에 국한시키지 않고, 백성 전반에까지 보급시키려고 노력하였다. 그리고 허준은 생명과 신체, 자연환경과 인간의 질병, 그리고 질병의 치료를 하나의 유기적인 체계 안에서 이해하였는데, 이 때문에 『동의보감』은 17세기 조선의 생명관 또는 신체관을 알려주는 귀중한 사상서이기도 한 것이다.

둘째, 중국의 의학이 아닌 '동의(東醫)'를 추구하였다는 점을 들 수 있다. 허준이 『동의보감』을 편찬할 당시의 심경은,

> 의학에 (이동원의 '북의', 주단계의 '남의'처럼) 남북의 명칭이 있게 된 것은 오래 되었다. 우리 나라는 후미지게 동방에 위치하고 있지만, 의약의 도가 선처럼 끊어지지 않았기 때문에, 우리 나라의 의학도 가히 '동의(東醫)'라고 할 만하다. '감(鑑)'이란 말의 뜻은 '만물을 밝게 비추면서 그 형체를 피하지 않는다'는 것이니, 원나라 때 나겸보의 『위생보감』이나 명나라 공신의 『고금의감』이 모두 '감'으로 이름을 지은 뜻이 여기에 있다. 지금 이 책을 펼쳐서 한번 열람해 보면 길흉과 경중이 밝은 거울처럼 분명할 것이기에, 마침내 『동의보감』이라고 이름 붙인 것은 옛사람들이 남긴 뜻을 사모하기 때문이라 (『동의보감』 권1, 집례).

라는 구절에 잘 드러나 있다. 그는 "조선이라고 해서 중국처럼 자신들의 의학을 정립하고 계승시킬 수 없겠는가?"라는 자부심을 가지고 의학서를 편찬하였으며, 이에 그 책에 당당하게 '동의(東醫)'의 '보감(寶鑑)'이라고 이름 붙였던 것이다. '동의'라는 말은 허준이 이때부터 붙인 이름으로써, 오늘날에는 우리 나라의 의학을 지칭하는 가장 대표적인 언어가 되었다. 즉, 중국의 의학인 한의학(漢醫學)이 아닌, 조선의 의학인 한의학(韓醫學)을 주창한 것이다.

셋째, 중국과 조선의 기존 의학서를 집대성하여, 우리 의학 수준을 한 차원 높였다는 사실을 높이 평가할 수 있다. 그는 인간의 생명을 다루는 의학서라는 사실에 명심하여, 후한·위진남북조 시대부터 수·당·송·원·

숨어있는 문화유산 속으로

민속촌에 재현 된 조선시대 한약방의 내부모습

명에 이르기까지 83종에 달하는 중요한 의학서적들을 광범위하게 인용하였으며, 또한 조선 본초학의 연구서인 『향약집성방』과 중국 처방전의 수집 정리서인 『의방유취』, 그리고 금나라와 원나라의 의학을 정리한 『의림찰요』와 같은 기존의 조선 의학서를 철저하게 계승 발전시켰던 것이다.

넷째, 『동의보감』의 편찬을 통해 본초에 대한 지식을 확장시켰고, 이에 따라 구하기 쉬운 향약(鄕藥) 사용을 보편화시켰다는 점도 빠뜨릴 수 없을 것이다. 허준은 『동의보감』의 서문에서 '약재 값의 절감'을 대원칙으로 내세우면서, 당약재(唐藥材; 중국에서 나는 약재)를 고가로 구하는 어려움을 없애고, 대신 향약을 거의 모든 처방전에서 주요 약재로 사용하였던 것이다. 이는 일반 백성들까지 질병 치료의 혜택을 받게 되는 중요한 계기라 할 수 있겠다.

이외에도 허준의 『동의보감』이 우리에게 주는 귀감은 아주 많다. 그 중에서도, '남의 것에 견주어 스스로의 것을 바로 세우고 지키려는 자존심'과 '자신이 하는 작업에 대한 열정과 치열함'은, 요즘음 사회에서 강조하는 소위 '프로' 정신에 거의 합당하다고 하겠다. 매사에 단기 승부를 추구하는 경향이 강한 현대인들에게 있어, 허준의 『동의보감』에서 찾을 수 있는 온고지신은 "조급하기보다는 신중하기를, 가벼움보다는 진지함을…!" 이지 않나 싶다.

숨어있는 문화유산 속으로

35

옛날 사람들도 여름철에 <얼음>을 먹었을까?

요즘은 냉장고가 있어 사시사철 아무 때나 얼음을 먹을 수 있지만, 냉장고가 없던 옛날에는 여름철에 얼음을 구한다는 것이 결코 쉬운 일은 아니었다. 1898년에 우리나라에 전기가 들어오기 전까지는 <빙고>라는 시설이 있었는데, 이는 겨울에 채취한 얼음을 녹지 않게 보관하는 창고였다. 간혹 여름에도 냉기가 돈다는 얼음골이나 바람골 등의 자연 환경이 있지만, 빙고는 이와는 달리 오랜 경험과 생활의 지혜를 모아 우리 선조들이 이루어 낸 하나의 과학 건축물이다.

■ 경주 반월성 內 석빙고

우리나라에서 처음으로 얼음을 보관한 것은 신라시대이다. 당시에는 '석빙'이라는 용어가 아닌 '장빙'이라는 용어를 사용하였는데, 『삼국사기』 신라본기 지증왕 6년(505)의 기록에 보면 "겨울 십일월에 처음으로 해당 부서에 명해 얼음을 저장하게 하였다"라는 기록이 있다. 얼음을 멀리 운반

우리 조상들의 삶과 죽음에 관한 이야기

숨어있는 문화유산 속으로

경주 반월성 內
석빙고 내부 모습

하기 힘들었던 옛날에는 얼음보관 장소인 석빙고를 고을의 중심지나 궁궐 가까이에 위치한 강변에 설치하였다.

흔히 빙고에 저장한 얼음은 궁궐에서 임금을 위해서만 사용한 것으로 알기 쉬운데, 고려 때의 기록을 보면 매년 6월부터 8월 초 입추 전까지 공적이 많은 퇴직 관료에게 3일에 두 번씩, 좌·우복시와 육부상서 등의 고급관리들에게는 일주일에 한 차례씩 얼음을 나누어주는 제도가 있었다.

한편 빙고를 만드는 것은 많은 돈이 들기 때문에 상업이 발달하지 않았던 시기에는 국가가 아니고서는 개별적인 빙고를 마련하기 어려웠다. 그러나 18세기 영·정조 시대 이후 상업지역으로 발달했던 한강변을 비롯한 전국 여러 곳에서 생선 보관용 얼음을 공급하던 4빙고가 존재했었다. 또 얼음을 저장하여 사용할 수 있는 능력이 있는 사람들의 빙고 건설을 허락하여 특수한 계층이 아닌 일반인도 여름에 얼음을 이용하였다고 한다.

빙고에는 12cm이상의 두께를 가진 얼음만을 보관하였는데, 이 정도의 두께가 되어야만 여름을 넘기고 가을까지 보관하는데 문제가 없었기 때문이다. 겨울철에 강이나 계곡에서 채집한 얼음이 빙고에 들어가면 그 반출과 보관을 엄격히 규제하였다. 만약 얼음의 보관을 잘못하여 저장한 얼음에 녹아 없어지면 관리를 파면시키는 등 매우 엄격하게 관리하였다.

조선시대에는 한양에 동·서빙고를 설치하였는데, 서울의 지명으로 아직까지 남아있다. 동빙고의 경우 1만 244정(丁: 얼음 한 덩어리)를 보관하였고, 서빙고의 경우 13만 5,000여 정을 보관하였다. 궁궐 밖에 있는 빙고에서 바로 얼음을 가져다 쓰기가 힘들어서 인지 궁궐 안에 전용 빙고가 있었는데, 이를 내빙고라고 한다. 창덕궁에 있었던 내빙고는 약 2만 정의 얼음을 보관하였다가 궁궐의 부엌과 각 전각 그리고 궁 등에 공급하였다.

숨어있는 문화유산 속으로

36
우리 조상들은 언제부터 <김치>를 먹었을까?

요즘 아이들은 간혹 김치를 싫어하는 경우가 있지만, 한국인이라면 밥상에 김치가 없으면 밥을 넘기지 못하겠다는 사람이 굉장히 많다. 한국의 음식하면 가장 먼저 연상되는 것이 '김치'일 만큼 한국의 음식에서 김치는 절대적인 위치를 차지하고 있다고 해도 과언이 아니다.

왜 전 세계적으로 우리나라만 이렇게 독특한 김치 문화를 갖게 된 것일까? 김치의 역사를 한번 따라가 보면 재밌을 것이다. 지금은 아마 김치의 원래 이름이 뭔지 모르는 사람이 거의 없을 것이다. 얼마 전부터 유행하기 시작한 김치냉장고의 상표에 <딤채>라는 김치의 옛이름을 사용했기 때문이다. 즉, 김치는 침채(沈菜)라는 말이 팀채 혹은 딤채로 변했다가, 구개음화로 인해 <짐치>가 된 것이다.

여기에서 '침채'의 한자를 풀이해 보면 "소금물에 절인 채소"라는 뜻이다. 김치라는 말이 한국어라서 언제부터 김치의 역사가 시작되었는지 찾아보려면 비슷한 의미의 한자어인 '저(菹)'라는 글자를 찾아야 한다. 우리나라 고대 역사서인 『삼국유사』에는 '저해'라는 기록이 있으며 『고려사』·『고려사절요』에서도 '저'를 찾아볼 수 있다. 즉 삼국시대부터 우리나라에

숨어있는 문화유산 속으로

■|| 민속촌 內 중부지방 반가 마당의 장독대

서는 소금에 절인 발효식품 '김치'를 먹기 시작했다는 것을 알 수 있다.

  그런데 왜 김치를 만들어 먹었을까? 사람들은 음식을 오래 보관하기 위해 건조보관을 하거나 소금에 절여 보관하는 방법을 사용했다. 이후 음식을 발효시키는 식품저장법이 등장했는데 김치도 이러한 식품저장 발전과정에 따라 발전을 해왔다. 삼국시대 한반도는 탄수화물이 주성분인 쌀을 주식으로 하는 음식문화를 가지고 있었는데 비타민과 각종 미네랄을 얻기 위해서는 채소를 먹어야 했다. 그러나 우리나라는 기후 특성상 4계절이 뚜렷하기 때문에 한겨울에 채소를 먹을 수 없었다. 이 때문에 소금으로 배추를 절여먹는 것이 시작되었고, 후에 발효식품으로까지 발전하게 되었다.

  한편 옛날의 김치는 오늘날과는 모양이 틀렸다. 대부분의 사람들이 김치의 역사가 굉장히 오래되었다는 것은 알고 있지만 최초의 김치가 지금과 같은 형태의 김치라고 잘못 알고 있는 경우가 많다. 지금의 김치는 대부분 고춧가루를 이용한 빨갛고 매운 음식인데 이러한 형태의 김치가 등장한 것은 고추가 우리나라에 들어온 이후부터가 가능한 일이었다. 고추는 임진왜란 때 일본에서부터 건너온 것이므로 지금과 같은 김치는 아무리 빨라도

숨어있는 문화유산 속으로

임진왜란 이후부터나 만들어 먹었다는 이야기이다.

　김치는 아주 많은 영양소를 가지고 있다. 김치에 많이 사용하는 젓갈은 단백질을 공급해 주고, 이것이 아미노산으로 분해되어 칼슘까지 공급해 준다. 또한 채소에는 비타민이 풍부해서 김치를 많이 먹으면 다양한 영양소를 얻을 수 있다. 또한 소화작용과 정장작용 및 향균작용까지 도와주며, 암에도 효과가 있다는 연구성과도 발표되고 있다. 요즘 아이들이 김치를 싫어하고 피자나 인스턴트 음식만 좋아하는데 아이들의 건강을 위해서 김치를 자주 먹는 습관을 지켜나가는 것이 좋을 듯 싶다.

■|| 여러가지 종류의 김치들

37

옛날 사람들은 <우리나라의 모습>을 어떻게 그렸을까?

우리나라 사람들은 언제부터 지도를 만들었을까? 우리나라의 지도 발달은 크게 네시기로 나누어 볼 수 있다. 제1기는 고대부터 14세기의 고려 말에 이르는 시기이며, 이 시기의 지도는 지금 남아 있는 것이 없다. 그러나 문헌에는 지도가 있었다는 기록이 많이 남아 있다.

제2기는 15~16세기에 해당하는 시기로서, 선교사와 함께 들어온 서양 문물의 영향을 받았다. 이때에 한문으로 번역된 서양 지리서가 중국을 거쳐 국내에 들어왔고, 이슬람 지역의 아라비아 지리학의 영향을 받은 프톨레마이오스식 세계지도가 도입되었다. 당시 조선왕조의 성립과 함께 정치적·군사적 필요에 따라 다양한 지도가 많이 제작되었는데, 임진왜란 때 대부분 도난당해 일본 각지의 박물관과 대학에 소장되어 있다. 이 때의 지도들은 주로 거대한 중국을 그리고 그 옆에 우리나라를 붙여 그려놓았는데, 지금의 지도와는 그 형태와 모양에 있어서 많은 차이가 난다.

제3기는 17세기 이후 선교사 마테오리치(Mateo Ricci) 등에 의해 서양지도에 관한 지식이 중국을 거쳐 도입된 시기인데, 김정호의 『청구도』와 『대동여지도』 그리고 『대동지지』 등이 이때에 만들어졌다. 특히 대동여지도는

숨어있는 문화유산 속으로

지금 인공위성 사진을 통해 만든 지도와 거의 차이가 나지 않을 정도로 정확한 지도이다. 처음 김정호가 대동여지도를 만들었을 때, 대원군과 조정의 신하들은 너무 정확한 지도가 혹시 적군의 손에 들어가 우리나라를 침범하는데 도움이 될지 모른다고 우려하여, 지도를 불태우고 오히려 그를 감옥에 가두어 옥사시키고 말았다.

제4기는 근대지도가 제작되는 시기로서, 조선시대 말에서 오늘에 이르기까지의 시기이다. 러 · 일 전쟁을 전후하여 일본군이 아시아 침략의 준비작업으로서 한국의 5만분의 1 지형도를 제작하기 시작하였는데, 이 시기에 삼각측량에 의한 정확한 전국 지도가 간행되었다. 그리고 현재에는 국립지리연구소 · 건설연구소 · 국립지리원 등에서 보다 정확한 지도를 만들어내고 있다.

김정호의 대동여지도

혼일강리역대국도지도의 우리나라와 중국 부분

38

옛날 사람들은 무슨 <공부>를 했을까?

옛날 사람들 중에서 공부를 하고 책을 읽는 것을 업으로 삼는 사람을 <선비>라고 불렀다. 선비란 일반적으로 지식인을 총칭하는 말이 되지만, 구체적으로는 선비정신으로 불리는 유교적 교양을 갖춘 지식인을 의미하기도 한다. 흔히 조선시대의 계층구조를 사·농·공·상 4단계로 나누는데, 이 가운데 가장 높은 계층으로 '士', 즉 선비가 등장한다. 이들은 농사를 짓고, 물건을 만들고, 장사를 하는 사람들과 달리 사람을 관리하는 특수 신분층이었다.

선비들이 배운 공부의 내용은 시(詩)·서(書)·예(禮)·악(樂)·역(易)·춘추(春秋) 등 육예(六藝)가 대표적인 것이었다. 선비가 되기 위해서는 시·서를 익혀서 선비로서 갖추어야 할 최소한 육예 중 하나라도 통달할 수 있어야 했다.

■ 이인상, 『송하수업도』
소나무 아래에서 공부하는 스승과 제자

숨어있는 문화유산 속으로

책걸이 병풍

따라서 양반 가문이라고 해서 모두 선비가 되는 것이 아니었으며, 선비의 학문을 갖추지 못하면 선비계열에서 제외시켰다. 선비들이 하던 공부의 기초는 '소학'이며, 이외에도 인·의·예·지·신·충 등을 고루 겸비해야 했다.

한편 선비에게는 이러한 지식 이외에도 사사로운 자신의 욕구를 이기고 예의에 어긋나지 않는 행동을 함으로써 인(仁)을 성취하는 인간이 되는 것이 중요시되었다. 이들은 비교적 높은 신분이었지만 남을 다스리기에 앞서 철저하고 엄격한 자기수양을 하고, 불의 앞에서 자신의 목숨까지 바치는 것을 주저하지 않는 정신을 가져야 했다.

우리 사회에 존재하였던 선비는 크게 두 종류로 나뉜다. 첫째는 자신의 덕을 사회 속에 실현하기 위해 관직에 나가는 경우이다. 대부분의 선비는 과거시험에 합격하지 못해서 벼슬길에 나가지 못하고, 일부의 선비들만이 과거시험을 거쳐 관직에 나가게 되는데, 선비로서 관직에 나가는 것은 당연한 일이지만 이들은 관직을 얻는 것이 목적이 아니라 관직을 통해 자신의 뜻을 펴고 신념을 실현하는 기회를 얻는 것에 더 큰 의의를 두었다.

둘째, 중앙의 관직으로 나가지 않고 야인으로 남아 후학을 가르치거나 날카로운 비판정신으로 사회의 방향을 제시하는 철학자의 역할을 하였다.

조선시대에는 이러한 선비집단을 사림이라고 불렀다.

우리의 선조들이 보여준 선비정신은 시대를 뛰어 넘어 오늘날 우리에게도 많은 가르침을 주고 있다. 요즘처럼 어려운 시대에 자신의 이익만을 추구하고 남을 생각지 않는 사람들에게는 '이익을 추구하되 먼저 의를 생각하고', '남을 다스리기에 앞서 먼저 자기 자신을 되돌아보며', '서로 협력하고 화합하는' 선비가 많이 나왔으면 하는 바람이다.

숨어있는 문화유산 속으로

39

<돈>은 언제부터 사용했을까?

우리 민족은 고조선 시대에 이미 <자모전>을 사용했으며, 삼한시대에는 철이 화폐의 기능을 맡았다. 이후 삼국시대에는 금이나 은이 화폐의 기능을 담당하였다.

이후 고려 시대에는 성종 15년(996)에 우리나라 최초의 주화인 <건원중보>가 만들어졌다. 건원중보는 중국 당나라에서 주조된 동전을 모방하여 만들었는데, 특별히 <동국(東國)>이라는 글자를 새겨 우리 것임을 확인하였다. 이후 동국통보 · 삼한중보 · 삼한통보 · 해동중보 · 해동통보 · 해동원보 등 여러 종류의 돈이 만들어졌다.

한편 조선왕조에서는 조선통보 · 십전통보 · 상평통보가 발행되었다. <조선통보>는 세종 5년(1423)에 해서체로, 인조 11년(1633)에 팔분서체로 각각 발행하였으며, <십전통보>는 효종 2년(1655)에 발행되었다. 그리고 조선시대의 화폐를 대표할 수 있는 <상평통보>는 숙종 4년(1678)부터 고종 25년(1888)까지 200여 년 동안 약 3,000여 종류가 발행되어 가장 오랜 기간 동안 통용된 화폐로 자리 잡았다. 이때부터 화폐가 전국적으로 활발하게 유통되기 시작했다. 이는 17세기 중엽부터 점차 국내외 교환 경제가 발달하기 시작하여 일상적인 교환수단이 마련되어야 했기 때문이다. 이에 따라 일반 백성들의 화폐에 대한 인식도 함께 높아져갔다.

이후 조선은 개항과 함께 막대한 개항경비, 외국사건에 대한 보상금, 신식군대의 설치비, 여러 행정경비 등이 새로 부가되어 재정의 궁핍이 가속되자, 재정자금을 조달하기 위하여 고종 20년(1883) 〈당오전〉을 주조·발행하게 되었다. 그리고 19세기 중엽 고종 3년(1866) 대원군 집권기에 이르러 왕실의 권위를 높이기 위한 경복궁 중건비를 조달하고, 세계 열강제국의 침략을 막는 데 필요한 군사비를 마련하기 위하여 〈당백전〉을 발행하기도 하였다.

▋▏ 당백전(좌)과 상평통보(우)

한편 화폐경제가 확대·발전되던 18세기 초부터 19세기 초까지 화폐유통량이 부족한 전황이라는 현상이 일어났다. 전황이 일어나게 된 것은 상공업의 발전으로 상품생산이 발전하여 화폐유통량보다 상품유통량이 많아짐에 따라 생긴 것이다. 이와 같은 동전유통량이 부족하게 된 직접적인 원인은, 화폐로서 중요한 기능을 하던 은의 수량이 감소되어 동전의 유통범위가 확대되었기 때문이다. 아울러 관청이나 군영 또는 부상대고들이 고리대금업을 목적으로 다량의 동전을 집에 보관한 데에서도 영향을 받았다.

▋▏ 최초의 한국은행권

 숨어있는 문화유산 속으로

40

<청자>와 <백자>는 어떻게 다를까?

　세계의 대부분 국가를 비롯하여, 오지의 원시 부족까지도 흙으로 빚은 토기를 만들어 사용하였으나, 유약을 바른 자기를 만든 나라는 그리 많지 않았다. 특히 청자나 백자 같은 고급 자기를 만든 나라는 더욱 희귀한 편이다. 일본의 경우 임진왜란 때 조선의 도공들을 끌고 가 비로소 자기를 만들기 시작했으며, 유럽에서는 18세기 초에야 처음으로 백자를 만들었다.
　우리나라의 자기는 고려 시대의 청자와 조선 시대의 백자로 대표된다. 그 중 고려청자의 경우 9세기 후반 경부터 이미 제작되기 시작하여, 10~11세기에는 상감기법을 통해 자기에 문양을 그려 넣었다. 그리고 12세기 전반기는 비색 순청자의 세련미와 아름다움이 그 절정에 달하였다. <고려비색>으로 알려진 고려 청자의 아름다운 색상은 우리들에게 자기를 전수해준 중국사람들 마저 감탄할 정도였다. 또한 고려 청자는 세계최초로 도자기에 산화동을 사용하여 선홍색을 띠게 하는 기술을 선보이기도 했다.
　이후 조선의 건국과 함께 불교문화의 편린을 간직한 고급적인 취향의 고려 청자는 서서히 쇠퇴하다가, 임진왜란 이후 그 자취를 감추었다. 이에 대신하여 조선에서는 실용적인 백자가 유행하였다. 15세기까지 청자상감에서 변모한 분청사기를 주로 만들었다. 분청사기는 〈분장회청사기〉의 준말로서, 청자와 마찬가지로 회색을 띄었다. 그리고 유약의 색상은 청자보다 훨씬 엷으나, 질감은 청자와 비슷하다. 특히 분청사기의 표현방식은 익살스럽고, 그 형태와 문양 또한 자유롭고 분방하여 한국적인 아름다움의 원형을 간직하고 있다는 평가를 받는다.

■ 청자 칠보 투각 향로

■ 청화백자 매죽문

■ 청화백자 진사채
   십장생 무늬 항아리

■ 백자 주전자

숨어있는 문화유산 속으로

41

<호랑이 담배피던 시절>이란 언제일까?

▌▌ 신윤복, 『예속도첩』 중 「연당의 여인」에 나오는 담배 피는 여인

우리는 흔히 아주 오래된 이야기를 할 때 "호랑이 담배 피던 시절"이라고 한다. 도대체 호랑이가 담배를 피우던 시절이면 얼마나 오래된 것일까? 우리나라에 담배가 언제 처음 들어왔는가를 알려주는 기록이 없어 정확하게 알 수는 없지만 17세기 초에 일본을 통해서 들어왔다고 알려져 있다. 그러니까 "호랑이 담배 피던 시절"이라고 해봤자, 고작해야 지금으로부터 300~400년 전밖에 안 되는 것이다.

조선 선조 때부터 인조 때까지 유명한 관리이며 학자였던 이수광이 1614년에 발간한 『지봉유설』이라는 책에는 "담배의 처음 이름은 남령초라고도 하는데, 근세 왜국(일본)에서 비로소 나왔다"라고 적혀 있다. 그리고 조선 인조 때 사람 장유가 지은 『계곡만필』에도 역시 "담배는 일본에서 들어왔다"고 씌어져 있다. 그런데 일본에서 발간된 『연초기』라는 책에는 "담배는 게이초 연간(1596~1614)에 처음 조선에서 들어왔으며, 임진왜란 때 도요토미 히데요시의 부하들이 흡연법을 배워 일본에 전파했다"고 적고 있어서 약간의 혼란이 있다. 또한 1877년 영국인 A.M. 사토가 쓴 『연초기』에도 "도요토미의 부하가 조선 침공 때 그 종자를 가지고 왔다"는 기록이 있다. 아무튼 담배가 언제 어디에서 조선으로 들여왔는지는 정확치 않지만, 원산지인 아메리카에서 유럽으로 전파된 다음 동양으로 건네진 것만은 확실한 것 같다.

담배가 우리나라에 처음 들어왔을 때에는 흔한 것이 아니었기 때문에 관리나 양반들을 중심으로 하나의 기호품처럼 이용되었다. 그러나 이 때는 아직 어른 앞에서 담배를 피우면 안 된다는 담배예절이나 어린이는 피우면 안 된다는 생각은 없었다. 오히려 17세기 초에는 우리나라가 의약품이 발달하지 못했기 때문에 담배를 의약품으로 많이 사용하였다. 기생충으로 인해 복통이 심할 때 담배를 피워 통증을 가라앉히고, 치통이 있을 때 담배 연기를 입안에 품어 진통시키며, 곤충에 물렸을 때 그 부위에 담배를 피운 후의 침을 바르고, 상처의 지혈 등에 담배를 이용하곤 하였던 것이다.

그렇다면 언제부터 어른 앞에서는 담배를 피우지 말라는 규범이 생겼을까? 여기에는 재미난 이야기가 전해지고 있다. 조선시대 문종은 집현전에서 공부하던 학사들과 자주 이야기를 나눴는데, 그 때 집현전의 학사 중 한 명이 피우던 담배재가 임금님이 입고 있던 곤룡포에 떨어져 담배구멍이 나는 사고가 발생했다. 이 후 집현전 학사들은 임금님 앞에서 담배를 피울 때 조심하는 버릇이 있었다고 한다. 그러나 문종 때는 아직 우리나라에 담배가 들어오기 이전이므로 이 이야기는 누군가가 만들어 낸 것 같다.

■ 김홍도, 『단원풍속화첩』 중 「담배썰기」

숨어있는 문화유산 속으로

또 하나의 이야기는 정확한 시대가 알려지지 않았는데, 조정에서 국사를 논하다가 의논이 막히면 신하들이 자꾸 담배를 피웠다고 한다. 이 때 담배연기가 높은 곳에 앉은 임금에게만 모이게 되자 참다못한 임금이 윗사람 앞에서는 담배 피우는 것을 삼가라고 했다는 이야기도 있다. 어쨌든 담배가 들어온 초기에는 임금님 앞에서도 담배를 피울 수 있었다는 것은 사실인 것 같다.

한편 우리나라에서는 강력한 금연령이 내려진 적은 없었지만, 광해군이 담배 냄새를 매우 싫어하여 신하들에게 이를 못 피우게 했다는 설이 있는데, 이로 인해 윗사람 앞에서 담배를 피우지 못하게 된 것은 아닐지 추측해 본다. 또한 담배를 피우면서 불씨와 연기로 인해 예상치 못한 사고가 자주 일어나자 아이들이 담배 피우는 것을 금하게 되었다는 견해도 있다.

42

옛날에도 <1945년>과 같은 <연도>를 사용했을까?

우리는 1945년 일제식민통치로부터 해방되었는데, 여기에서 1945와 같은 숫자를 연도라고 한다. 이는 서양의 연도계산법인 AD(Anno Domini, 우리 주 오신 해)를 따른 것인데, 예수 탄생 이후의 시간을 뜻한다. 즉, 1945년이란 예수 탄생 이후 1945년이 지났음을 말한다.

중국에서는 본래 건국 기년으로 일관하여 그 왕조의 연도를 기록하지 않고 군주의 재위에 따라서 해를 세었는데, 처음에는 특별한 명칭의 연호는 없었다. 따라서 군주의 자리를 상속하면 새 군주가 즉위한 이듬해를 그 원년으로 하여 기록하였고, 주나라 때인 BC 114년에 이르러 연호제도가 정비되어 1원을 건원, 2원을 원광, 3원을 원삭, 4원을 원수, 5원을 원정, 6원을 원봉이라 하여 이후부터 연호에 의한 기년법이 확립되었다. 따라서 건원이 최초의 연호가 된다. 또 그때까지 지방의 제후들도 각자의 재위에 따라 연도를 기록했는데, 이로부터 중국은 통일된 연호를 사용하였으며 주변국들도 동일한 연호를 채용하였다. 이를 "정삭을 받는다"고 했는데, 이는 중국의 황제로부터 연호가 붙은 달력을 하사받아 사용함을 말한다. 즉, 옛날 사람들은 이와 같은 연호를 기준으로 연도를 계산했던 것이다. 여기

숨어있는 문화유산 속으로

에 중복을 피하고 정확성을 기하기 위하여 60간지를 병행했다. 예를 들어 신미년·기미년·갑오년 등이 그것이다.

한국에서 독자적 연호를 사용한 것은 고구려 광개토대왕이 즉위한 391년부터 사용한 '영락'이 문헌상 최초이다. 신라에서는 법흥왕 23년(536)에 '건원'을 최초의 연호로 사용하였는데, 이는 독자적인 것이 아니라 한나라 무제가 사용한 것이었다. 이후 진흥왕·진평왕·선덕여왕·진덕여왕 때까지는 신라의 독자적인 연호를 사용하였으나 진덕여왕 3년(649) 당나라 태종이 신라에서 연호를 따로 사용함은 부당하다고 하여, 650년부터는 당나라의 연호 '영휘'를 사용하였다.

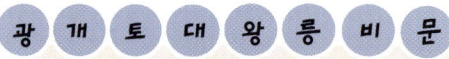

(영락) 9년 기해에 백제가 서약을 어기고 왜와 화통하므로, 왕은 평양으로 순수해 내려갔다. 신라가 사신을 보내 왕에게 말하기를, '왜인이 그 국경에 가득 차 성을 부수었으니, 노객은 백성된 자로서 왕에게 귀의하여 분부를 청한다'고 하였다. … 10년 경자에 보병과 기병 5만을 보내, 신라를 구원하게 하였다. … 관군이 이르자 왜적이 물러가므로, 뒤를 급히 추격하여 임나가라의 종발성에 이르렀다. 성이 곧 귀순하여 복종하므로, 순라병을 두어 지키게 하였다. 신라의 △농성을 공략하니 왜구는 위축되어 궤멸되었다.

한편 발해는 대조영이 건국한 699년에 '진'이라는 국호와 함께 '천통'이란 독자적인 연호를 사용하였고, 국호를 발해로 고친 뒤 2대 무왕 이후에는 대대로 독자적인 연호를 사용하였다. 태봉국을 세운 궁예는 처음부터 독자적인 연호를 사용하여 궁예 스스로 4차례 개원하였다. 고려를 세운 왕건은 등극하여 '천수'라는 독자적인 연호를 사용했고, 4대 광종도 '광덕'·'준풍'이라는 독자적인 연호를 사용하였으나, 이후 말기까지는 중국의 연호를 썼다.

그리고 조선왕조는 처음부터 명나라의 제후국을 자인하였기 때문에 독자적인 연호를 쓰지 않았다. 이후 청나라가 청·일전쟁에 패배하여 종주국 행세를 못하게 되자, 음력으로 1895년 11월 17일을 양력으로 고쳐 개국 505년 1월 1일로 쓰면서 독자적으로 '건양'을 연호로 사용하였다. 이듬해 8월에는 국호를 대한제국으로 고치면서 동한을 중흥시킨 광무제에 연유하여 연호를 '광무'라 하였는데, 1910년(융희 4) 국권 피탈과 함께 연호도 사라졌다.

일제시대에는 2003년과 같은 서기 대신에 일본 천황의 연호인 대정(大正, 다이쇼오)과 소화(昭和, 쇼와)를 썼는데, 대정 1년은 1912년이며, 소화 1년은 1926년을 나타낸다.

이후 1945년부터 1948년까지 미군정의 요구에 의해 서기를 쓰다가, 1948년 8월 15일 대한민국 정부수립과 함께 단기(檀紀)를 썼다. 이후 1962년부터 다시 서기를 사용하게 되었다. 현재 우리가 어떠한 연도를 사용하는가에 대한 규정은 〈연호에 관한 법률〉을 따르고 있다.

연 호 에 관 한 법 률 – [폐지제정 1961. 12. 2 법률 제775호]

大韓民國의 公用年號는 西曆紀元으로 한다.

附則 〈제775호, 1961. 12. 2〉

① 本法은 檀紀 4295年 1月 1日부터 施行한다.
② 法律 第4號 年號에關한法律은 이를 廢止한다.
③ 本法 施行當時의 公文書中 檀紀로 表示된 年代는 當該 檀紀年代에서 2333年을 減하여 이를 西曆年代로 看做한다.
④ 年代 訂正에 있어서는 公文書訂正에 關한 他 法令의 規定에 不拘하고 當該 公文書의 書式에 適合하도록 年代 訂正印을 使用하여 訂正할 수 있다.

숨어있는 문화유산 속으로

43

<10간 12지>와 <60갑자>란 무엇을 뜻할까?

우리는 주변 사람들에게 직접적으로 나이를 묻기 민망할 때, 대개 무슨 띠냐고 묻는다. 우리가 보통 말하는 띠란 12지를 가리킨다. 12지에 10간을 합하여 만든 것이 60갑자이다. 옛 사람들은 60갑자를 사용하여 연도를 구별하였다. 이러한 연도 계산법은 우리 주변에서 쉽게 찾을 수 있는데, 임진왜란·병자호란·기미독립선언·갑오개혁·갑신정변 등이 그것이다.

10간(干)은 갑(甲)·을(乙)·병(丙)·정(丁)·무(戊)·기(己)·경(庚)·신(辛)·임(壬)·계(癸)이다. 그리고 12지(支)는 자(子)·축(丑)·인(寅)·묘(卯)·진(辰)·사(巳)·오(午)·미(未)·신(申)·유(酉)·술(戌)·해(亥)이다. 여기에서 말하는 간은 나무의 줄기를 뜻하며, 지는 나뭇가지를 의미한다. 또한 간은 하늘을, 지는 땅을 나타낸다. 즉, 간과 지는 천지 조화의 근본을 나타낸다.

10간 12지는 은나라 때에 만들어졌는데, 10간은 날을 가리키고, 12지는 달을 가리킨다. 또한 전한시대에는 12지를 하루의 시각에 배당하기도 하였다. 그리고 BC 2세기경에는 12지의 각지에 쥐·소·범 등의 12가지 동물에 비유하였다.

옛 사람들은 10간과 12지를 결합시켜서 해를 세는 단위로 사용하였는데,

소위 '60갑자'가 바로 그것이다. 간단하게 설명하면, 간 하나와 지 하나를 연결시키는 것이다. 우선 10간의 맨 처음인 갑과 12지의 맨 처음인 자를 합치면 갑자가 된다. 다음은 을축·병인·정묘·무진·기사·경오·신미·임신·계유 등의 순서로 배열한다. 그리고 다시 갑술·을해·병자 등으로 연결되어, 마지막에 갑인·을묘·병진·정사·무오·기미·경신·신유·임술·계해로 끝나게 된다. 이렇게 하여 60회가 되면 다시 갑자로 되돌아오므로, 이를 일갑·회갑 또는 주갑이라고 한다. 이상에서 설명한 10간 12지의 일상생활에서의 활용을 종합하여 표로 만들어 보면 다음과 같다.

12지	子	丑	寅	卯	辰	巳	午	未	辛	酉	戌	亥
음양	양	음	양	음	양	음	양	음	양	음	양	음
오행	수	토	목	목	토	화	화	토	금	금	토	수
시각	23~0	1~2	3~4	5~6	7~8	9~10	11~12	12~14	15~16	17~18	19~20	21~22
방위	180°(북)	210°	240°	270°(동)	300°	330°	0°(남)	30°	60°	90°(서)	120°	150°
동물	쥐	소	범	토끼	용	뱀	말	양	원숭이	닭	개	돼지
월명	11월	12월	정월	2월	3월	4월	5월	6월	7월	8월	9월	10월

이와 같은 간지는 음양오행설과 결합되어 나날의 길흉·사람의 성질·신수와 재수 등을 판단하는 근거로 작용하기도 하였다. 예를 들면, 말띠 여자는 화(火)에 속하므로 성질이 불처럼 거칠고 급하다는 것이다. 특히 병오생인 여자는 화가 겹쳐서 팔자가 사납다고 한다. 또한 소띠의 사람은 성질이 느긋하다거나, 범띠의 여자와 양띠의 남자는 성격이 맞지 않는다는 말도 있다. 그러나 이는 미신일 따름이다. 한날 한시에 태어난 쌍둥이의 운명도 전혀 다르다. 그런데 출생에서부터 성장에 이르기까지 전혀 다른 과정을 겪은 남녀들이, 단지 같은 해에 태어났다는 이유만으로 운명이 같다는 것은 어딘지 어색하고 궁색해 보이며, 동물의 외형적 특성을 인간에게 곧바로 적용시키는 것도 무리라고 생각되기 때문이다.

그렇다고 1500년 이상 전승되어 온 조상들의 소박한 믿음을 전적으로

숨어있는 문화유산 속으로

12지 신상

부정할 수는 없을 것이다. 즉, 옛사람들이 자신들의 삶의 지혜로 활용한 근거들을 오늘날 우리가 긍정적으로 받아들이는 것까지 마다할 필요는 없다는 것이다. 예를 들어 『주역』에서 토끼해는 '미소 띤 소녀의 해'로 풀이된다. 이 해에 딸을 낳으면 미녀가 되고, 아들이면 예술가 소질이 있다고 알려져 있다. 이것이 "새로 태어난 모든 아이들에게 희망이 있다"는 좋은 의미로 받아들여진다면, 얼마나 좋겠는가? 그리고 동물에게서도 배울 것을 찾는 여유와 지혜, 그리고 인간과 자연을 합일로 보는 정신은 여전히 오늘날에도 의미있다고 하겠다.

44

<몽촌토성>과 <남한산성>은 어떻게 다를까?

성곽이란 적군의 침입을 막기 위해 흙이나 돌 또는 벽돌 등의 재료를 이용해 높이 쌓아 올린 큰 담으로, 성은 내성을 곽은 외성을 일컫는다. 하지만 보통은 내·외성을 구분하지 않고 보통 성이라고 부르고 있다.

성이 처음 만들어 진 것은 기원전 1~2세기경 높은 지대에 집단 거주하던 사람들이 마을을 지키기 위해 주변에 둑을 쌓거나 구덩이를 파놓으면서부터이다. 이런 형태의 원시적 방어시설은 소규모 인원의 전투에서는 방어하는 쪽에 큰 효과를 줄 수 있었으나 점차 사회가 발전하고 대규모의 전투가 벌어지면서부터는 단순한 둑이나 구덩이로는 방어하기 어렵게 되었다. 이때부터는 토성과 목책성, 그리고 산성이 본격적으로 등장하기 시작하였고 평지보다 공격이 어려운 산속에 성을 쌓는 경우가 많아졌다.

성의 종류를 구분하는 방법은 매우 다양한데 먼저 어떤 재료를 이용해서 성을 쌓았는가에 따라 구분을 하면 목책성, 토성, 석성, 토석혼축성, 전축성 등이 있다. 목책이란 지금의 바리케이드 모양을 떠올리면 이해하기 쉽다. 적의 병사나 말이 곧바로 공격하지 못하게 나무로 담을 만들어 방어를 하는 시설이다. 서울 올림픽공원의 몽촌토성에 가면 토성 아래 목책을 복원해 전

숨어있는 문화유산 속으로

■∥ 몽촌토성과 목책

■∥ 남한산성

■∥ 온달산성

시해 놓고 있다. 다음으로는 흙으로 만든 토성인데 석성과 함께 우리 나라 성곽의 주류를 이루고 있다. 석재를 운반하여 성을 쌓을 정도의 대규모 인원을 동원하기 힘든 곳이나 돌을 구하기 힘든 곳에서 주로 축성되었다. 고대 삼국의 수도는 대부분 토성이었을 것으로 추측이 된다. 고구려의 평양성이나 백제의 풍납토성과 몽촌토성, 부여 부소산성, 그리고 신라 경주의 반월성 등이 모두 토성이다.

다음으로 우리나라에 가장 많이 남아있는 석성이다. 돌을 쌓아 성벽을 만드는 방식인데 삼국시대부터 조선시대 후기에 이르기까지 계속 이어졌다. 현재 석성으로 남아 있는 성 중에서는 원래 토성이었던 것을 후에 석성으로 개축한 것도 상당수 된다. 남한산성과 공주의 공산성이 대표적이다. 한편 흙과 돌을 함께 사용해서 성벽을 만든 경우 토석혼축성이라고 하는데 바깥쪽은 석축을 안쪽은 토축을 이용한 경우가 많다. 다음으로 벽돌을 이용한 전축성이 있는데 주로 여장을 쌓을 때 벽돌을 많이 이용했고 성벽을 벽돌로 쌓은 경우는 수원의 화성이 대표적이다. 하지만 화성 역시 옹성이나 일부 시설물만 전돌을 이용했을 뿐 성벽은 역시 돌을 이용하였기 때문에 완전한 전축성은 우리나라에 없다고 할 수 있다.

성을 분류하는 또 다른 방법으로 성에 거

주하는 주체에 의한 분류도 있다. 국가권력의 상징인 왕이 거주하는 수도의 내성은 궁성과 외성인 나성을 통틀어 도성이라고 부른다. 도성의 안에는 왕이 거처하는 궁궐이 있고 관청이 있는데 이를 중심으로 쌓은 성을 궁성이라고 한다. 한편 왕이 상주하지는 않지만 국방상, 행정상 중요한 지역이어서 왕이 일시적으로 가서 머무는 성으로 행재성이 있는데 이곳에는 보통 왕의 궁궐인 이궁이 있다. 수원의 화성이 이러한 행재성에 속한다. 이외에 일반 주민들의 보호와 군사적·행정적 기능을 함께 하는 읍성이 있는데, 여기에는 유사시에 대비한 관청과 모든 시설이 갖춰져 있다. 읍성은 평지보다는 뒤에 산이 있는 곳에 축조한 경우가 많은데, 낙안읍성·해미읍성·고창읍성 등이 있다.

성곽의 축조방법은 그 성의 재료에 따라 서로 다른데, 크게 토성(土城)과 석성(石城)으로 구분된다. 우선 토성의 축조에는 삭토법·판축법·성토법·보축법 등이 이용되었다. 삭토법은 천형의 지세를 이용하여 지형의 안팎을 적절히 깎아 안팍에 해자를 만들고 급경사의 성벽을 조성하는 방법이다. 판축법은 삭토법보다 정성을 들여 성벽을 쌓는 방법으로 흙을 단순히 쌓아 올리는 것이 아니고 마치 시루떡을 쌓듯이 일정한 두께의 흙을 펴서 다진 다음 다시 쌓아 올리는 방식이다. 이렇게 쌓은 토성은 매우 단단하다.

석성의 경우 초기에는 자연석에 가까운 돌을 그대로 이용하였으나 점차 장방형이나 정방형으로 다듬은 돌을 사용하였다. 산성의 경우는 전자의 경우가 많고, 도성이나 읍성에는 후자의 경우가 많이 이용되었다. 성벽을 쌓는 방법으로는 성벽 양쪽을 모두 돌로 쌓는 협축법과 적군과 대치하는 바깥쪽 벽만 돌로 쌓고 안쪽은 흙으로 채우는 편축법이 있다.

숨어있는 문화유산 속으로

45

<성곽> 앞에 <해자>가 있는 까닭은 무엇일까?

■∥ 수원화성의 옹성과 여장 부분

성이라는 것은 적군의 공격을 막는 것이 가장 중요한 역할이기 때문에 적이 쉽게 접근하지 못하도록 쌓은 높은 벽과 사람들이 지나다니는 문을 기본적으로 만들었다. 그러나 성에는 이런 성문과 성벽만이 전부는 아니다. 우리 선조들은 방어하기에 가장 유용한 구조가 무엇인지 고민한 결과 상당히 다양한 형태의 시설들을 성 곳곳에 설치해 두었다.

성에서 가장 취약한 부분은 아무래도 나무로 만들어져 있는 성문일 것이다. 전쟁 중에 가장 중점적으로 공격을 받는 곳인 만큼 성문을 보호하기 위해 여러 시설을 설치했는데 가장 유용하게 사용된 것이 바로 옹성이라는 것이다. 옹성은 성문 밖에 또 다른 성벽을 쌓은 것으로 그 모양이 옹기를 반으로 쪼갠 것과 같다고 해서 붙여진 이름이다. 옹성을 쌓게 되면 성문을 뚫기 위해 접근하는 적군을 사방으로 포위하여 공격하는 게 가능하며, 커다란 통나무로 성문을 부수기 위해 필요한 넓은 공간을 주지 않게 되어 성문을 보호하는데 큰 효과가 있었다. 옹성은 삼국시대부터 만들어졌는데 이때에는 주로 사각형의 옹성이 만들어졌고 이후에는 반원형의 옹성이 등장하였다.

또한 성문으로 몰려드는 적군에게 보다 많은 공격을 집중하기 위해 성문 옆 성벽에 밖으로 볼록한 성벽을 추가로 쌓은 것을 볼 수 있다. 이처럼 성문 옆에 만들어진 것을 적대라고 하는데 이것은 성벽 곳곳에 설치된 치와 구분이 되지만 모양은 똑같이 생겼다.

한편 적군과 싸울 때 성벽 위에서 방어하는 병사들의 몸이 노출되어 위험한 경우가 많이 발생하자 성벽에 낮은 담장을 쌓아 몸을 숨길 수 있도록 하였는데, 이것을 여장이라고 한다. 여장이 언제 처음 만들어졌는지는 확실치 않으나 삼국 초기부터 여장이 활용되었다고 보고 있다. 여장에는 보통 세 개의 구멍이 있는데 이를 총안이라고 한다. 가까이에서 자세히 보면 한 개의 구멍은 수평으로 뚫려 먼 곳을 향해 있고, 두 개의 구멍은 60도 정도의 경사를 가지고 성벽 아래를 향하고 있다. 멀리서 접근하는 적군을 공격하기 위한 총안을 원총안이라고 하며, 성벽 아래로 근접한 적군을 공격하기 위한 총안을 근총안이라고 한다. 이 외에 성벽아래 바로 붙어 있는 적군에게 총을 쏘거나 뜨거운 기름 등을 붓기 위한 현안도 설치되어 있는 경우가 있다.

다음으로 성벽의 주변에 인공적으로 땅을 파서 물길을 내거나, 주변의 하천을 이용해 성벽 아래로 바로 말을 타고 오지 못하도록

■ 고창읍성의 성문과 옹성

■ 수원화성 서북공심돈

숨어있는 문화유산 속으로

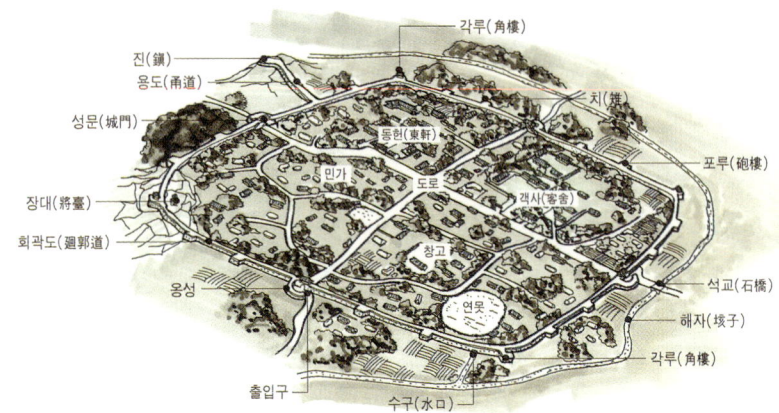

성곽시설물

■ 낙안읍성의 해자

■ 낙안읍성의 여장

하는 해자가 있다. 해자는 적군이 물웅덩이를 건널 때 공격이 주춤해 지는 효과를 얻을 수 있으며, 성벽 아래 부분을 인공적으로 파면서 성벽을 더욱 높아 보이게 하는 효과가 있다.

　수원 화성에는 공심돈이라는 특이한 시설이 있다. 속이 비어 있어서 공심돈이라 불리는데 한편으로는 안쪽 층계의 구조가 소라처럼 생겼다고 해서 소라각이라 부르기도 한다. 이 시설은 전시에 사용되는 장거리 관측소로써, 위·아래에 여러 개의 구멍을 뚫어서 바깥 동정을 살핌과 동시에 여러 방향으로 한꺼번에 총과 대포를 쏠 수 있도록 고안되었다.

46

<향교>와 <서원>은 어떻게 다를까?

우리나라의 모든 어린이는 초등학교를 의무적으로 다녀야 하며, 2004년부터는 중학교까지 의무적으로 교육을 받는 시대가 되었다. 지금은 모든 사람이 이렇게 학교에 다니고 있지만 옛날에는 이런 교육의 기회를 아무나 갖는 것이 아니었다. 그리고 모든 사람이 다닐 정도의 학교도 없었다.

조선시대의 학교로는 향교와 서원이 대표적이다. 향교와 서원의 차이는 그것을 누가 만들었는가의 차이이다. 요즘에도 사립학교와 국립학교가 있듯이 조선시대에도 국립과 사립의 구분이 있었는데, 향교는 국립의 성격이고 서원은 사립의 성격이라고 생각하면 이해하기 쉬울 것이다.

향교는 유교교육을 위하여 국가가 지방에 설치한 관학 교육기관인데, 조선시대에는 군·현 단위마다 향교를 설치하였다고 한다. 그러나 지금은 대부분 없어지고 몇몇 곳의 향교만이 남아있다. 조선시대 향교의 특징은 학생들의 교육뿐만 아니라 공자를 비롯한 중국과 우리나라의 뛰어난 학자에게 제사를 지낸다는 것이다. 따라서 공부하는 공간과 제사를 지내는 공간이 향교안에 모두 갖춰져 있다. 대부분 향교의 경우 공부를 하는 장소인 명륜당이 가장 앞에 배치되어 있고, 그 좌우로 지금의 기숙사와 같은 공간

숨어있는 문화유산 속으로

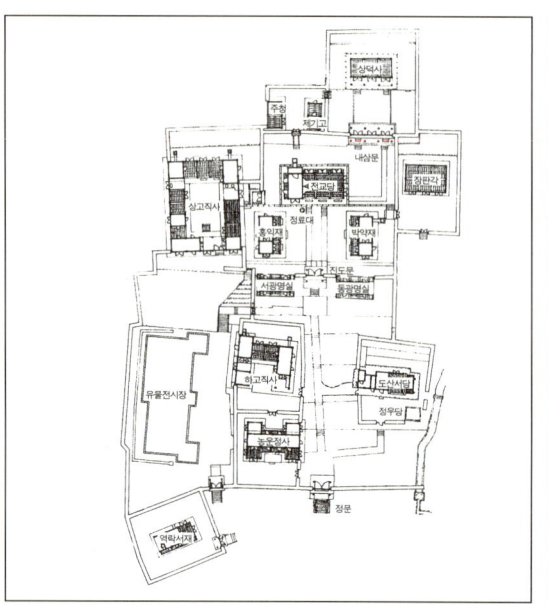

■∥ 도산서원 배치도

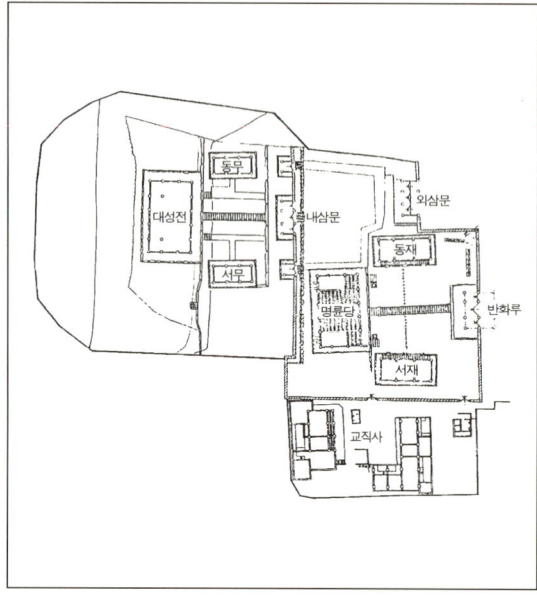

■∥ 동래향교 배치도

이 마련되어 있으며, 명륜당 뒤쪽으로 제사를 지내던 공간인 대성전이 위치하고 있다.

다음으로 서원은 뛰어난 선배 학자들의 제사를 지내고 유생들을 교육시킨 점에서 향교와 비슷하지만, 관학이 아닌 사립이라는 점과 중국의 학자를 제외하고 우리나라의 학자만 제사지낸다는 점이 향교와 다른 점이다.

최초의 서원은 조선 중종 38년(1543)에 풍기군수 주세붕이 고려 말의 학자였던 안향의 위패를 모시고 유생들을 가르치기 위하여 설립한 백운동서원이다. 이 서원은 후에 명종에게서 소수서원이라는 이름을 받았는데 이 때문에 이곳을 최초의 사액서원이라고도 부른다. 그 외에 유명한 서원으로 퇴계 이황 선생의 학문을 추모하기 위해 도산서당 뒤에 만든 도산서원이 있다. 대부분 서원의 공간구조도 향교와 비슷하게 유생들의 교육과 관련된 공간이 제사를 지내는 공간보다 앞에 위치하고 있다.

■|| 소수서원

■|| 도산서원

한편 향교나 서원 이외에도 조선시대에는 서당이라는 학교가 있었다. 서당은 옛날부터 내려오던 사설 한문교육기관으로 가장 흔한 학교였다. 서당을 만드는데 특별한 규칙이 없었기 때문에 뜻있는 사람이라면 누구나 설치하고 교육시킬 수 있었다.

서당이나 향교, 서원보다 더 높은 조선 최고의 교육기관으로 오늘날의 국립대학에 해당하는 성균관이 있다. 전국에서 과거를 통해 생원시험과 진사시험에 합격한 사람에게 우선적으로 성균관 입학 자격이 주어졌는데, 처음에는 약 150여 명을 뽑았다가 후에 200여 명으로 그 인원이 늘어났다.

숨어있는 문화유산 속으로

47

<광한루>·<식영정>·<소쇄원>은 어떻게 다를까?

■ 경복궁 경회루

누정 건축은 자연에 대한 인간의 예술적 취향이 풍부하게 적용된 건물로써 자연 속에서 여러 명이 또는 혼자서 풍류를 즐기며 정신수양의 장소로 활용되었던 건축물이다. 누정은 누와 정자를 한꺼번에 부르는 말인데, 누란 멀리 넓게 볼 수 있도록 다락구조로 높게 지어진 건물 가운데 2층의 중층구조를 가지고 있으며 1층에는 우물마루를 두지 않고 2층에 우물마루를 둔 큰 규모의 것이다. 반면 정자는 누보다 작은 규모로 주로 단층의 구조이다. 위에서 내려다보면 평면이 장방형·정방형·6각형·8각형·아(亞)자형 등 매우 다양하다.

누정은 풍류를 즐기는 공간으로써의 활용뿐만 아니라 지역사회의 공용 사랑방·공용집회장·접객장 그리고 전쟁시의 관측지 기능을 두루 겸하고 있다. 이와 같은 기능을 수행하기 위하여 누정은 대개 그 지역에서 가장 산

■■ 강릉 오죽헌

■■ 강릉 선교장 활래정

수가 곱고 아름다우며 주변 풍경이 잘 보이는 곳에 짓는다.

한편 누정 건물의 구조에 따라 그 이름이 약간씩 달리 불리고 있다.

첫째, '누(樓)'란 멀리 넓게 볼 수 있도록 다락구조로 높게 지어진 것이며 경복궁 경회루와 삼척 죽서루·진주 촉석루·남원 광한루 등이 유명하다.

둘째, '정자(亭子)'는 놀거나 쉬기 위해 주로 경치나 전망이 좋은 곳에 아담하게 지은 집으로 부용정과 송강정·면앙정·식영정 등이 대표적이다.

셋째, '각(閣)'은 석축이나 단상에 격식 있게 높게 지은 건물로 소쇄원의 광풍각이 있다.

넷째, '당(堂)'은 주거형식의 건물로 방이나 대청이 있는 건물로 본체가 아닌 별당을 가리키기도 하며 환벽당과 서하당 그리고 소쇄원은 제월당이 많이 알려져 있다.

다섯째, '대(臺)'란 높이 쌓아서 사방을 바라볼 수 있는 곳에 위치한 건물이며 소쇄원의 부용대와 강릉 경포대, 그리고 화성의 서장대 등이 있다.

여섯째, '원(園)'은 자연 경관을 아름답게 잘 꾸며 둔 넓은 뜰과 숲이 우거진 곳으로 창덕궁 후원과 소쇄원 등이 있다.

일곱째, '헌(軒)'은 경관을 감상하고 심성을 수양하는 방으로 사랑채에 많이 붙인다고 하며 담양의 명옥헌과 강릉 오죽헌이 대표적이다.

숨어있는 문화유산 속으로

48

<누정>에서 선비들은 무엇을 했을까?

그로 말미암아 선비들의 학문이 지향해야 할 바를 알게 되었으며, 그로 말미암아 나라의 정치의 근본이 더욱 드러나게 되었으며, 이에 힘입어 유교의 근본적인 가르침이 땅에 떨어지지 않았으며, 나라의 장래가 무궁하게 되었다.

이는 퇴계 이황이 정암 조광조의 공덕을 기린 글의 일부이다. 후일 '사림(士林)의 영수'로 추앙받게 되는 조광조는, 그의 일생 동안 오로지 '도덕적 이상국가론'의 실현을 위해 치열하게 고민하고 열정적으로 실천해 나간 인물이었다. 그러나 그의 개혁정치는 훈구대신들의 반대와 저항에 부딪혀 실패로 끝나게 되고, 오히려 기묘사화에 연루되어, 중종 14년(1519) 4년간의 공직생활과 38세의 짧은 일생을 마감하게 된다.

당시 조광조의 죽음을 목도한 조선의 지식인, 특히 조광조가 유배와서 처연하게 죽음을 맞이한 전남(화순) 지역의 지식인들의 충격은 실로 엄청났을 것이다. 조선에서 가장 성리학적인 한 젊은 사대부의 죽음을 바라보는 또다른 사대부들의 비애는, 결국 그들을 현실 정치에서 한 발 물러나게 하였고, 관조와 유유자적의 경지로 이끌었다. 이처럼 50년 동안 계속된 네 차례의 사화와 200년 동안 반복된 전쟁과도 같은 당쟁의 와중에서, 현실

■ 담양 소쇄원 광풍각

정치에서 도태되거나 소외된 사대부들은 주로 자신의 출생지나 연고지로 낙향하여, 그들만의 활동공간을 창출하게 된다. 그 중의 하나가 바로 '정자'이고, 이를 중심으로 형성된 문화를 '정자문화(亭子文化)'라 한다. 즉, 정자는, 정치적 변혁과 세상의 혼돈에 밀려난 사족들이 지방에 은둔하면서 그들의 분노와 한을 달래는 장소로, 혹은 수양과 풍류의 공간으로, 그리고 학문과 세상일을 논하는 토론 광장으로 활용되었던 것이다.

이러한 정자문화가 특히 발달한 곳 중에 하나가 전남 담양이다. 전남 담양은 예로부터 죽세품으로 유명한 곳이다. 일제 때는 이곳이 개성 다음으로 세금이 많이 걷히는 곳으로 꼽힐 정도로 죽물시장이 번성했다고 하는데, 지금은 플라스틱과 중국산 죽물에 밀려 겨우 명맥만 유지하고 있는 실정이다. 그리고 세계 유일의 '죽물박물관'이 박제화된 죽물의 역사를 대변해 줄 따름이다. 담양이 이처럼 '대(竹)의 고장'으로서의 명성을 잃어갈 무렵, 이를 대신이라도 하듯 최근에는 정자문화의 산실로 각광을 받고 있다.

담양군 고서면과 봉산면 그리고 남면 일대에 점점이 흩어진 소쇄원·식

숨어있는 문화유산 속으로

영정·명옥헌·송강정·면앙정 등의 정자와 원림 혹은 별서정원들은 잇닿는 무등산 북쪽 자락의 취가정·환벽당·풍암정과 더불어 일대 정자문화권을 이룬다. 이 공간에서는 이 지역의 문인과 지식인들이 모여 풍류를 즐기면서, 수많은 시와 가사를 지어 오늘에 이르고 있다. 무등산 자락 아래에 위치한 이곳을 소위 '가사문화권'이라 부르는 까닭이 여기에 있다.

소쇄원(瀟灑園 ; 사적 제 304호, 담양군 남면 지곡리 소재)은 양산보가 10여 년 동안에 걸쳐 지은 조선 중기의 대표적인 정원이다. 양산보는 담양 창평 출신인데, 기묘사화(1519)로 인해 자신의 스승 조광조가 화순으로 유배되어 죽임을 당하자, 소쇄원을 창건하여 은거하면서 문학과 학문으로 여생을 마쳤다. '소쇄'라는 말은 "맑고 깨끗하다"는 뜻인데, 양산보는 그 의미에 따라 정원의 이름을 붙이고, 그 주인이라는 뜻에서 자기의 호를 '소쇄옹'이라 했다. 소쇄원이 지금까지 남아 있는 이유는, 이 정원을 조성한 양산보가 자기의 마음이 샅샅이 닿은 이 정원을 매우 아껴서, "절대로 남에게 팔지 말 것이며, 하나라도 상함이 없게 할 것이며, 어리석은 후손에게는 물려주지도 말라"는 유언이 지켜졌기 때문이라고 한다.

식영정(息影亭, 담양면 남면 지곡리 소재)은 조선 명종 15년(1560) 김성원이 세웠는데, 그의 장인이자 스승인 임억령을 위해 지은 것이었다. 당시 식영정에서는 이 지역 문인들의 활기찬 교류가 이루어졌는데, 임억령·김성원·고경명·정철을 '식영정 4선'이라고 불렀다. 특히 송강 정철은 이 정자에서 바라다 보이는 식영정의 뒷산인 별뫼를 주제로 「성산별곡」을 지었다고 한다. 그리고 송강정(松江亭, 담양군 고서면 원강리 소재)은 조선 선조 18년(1585) 정철의 나이 50세 무렵 세운 정자인데, 이곳에서 「사미인곡」·「속미인곡」 등의 수많은 가사가 만들

■■ 담양 식영정

어졌다. 곧 식영정과 송강정은 송강문학의 산실인 셈이다.

환벽당(環碧堂, 광주시 충효동 소재)은 나주목사를 지낸 김윤제가 을사사화 때 관직을 버리고 고향에 은거하면서 지었다고 한다. 정철이 관직에 진출하기 전 10여 년 동안 유숙했던 곳이다. 환벽당에서 조금만 남쪽으로 내려가면 취가정이 있는데, 일부 간신의 모함으로 28세의 젊은 나이에 세상을 뜬 충장공 김덕령의 영혼을 달래기 위해 세웠다고 한다.

면앙정(俛仰亭, 담양군 봉산면 제월리 소재)은 조선 중기의 문신이며 가사 문학의 대가인 송순이 지은 정자인데, 여기에서 면앙이란 땅을 내려다보고 하늘을 쳐다본다는 뜻으로, 아무런 사심이나 꾸밈이 없는 당당한 경지를 바라는 그의 마음이 담겨있다고 하겠다.

■‖ 담양 환벽당

풍광이 뛰어나고 산수가 수려한 '정자문화권'의 답사를 마치고 나면, 항상 마음이 휑하니 허전하고 씁쓸하곤 한다. 송강 정철이 "한잔 먹세그려, 또 한잔 먹세그려. 꽃 꺾어 셈하면서 무진 무진 먹세그려"(송강 정철의 「장진주사」 일부분)라고 자신을 버린 세상에 대한 원망과 분노를 삭이고 있을 때, 그 시조 가락 아래에서 허리가 끊어지도록 모를 심고 피를 뽑던 무지랭이들의 쉴 곳은 어디였을까? 생각이 여기에 미쳐, 차마 그 풍류의 흔적을 감상하기 미안할 따름이다.

숨어있는 문화유산 속으로

49

옛날 집에는 왜 <굴뚝>이 있을까?

▌▌ 민속촌에 있는 양반가의 기단부와 툇마루

　우리나라 전통의 집을 부를 때 한옥이라고 한다. 이는 양옥이나 아파트라고 불리는 주택들과는 다른 특색을 지니고 있다. 한옥은 나무로 짓는 건물인데 같은 나무집인 중국이나 일본의 집과도 다른 특색을 지니고 있다. 한옥만이 가지고 있는 가장 독특함을 꼽으라면 뭐니 뭐니 해도 구들과 마루의 존재를 들 수 있다. 일본의 경우 마루와 다다미방이 있으나 구들이 있는 온돌방은 없다. 다다미방 가운데 있는 화로로 난방을 하는 것이 일본 가옥의 특징이다. 한편 중국의 경우 구들은 물론이거니와 마루도 설치되어 있지 않다. 간혹 마루가 있는 경우가 있지만 한옥의 대청과는 전혀 다른 구조이다. 즉 한옥처럼 구들과 마루가 갖춰진 집은 세계 어느 나라 가옥에서도 찾아보기 힘든 아주 독특한 특징이라 할 수 있겠다.

구들이라는 것은 북방의 추운 지방에서부터 시작된 것이다. 방바닥을 도랑처럼 파서 그 위에 넓적한 판석을 가지런히 늘어놓는데, 도랑부분을 고래라고 하고 그 위를 엎는 돌을 구들장이라고 한다. 도랑을 파서 고래를 갖추고 아궁이 시설과 굴뚝을 만들면 구들의 기본적인 3요소가 완전히 갖춰지게 된다. 이 때 아궁이에서 불을 지펴 구들을 통과시키면 따뜻한 기운이 방안에 가득하게 되는데 이러한 난방 시설을 온돌이라고 부른다. 추위를 이기기 위한 구들은 아주 폐쇄적인 구조인 반면 한옥의 또 다른 특징인 마루는 매우 개방적인 구조이다. 우리나라의 남해안 지역은 여름에 매우 무덥고 후텁지근하고 고온 다습한 기후를 띤다. 이런 지역에서는 시원하면서도 땅의 습기를 피할 수 있는 시설이 필요했는데 그게 바로 마루이다. 북방과 남방에서 각기 다른 목적으로 탄생한 구들과 마루는 후에 한 집에 같이 설치되면서 절충되어 서로 공존하는 쪽으로 정착되었다.

또한 한옥은 기단이 높다. 보통 땅과 가깝게 건물을 지으면 습기가 올라오는데 고온다습한 지역에서는 그 정도가 더하였다. 그래서 한옥에서는 기단이라고 부르는 댓돌을 여러 겹 쌓아 높게 만들고 그 위에 집을 지어 땅의 습기를 줄이는 방법을 택하였다.

그리고 한옥은 깊은 처마를 가지고 있다. 양옥과 달리 나무로 지은 건물들은 처마를 가지고 있는데 한옥의 경우도 이를 잘 따르고 있다. 처마는 여름철에 태양이 높이 떴을 때 차양막 역할을 하여 뙤약볕과 직사광선을 가려주고, 그늘을 통한 시원함을 선사해준다.

한옥에는 있지만 다른 나라의 집에서 쉽게 찾기 힘든 것이 바로 굴뚝이다. 다른 나라에는 설사 있

■ 강릉 오죽헌 안채의 굴뚝

숨어있는 문화유산 속으로

경복궁 자경전 內
십장생 굴뚝

다고 해도 매우 간단한 구조를 가지고 있다. 그러나 한옥의 경우 굴뚝이 보물로 지정된 경우(경복궁 자경전 십장생 굴뚝, 보물 810호)가 있을 정도이다. 우리나라에서는 고장에 따라 굴뚝의 종류가 매우 다양한데, 여기에는 과학이 들어있다. 북방지역의 경우 겨울철에 북서풍이 강하게 불면 연기가 굴뚝을 타고 역류하는 경우가 생길 수 있다. 이런 경우 연기가 빠지지 않고 불이 구들로 잘 전달되지 않기 때문에 굴뚝의 위치와 높이에 있어서도 매우 치밀한 계산을 하여 세웠다. 그리고 굴뚝에서 연기가 지나치게 빨리 나오면 난방 효과가 떨어지기 때문에 적당한 수준의 배기를 위한 계산도 잊지 않았다. 북쪽의 경우 굴뚝이 집에서 되도록 멀리 떨어지게 했는데 연기가 들지 않고 연기가 너무 빨리 빠지지 않도록 하기 위함이다. 반면 남쪽의 경우 마당 쪽 섬돌에 조그만 배기구만 내놓은 경우가 있는가 하면 부뚜막 한쪽에 세우기도 한다. 그리 춥지 않은 남방에서 적은 양의 나무를 때서 얻은 열량을 최대한 잡아 두기 위해 그렇게 만든 것이다.

50

<맞배지붕>과 <팔작지붕>은 어떻게 다를까?

왜 집이 필요하냐고 묻는다면 흔히 비 피할 곳은 있어야겠기에 집이 필요하다고 이야기한다. 그렇다면 집에서 비를 피하게 해주는 역할을 하는 것은 무엇일까? 바로 지붕이다. 벽이 바람을 막아주고 사생활을 보장해 준다면 지붕은 비를 막아주고 따가운 햇볕을 막아주는 기능을 함과 동시에 외관상 뛰어난 의장효과를 주어 집의 위엄을 높이기도 한다. 또한 우리나라처럼 장마철이 있어 비가 많이 내리는 경우 지붕은 단순히 비만 막아주는 역할을 뛰어넘어 벽체와 창, 그리고 문까지 보호해주는 기능까지도 하고 있다.

집의 종류를 분류할 때 그 방법 중 하나가 지붕을 무엇으로 만들었는가를 살피는 것이다. 우리의 조상들이 사용했던 그리고 지금도 사용하는 지붕의 종류는 매우 다양하다. 볏짚을 이용해 지붕을 엮은 경우를 초가집이라고 한다. 현재 많이 남아있지는 않지만 불과 몇 십 년 전만해도 시골에는 초가집이 많이 남아있었다. 제주도의 경우 벼농사가 힘든 기후요건으로 인해 띠를 이용해 만든 지붕을 이용하기도 했다. 다음으로 붉은 소나무 조각을 이어 지붕을 만든 집이 있는데 이를 너와집 또는 느에집, 능애집이라고

숨어있는 문화유산 속으로

한다. 강원도 일대의 화전민들이 집을 지을 때 많이 이용하던 방법인데 지금은 거의 사라지고 삼척군 도계읍 신리에 몇 채가 남아 있다. 이와 비슷한 방식으로 통나무를 이용해 벽을 만들고 널 위에 나무껍질을 덮고 흙이나 풀로 지붕을 만든 귀틀집이 있다. 우리나라에서는 주로 울릉도에서 많이 만들어졌는데, 지금도 몇 채가 남아있다.

현재 남아있는 고건축에서 가장 많이 사용된 지붕의 형태는 바로 기와지붕이다. 예전에 쓰던 기와는 점토를 반죽해 구워 만든 일종의 토기였는데 지금은 시멘트기와와 금속기와 등 다양한 재료의 기와가 나오고 있다. 우리나라 기와지붕의 처마를 보면 끝이 멋지게 치솟은 것을 볼 수 있다. 이같은 독특한 형태를 후림과 조로라고 하는데, 후림이란 지붕을 수평으로 네 귀를 뻗게 하고 안으로 선을 후린 것이고, 조로는 수직면 위로 휘어 오르도록 한 것이다. 앞에서 지붕을 보았을 때 중앙처마보다 양끝이 위로 치솟은 것이 바로 조로이고, 아래에서 처마를 보았을 때 양끝보다 가운데가 가운데로 움푹 들어간 것 같은 것이 바로 후림이라고 이해하면 된다.

낙안읍성의 초가집

암·수 기와와 암·수 막새

한편 지붕의 모양으로 구분하는 방법이 있는데 지붕이 앞뒤 두면으로만 이어지고 옆면은 터져있는 가장 단순한 형태를 맞배지붕이라고 한다. 옆에서 보면 마치 책을 반쯤 접은 것 같은 八자 모양을 하고 있다. 다음으로 우진각지붕이 있는데 지붕면이 4면이고 전후좌우로 물매가 있다. 한편 팔작지붕은 지붕면이 우진

각지붕처럼 4면이지만 측면에서 보면 3각형 형태의 면이 보인다. 이 지붕은 외관상 굉장히 위용이 있어 궁궐이나 사찰의 중심건축물에 많이 사용한다. 이외에 사모·육모·팔모지붕 등이 정자지붕에 주로 사용된다. 사각정에는 사모지붕, 육각정에는 육모지붕을 사용했다고 이해하면 된다.

한국의 기와지붕에는 여러 가지 장식이 가해진다. 용마루의 양쪽 끝에 장식을 위한 기와를 올리는데 이것을 취두라고 한다. 또 암키와와 수키와골의 끝에는 막새를 붙이는데 밝은 미소를 새긴 신라의 막새가 유명하다. 그리고 불을 막고 잡귀를 쫓는 의미에서 처마선에 여러 가지 잡상을 만들어 붙이기도 한다.

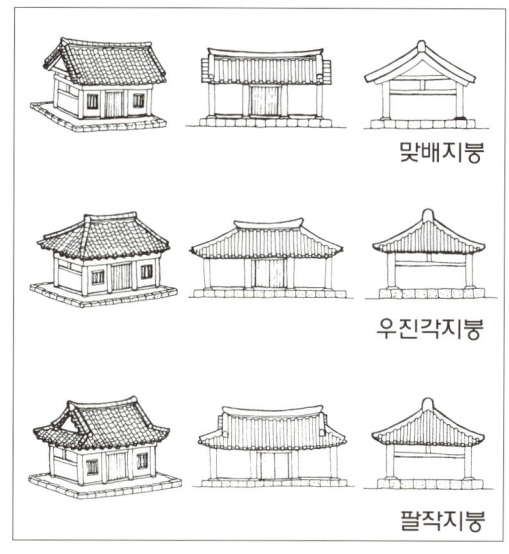

■|| 종묘 정전 지붕위의 잡상들

숨어있는 문화유산 속으로

51
옛 건축물의 〈기둥〉을 〈배흘림〉한 까닭은 무엇일까?

▮▮ 부석사 무량수전의 배흘림기둥

　기둥은 가구식 구조물의 축부이고 공간형성의 기본적인 부재이다. 기둥은 상부에 걸려진 보와 도리로부터 오는 모든 상부 하중을 부담하고 벽을 지지하면서 하중을 지반에 전달하는 매개체가 된다. 단면에 따라 원주, 방주, 다각형 기둥 등으로 구분하고, 위치에 따라 외진주, 내진주, 동자주, 활주, 우주, 퇴주 등으로 구분된다. 이들 중 원형기둥은 권위 있는 건축과 규모가 큰 건물에 사용되거나 건물의 주요 위치에 많이 사용된다. 일반 가정집에서는 원형기둥을 이용해 건물을 짓는 경우가 거의 없다. 한편 활주는 추녀 밑을 받치고 있는 기둥을 말한다. 추녀가 밖으로 많이 빠져 하중의 중심이 기둥밖에 있어 처지기 쉬운데 이러한 처짐을 방지하기 위해 추녀를 받치는 보조 기둥을 따로 설치하게 되는데 이를 활주라고 한다.
　민흘림기둥은 기둥머리보다 기둥뿌리의 직경을 크게

원형기둥 　　각기둥 　　민흘림기둥 　　배흘림기둥

만드는 것을 말하는데 안정감을 주기 위한 방편이다. 이것은 후대 또는 격식이 조금 낮은 건물에 많이 사용되고 있다.

한편 배흘림기둥이 있는데, 기둥뿌리부터 1/3 지점에서 직경이 가장 크고 위와 아래로 갈수록 직경을 줄여가면서 만든 기둥을 말한다. 그리스 신전 등지에서 이런 기둥을 사용하였는데 소위 엔타시스 양식이라고도 부른다. 이것은 시기적으로 고대의 건축에 쓰이거나 격식이 높은 건물에 많이 사용되고 있다. 배흘림기둥을 사용하는 이유는 배흘림을 주지 않았을 경우 기둥의 가운데 부분이 얇아 보이는 착시의 교정과 시각적인 안정감을 주기 위해서이다. 우리나라에서는 고구려 고분벽화의 건축도에서도 많이 나타나고 있는데, 이는 이미 삼국시대 이전부터 배흘림기둥이 사용되고 있음을 알려준다. 이같은 민흘림과 배흘림 기법은 사람 눈의 착시현상으로 인해 기둥이 가늘게 보이는 현상을 교정하기 위한 눈속임법으로 건물에 안정감

숨어있는 문화유산 속으로

을 더해주는 역할을 한다.

이러한 배흘림기둥은 주로 어느 정도 규모가 있는 건물에 자주 사용하는데 불전이나 궁궐의 전각에서 흔히 볼 수 있다. 가장 대표적인 배흘림기둥으로는 한국에서 가장 오래된 건물이라 불리는 봉정사 극락전과 부석사 무량수전의 배흘림기둥을 들 수 있다.

다음으로 건물의 귓기둥을 중간에 있는 평주보다 조금 높게 솟아 올린 것을 귀솟음이라고 한다. 이것은 귓기둥이 평주보다 낮아 보이는 착시현상을 교정하고 처마곡선과 조화를 이룰 수 있도록 한 것이다. 건물에 안정감을 주기 위한 또 하나의 방법으로는 안쏠림이 있다. 안쏠림은 또 다른 말로 오금법이라고도 하는데, 기둥의 상단을 건물 안쪽으로 약간 쏠리게 하여 사다리꼴 모양을 갖게 된다. 이는 건물의 상부가 벌어져 보이는 착시현상을 수정하여 건물 전체의 안정감을 갖게 하기 위한 것이다.

한국 건축기법 중 매우 독특한 것 중의 하나로 바로 그렝이법을 들 수 있다. 초석위에 기둥을 놓을 때 지금처럼 돌과 나무를 모두 반듯하게 자르는 게 아니라 초석 면의 모양과 일치하게 나무를 깎아 두 면을 일치시키는 것이 그렝이 기법이다. 비단 기둥 뿐만 아니라 건축의 여러 면에서 그렝이 기법이 사용되었는데, 사찰의 기단 혹은 성벽에도 거대한 돌들이 움직이는 걸 방지하기 위해 곳곳에 그렝이질을 해준 흔적을 볼 수 있다.

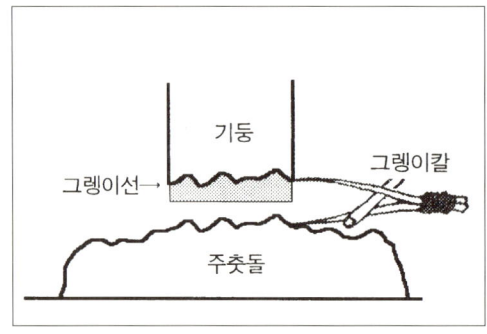

▮▮ 그렝이질 방식

▮▮ 화순 쌍봉사 극락전의 주춧돌과 그렝이질한 기둥

52

과연, <명당>이란 존재할까?

우리들은 예로부터 살아있는 사람이 사는 집과 죽은 사람이 묻혀 있는 무덤에 좋은 곳과 그렇지 못한 곳이 있다고 믿어왔는데, 이를 통틀어 '풍수지리사상'이라고 부른다. '풍수'란 '장풍득수'에서 온 말인데, 그 뜻은 "바람을 막고 물을 얻는다"는 것이다. 즉 산의 모양과 기복, 바람과 물의 흐름 등으로 땅의 의미를 파악하여 좋은 터전을 찾는 사상이다. 이는 재래의 토착신앙인 대지모 사상과 중국의 음양 오행설이 결합된 순응적인 자연관이라 할 수 있다. 좀더 구체적으로 설명하면, "음양오행의 기가 천지의 만물을 생성시키는데, 그 기는 마치 우리 몸의 혈액과 같이 땅속을 흘러 다니며, 이 기가 특정 장소에 집중되면 혈을 이루게 된다. 이 곳에 집터 · 묘지 · 도읍지 등을 정하면 땅속의 기를 받아 복을 누리게 된다"는 자연관으로서, 환경결정론적인 사고 방식이라 할 수 있겠다.

풍수지리사상은 중국에서 시작되었으며, 우리나라에는 신라 말기에 도선에 의해 도입되었다. 이후 고려시대부터 본격적으로 적용되어, 도읍을 개경으로 정한 것을 비롯하여, 생활에 이르기까지 많은 영향을 미쳤다. 그리고 조선시대의 한양 천도, 유교의 조상 숭배 사상과 결합하여 묘지 선정

숨어있는 문화유산 속으로

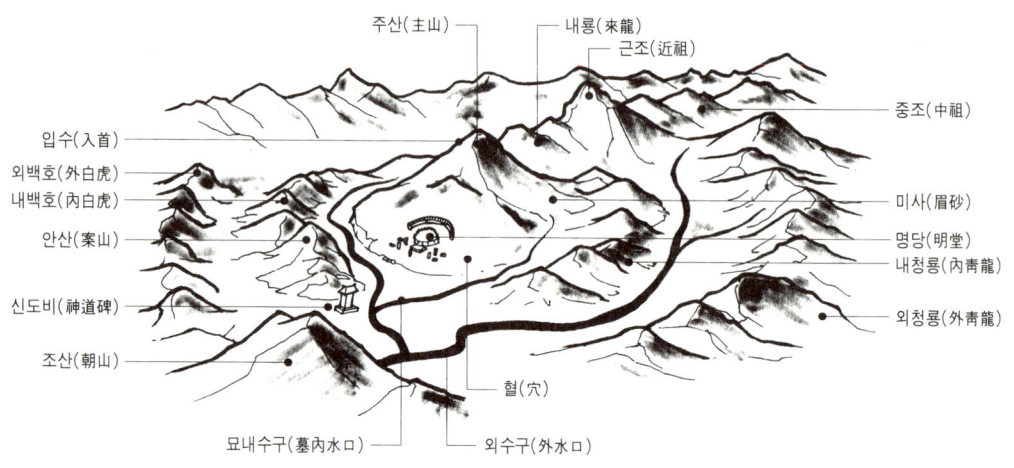

■ 묘지와 풍수

에 적극 활용되었고, 아울러 촌락의 입지 형태를 결정짓기도 했다.

한편 풍수지리에서 말하는 좋은 집터란 남쪽을 바라보는 〈배산임수〉, 즉 "산지나 구릉이 세 방향을 에워싸고 한쪽 방향은 터져 있으며, 터진 곳으로 하천이 흐르는 곳"을 말한다. 옛날 사람들이 '남향의 배산임수' 지역을 택하여 거주지로 삼은 이유는, ①배후의 산지가 겨울의 찬 북서풍을 막아주고 풍부한 연료를 제공하고, ②취락이 입지하는 남사면(남향)은 겨울에 일조량이 많아 따뜻하며, ③앞쪽에 흐르는 하천은 생활 및 농업 용수를 제공하며 하천 유역을 따라 전개되는 평지는 농경지로 이용하기에 적합하기 때문이었다. 즉, 배산 임수 지역은 농경사회에서 겨울철에 추위를 막고 농사짓기에 편리한 곳이었다고 할 수 있겠다.

그리고 소위 '명당이란, "좌청룡·우백호·북현무·남주작의 형세로 둘러싸인 곳"을 말한다. 이러한 형상을 지닌 터에 조상의 묘를 쓰면 자손이 복을 받는다고 알려져 있다.

살아있는 사람이 생활하는 집터나 죽은 사람이 묻힌 무덤에 좋은 곳과 나쁜 곳이 있다는 사실은 굳이 부정할 필요가 없다. 다만 좋고 나쁜 것은 시대에 따라 변하기 마련이다. 요즈음 아무리 명당이라 해도 너무 깊은 산 속에 있으면, 자손들이 찾아가기 힘들어서 명당 소리를 못 듣는다. 그래서 최근에는 우스갯소리로 '좌고속도로 우국도'가 위치한 곳이 있는 무덤이 명당이라는 소리가 있을 정도이다. 또한 대한민국에서 가장 비싼 집은 주로 서울 강남에 모여 있는데, 이들은 모두 아파트나 빌라이다. 그러니 여기에 얼마나 풍수사상이 끼여들 여지가 있었을지 의문스럽다. 더구나 명당에 묘를 써야만 후손이 복을 받는다면 대기업 재벌 총수들은 좋은 명당 비싼 돈주고 사서 대대손손 잘 살수 있다는 말인데, 쉽게 수긍하기 힘들뿐 아니라 명당을 구하기 힘든 보통사람들은 믿어서도 특별히 유리할 게 없을 것 같다.

숨어있는 문화유산 속으로

53

<능>과 <묘>는 어떻게 다를까?

■■ 경주 감포 앞바다의 문무왕 수중릉

우리가 답사를 다니면서 꼭 빼지 않고 보게 되는 것이 옛날 사람들의 무덤이다. 그런데 무덤 앞의 문화재안내판에 적힌 무덤의 이름이 제각각이어서 이해하기 힘들었을 것이다. 고분의 이름이 다양한 이유로는 먼저 신분제도에 기인한 것을 꼽을 수 있다. 옛날은 지금과 달리 왕부터 천민까지 철저한 신분제도가 있었다는 것은 다 알고 있을 것이다. 이러한 신분상의 차이는 태어날 때부터 시작해서 죽을 때까지 이어졌는데 바로 죽어서도 이어지는 신분차이가 무덤의 이름으로 나타나는 것이다.

우리가 무덤에 이름을 붙일 때 그 속에 누가 묻혀 있는지 그 주인을 알 수 있을 경우와 그 주인을 알 수 없는 경우에 따라 이름이 달라진다. 먼저 주인공이 누군지 아는 경우 왕이나 왕비의 무덤은 능이라고 부른다. 평양에는 고구려 동명왕의 능이 있고 공주에는 무령왕릉이 있으며 경주에는 미추왕릉, 내물왕릉, 문무왕 수중릉 등 많은 능이 모여 있다. 태릉선수촌으로 유명한 태릉은 조선시대 중종의 계비 문정왕후(文定王后) 윤씨가 묻힌 곳이기도 하다. 이렇듯 능이라는 이름이 붙은 무덤은 그 속에 누가 묻혀있는 곳인지 이름을 통해 알 수 있는 것이다.

다음으로 왕세자나 왕세자비, 왕의 생모 등이 묻힌 곳을 원이라고 한다. 경기도 고양에는 조선 정조의 큰아들 문효세자의 무덤인 효창원이 있는데, 수많은 능에 비해 우리에게 알려진 원은 그리 많지 않은 편이다. 한편 빈이나 왕자, 공주의 무덤과 왕족이 아닌 일반 사람들의 무덤은 흔히 묘라고 부른다. 이충무공의 묘와 경주의 김유신묘, 경기도 남양주의 흥선대원군묘 등이 있다. 한편 묘는 현재 가장 많이 사용하는 용어인데, 묘를 쓴다는 말이나 공동묘지, 공원묘지 등 요즘 무덤을 지칭하는 용어로 흔히 쓰인다.

만약 그 무덤의 주인공이 누군지는 모르지만 무덤 안에 다른 무덤과 구별되는 그림이나 독특한 유물 등이 발견되면 총이라고 이름을 짓는다. 날아다니는 말의 그림이 나온 고분은 천마총이라고 부르고, 무용하는 그림이 나온 고분은 무용총이라고 부르기도 한다. 하지만 모든 무덤에서 이러한 유물이 나오는 것은 아니다. 이처럼 아무런 특징도 없는 경우에는 분이라는 이름을 붙이고 뒤에 번호를 넣는 경우가 있다. 공주에 가면 백제의 왕릉이 많이 모여 있는데 누가 묻혀있는지 알 수 없어 송산리 1호분 · 2호분 · 3호분 하는 식으로 무덤에 이름을 붙여 놨다. 또 북한 황해도 안악이란 곳에는 고구려 고분이 많이 있는데 이곳에도 안악1호분 · 2호분 하는 식으로 이름을 붙여놓았다.

■∥ 중국 집안에 있는 장군총(고구려)

숨어있는 문화유산 속으로

석촌동 백제 고분

부여 능산리 고분군(백제)

54

청동기 시대 사람들은 <고인돌>을 어떻게 만들었을까?

고인돌이란 "땅 위나 아래에 죽은 사람을 묻는 석실을 만든 다음, 그 위에 큰 돌로 덮어 놓은 선사시대의 무덤"을 말하는 순수한 우리말이다. 일본에서는 고인돌을 지석묘라 쓰고 있으며, 중국에서는 고인돌을 돌로 만든 집이란 의미로 석붕이라 하기도 하고 '큰 돌로 무덤방을 덮은 무덤'이란 뜻으로 대석개묘라고도 한다. 그 외의 다른 지역에서는 고인돌을 의미하는 '돌맨'이나 고인돌을 포함하는 석조물을 한꺼번에 거석이라고 부른다.

고인돌은 덮개돌과 그 아래 하부구조로 받침돌, 묘역시설, 뚜껑돌, 무덤방, 바닥 등으로 이루어져 있다. 덮개돌은 상석이라고도 하는데 지상에 노출된 한 개의 큰 돌이다. 받침돌은 지석이라고도 하며 덮개돌을 받치고 있으면서 무덤 안이 파괴되지 않도록 보호하고 덮개돌을 더 웅장하게 보이도록 하는 기능을 가지고 있다. 또한 무덤방 주위에 돌무지 등으로 직사각형이나 타원형 또는 원형으로 깔거나 쌓는 것을 묘역시설이라고 한다. 이는 무덤의 영역을 표시하고 무덤방을 보호하기 위한 시설인데 모든 고인돌에서 나타나는 것은 아니고 일부에서만 보이고 있다. 한편 직사각형의 무덤방 위를 덮는 뚜껑돌이 있는데 현재 확인되는 것은 모두 판상석 같은 돌뿐

숨어있는 문화유산 속으로

① 석재의 운반 모습

② 받침돌을 세우는 모습

▮▮▮ 고인돌 축조과정
　　　상상도

③ 받침돌 꼭대기까지 흙을 덮는 모습

④ 덮개돌을 받침돌 위에 올리는 모습

이다. 이는 매장 공간을 확보하고 피장자의 시신을 보호하는 역할을 하는데, 모든 무덤방 위에 뚜껑을 덮었을 것으로 추정되나 나무뚜껑 등의 흔적은 남아 있지 않다. 무덤방은 고인돌 하부구조 중에서 죽은 이를 직접 눕혀두는 공간이기 때문에 가장 정성 들여 만들었으며 고인돌의 형식을 세분할 때 기본이 되고 있다. 바닥시설은 죽은 이의 주검을 올려놓은 시설로 바닥을 나무 등으로 고르게 한 것도 추정해 볼 수 있겠지만 현재 남아있는 시설은 판석, 납작한 자연석, 작은 깬 돌이나 잔자갈을 깐 것 등이 있다.

　　고인돌을 축조할 때는 자기 영역 내에 묘지를 선정해야 하고 산에 있는 암반에서 덮개돌을 구하는 작업과 이것을 묘지로 옮기는 일을 해야 하는데, 그 중 고인돌을 만드는데 가장 어려운 일은 바로 덮개돌을 구하고 이것을 운반하는 것이다. 덮개돌은 주로 주변 산에 있는 바위나 암벽에서 돌을 떼어내 사용하였다. 거대한 돌을 떼어내는 방법으로는 겨울철에 돌에 구멍을 내고 물을 부어 얼리면 얼음이 얼면서 돌을 깨트리는 방법이 있고, 구멍에 나무쐐기를 박은 다음 물을 부어 나무가 팽창하는 힘을 이용해 돌을 깨는 방법이 있다.

지금 남아 있는 고인돌의 덮개돌은 그 무게가 20톤이 넘는 것이 많이 있다. 이렇게 무거운 돌을 옮기기 위해서는 이집트 피라미드 돌을 옮길 때와 마찬가지로 통나무를 깔고 그 위에 덮개돌을 올려놓은 다음 앞에서는 줄을 당기고 뒤에서는 지렛대를 이용해 앞으로 밀어 옮긴 것으로 보인다. 그리고 덮개돌을 받치는 받침돌 위에 이 거대한 돌을 올리기 위해서는 주변에 흙을 깔아 아주 완만한 경사를 만들어 돌을 올린 다음 아래의 흙을 모두 제거하면 지금의 고인돌 모습을 완성할 수 있다.

고인돌을 운반하고 만드는 데에는 많은 사람이 필요한데 200명 이상이 함께 일을 했을 것으로 추정된다. 5명이 한 식구라고 했을 때 한 가정에서 1~2명 정도가 고인돌 운반에 동원되었다면, 이 고인돌에 묻힌 사람과 이를 만든 사람은 적어도 1000명 이상의 주민을 통치하던 높은 사람이어야 가능했다는 추측을 할 수 있다.

최근 화순·고창·강화도 등지의 고인돌이 유네스코의 세계문화유산으로 지정되었는데 이는 고인돌이 우리 세대만의 것이 아니고 우리의 후손도 함께 지켜야 할 소중한 자원이며, 또한 전 인류가 함께 가꾸어 나가야 할 인류의 문화유산임을 세계가 인정한 것이다.

■ 바둑판식(남방식) 고인돌(순천 고인돌 공원)

■ 탁자식(북방식) 고인돌(강화도 부근리)

숨어있는 문화유산 속으로

55

옛 사람들은 왜 <무덤> 속에 <생활용품>을 넣었을까?

사람이 죽으면 시신을 묻으면서 그 사람과 관련이 있는 물건을 함께 묻는 풍습이 오래전부터 있었는데, 이렇게 무덤에 같이 묻는 물건을 <부장품> 또는 <껴묻거리>라고 한다. 껴묻거리로는 고분의 주인공이 가졌던 신분적 권위와 경제적 능력을 보여주고 예술적 가치를 지닌 것들을 많이 묻었다. 대개 오래된 고분에서는 귀한 물건들이 많이 출토되고, 후대로 갈수록 실생활에서 사용하던 물건이 주로 출토되는 경향이다. 통일신라시대 이후로는 이러한 껴묻거리들의 양이 매우 줄어들거나 아예 없어지기도 한다.

껴묻거리는 크게 몸에 매달던 장신구나 무기류, 금속기, 토기 그리고 마구 등으로 구분할 수 있다. 장신구는 다시 관모와 관장식·허리띠·귀걸이·목걸이·팔찌·반지 등으로 나뉘는데, 이 가운데 금관의 경우 실제로 사용한 것이기보다는 껴묻거리로 사용하기 위해 만든 것이다.

한편 삼국시대에는 많은 전쟁이 있었던 까닭에 다양한 무기들이 무덤에 같이 부장된 경우가 많다. 껴묻거리로 사용된 무기에는 칼, 창, 화살촉 등 공격용 무기와 더불어 갑옷과 투구 같은 방어용 무기들이 있다. 이 중 환두대도라고 불리는 손잡이에 둥근 고리가 달린 칼이 있는데 높은 지위에 있던 사람들이 사용하던 환두대도에는 용과 봉황이 새겨져 있는 등 예술적으로도 매우 가치 있는 칼이다.

다음으로 말에 사용했던 마구들이 많이 출토되었다. 출토된 마구의 종류는 안장가리개·발걸이·방울·재갈·깃발꽂이 등 다양하다. 이러한 마구들은 실용적이기 보다 장식의 기능으로 만들어진 것들이다. 이 외 자루솥이나 국자 같은 금속기와 더불어 구슬이나 곡옥 등의 유리제품도 고분에서 출토되고 있다.

고대 삼국 중 신라와 가야의 무덤은 도굴을 당하지 않은 경우가 많아 많은 껴묻거리들이 출토되고 있지만 고구려와 백제의 무덤에서는 신라에 비해 턱없이 적은 양의 부장품만 출토되고 있다. 하지만 고구려의 경우 부장품은 아니지만 고분 안쪽 벽면에 벽화가 그려져 있는 것이 많아 이 그림을 통해 당시의 생활상을 우리들에게 고스란히 전해주고 있다. 우리가 부장품을 통해 당시의 생활상이나 기술의 발전, 예술적인 감각을 알 수 있듯이 고분벽화 또한 당시의 모습을 생생하게 전해주는 매우 귀중한 자료라 하겠다.

▌▌ 부여 황금 귀걸이

▌▌ 가야 고분 출토 장신구

▌▌ 가야 고분 출토 마구

숨어있는 문화유산 속으로

56

<백제 왕릉>이 도굴을 많이 당한 까닭은 무엇일까?

■ 백제 무령왕릉

국립경주박물관과 국립공주박물관을 모두 관람한 사람이라면 왜 신라시대 유물은 많이 있는데 비하여 백제시대 유물은 상대적으로 적은지 궁금했을 것이다. 또는 이러한 이유 때문에 신라의 문화가 백제보다 우월했다고 믿게된 사람도 있을 것이다. 그러나 역사란 우리에게 남겨진 것이 그 전부가 아니고, 모두 진실은 아니다.

신라와 백제의 왕릉에서 출토된 유물이 양적으로 차이나는 까닭은 바로 도굴 때문이다. 즉, 백제의 유물은 신라에 비해 훨씬 도굴을 많이 당했기 때문에 별로 남아있지 않다는 것이다. 그렇다면 왜 백제의 고분이 신라 것에 비해 도굴을 더 많이 당했을까? 이는 두 나라의 고분구조가 다르기 때문이다.

우선 백제의 고분은 고구려의 그것과 비슷한데, 무덤 밖에서 안으로 들어가는 통로가 있다는 것이 큰 특징이다. 밖에서 보기에는 무거운 돌과 거대한 흙무지가 있어 그걸 파내는 게 힘들게 보이지만, 통로만 찾는다면 무덤 안으로 들어가기가 매우 쉬운 것이 백제와 고구려의 〈굴식돌방무덤〉이다. 백제의 무령왕릉을 보면 알 수 있듯이, 왕릉의 문을 열면 굴처럼 좁은 통로가 있고 그 안에 돌로 만든 방이 있어 그 속에 왕의 관을 안치해 두었다. 그리고 그 주변에 많은 유물들을 함께 묻었는데, 대부분의 백제 고분들은 국가에서 발굴하기 전에 이미 도굴꾼들이 먼저 문을 열고 들어가 유물들을 훔쳐 갔기 때문에 남아있는 것이 별로 없게 된 것이다. 다만 벽화는 도굴이 힘든 탓에 백제나 고구려의 고분에서 발견된 벽화는 상대적으로 많이 남아 있는 편이다.

무령왕릉 입구 노출을 위한 폐쇄전 제거 작업모습

반면에 신라 왕릉은 백제 왕릉과는 달리 도굴하기가 힘들게 만들어져 있다. 신라 사람들은 왕이 죽으면 관과 함께 유물들을 담은 상자를 놓고 그 주변을 나무로 마치 상자처럼 둘러쌓았다. 그리고 그 위에 돌멩이를 높이 쌓고 다시 그 위에 흙을 덮어 거대한 왕릉을 만들었다. 이러한 고분 양식을 〈돌무지덧널무덤〉이라고 부르는데, 무덤 밖에서 안으로 들어갈 만한 공간이 전혀 없기 때문에 다른 사람들에게 들키지 않고 도굴하기란 상상하기도 힘들다.

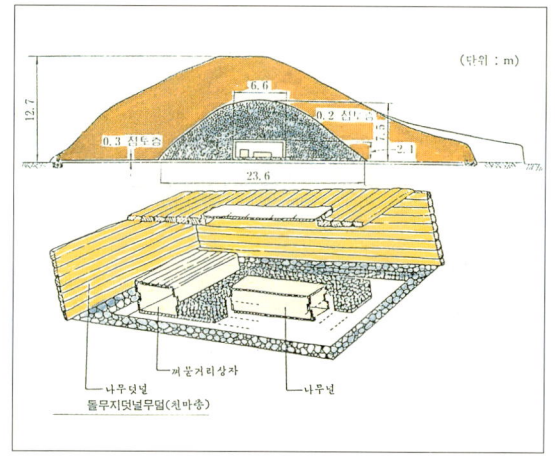

신라 천마총 단면도

III

우리의 옛 사찰 속에 감춰진 이야기

숨어있는 문화유산 속으로

57

<해탈>이란 무엇일까?

■ 화순 쌍봉사 해탈문

해탈(解脫)이란 불교에서 쓰는 용어로서 "인간의 속세적인 모든 속박으로부터 벗어나 자유롭게 되는 상태"를 말한다. 불교에서는 사람들이 탐욕과 분노 그리고 어리석음과 같은 번뇌와 업보에 속박된 탓에 고통스럽기 때문에, 이로부터 해방되는 것이 곧 구원이라고 생각한다. 그리고 그 구원은 신에 의하여 타율적으로 이루어지는 것이 아니라, 지혜 곧 반야를 깨달음으로써 달성된다고 여긴다.

그런데 해탈은 삶의 괴로움에서 벗어나 깨달음을 얻는 것이므로, 살아있는 육신의 몸으로는 완전한 해탈을 이룰 수 없다고 믿었다. 이에 깨달음을 얻은 사람의 육신이 다할 때를 완전한 해탈의 순간이라고 보았으며, 이를 <열반(涅槃)>에 들었다고 표현한다. 열반이란, 산스크리트어 '니르바나'를 한자로 옮긴 말인데, "불어서 끄는 것" 혹은 "불어서 꺼진 상태"를 뜻한다. 즉, "마치 타고 있는 불을 바람이 불어와 꺼버리

듯 타오르는 번뇌의 불꽃을 지혜로 꺼서, 일체의 번뇌와 고뇌가 소멸된 상태"를 가리킨다. 이때에 비로소 최상의 안락을 구현할 수 있는데, 현대적인 의미로는 "영원한 평안 혹은 완전한 평화에 도달했다"고 해석할 수 있다

석가모니는 29세에 출가하여 6년간 고행 끝에 붓다가야의 보리수 나무 아래에서 깨달음을 얻었는데, 이 깨달음을 〈정각〉이라 한다. 이 깨달음의 내용에 대해서는 『아함경』에 설명되어 있는데, 현상 세계의 괴로움과 그 원인 그리고 열반에 이르는 길을 깨달았다는 것이다. 이것은 마음이 번뇌의 속박에서 해방된 상태이기 때문에 해탈이라 부르게 된 것이다.

■ 부안 내소사에 있는 보리수 나무

숨어있는 문화유산 속으로

58

<나무아미타불>을 외우면 <극락>에 갈 수 있을까?

불교에서 가장 쉽고 흔한 염불은 〈나무아미타불〉이다. 이를 한문으로 적으면 〈南無阿彌陀佛〉이 된다. 그런데 〈남무아미타불〉이란 글자 자체에는 아무런 뜻이 없다. 이는 고대 인도어인 산스크리트어의 '나마스'(Namas)와 '아미타하'(Amitabha)의 합성어를 한자로 바꾼 것에 불과하다. 즉, '南無'나 '阿彌陀佛'에는 아무 뜻이 없고, 다만 '나마스'와 '아미타하'라는 음에 따라 한자로 옮겨적은 것이다. 여기에서 '나마스'는 "~에게로 귀의하다"는 뜻이고, '아미타하'는 '극락을 주재하는 부처'를 가리킨다. 그러니까 '나무아미타불'이란, "극락을 다스리고 계시는 아미타불에게 귀의하겠습니다"라는 염불 혹은 기도문인 셈이다.

아미타불이란 서방 극락세계에 살면서 중생을 위해 자비를 베푸는 부처를 말한다. 이는 무량수불 또는 무량광불이라고도 부르는데, 이는 "영원한 수명과 무한한 광명을 보장해 주는, 즉 시간적으로나 공간적으로 영원한 부처님"이라는 뜻이다. 아미타불은 서방극락을 주재하면서 중생들에게 자비를 베푸는 분으로서, 대승불교에서 가장 중요한 부처인 셈이다. 불교에서 아미타불을 봉안한 불전을 〈무량수전〉 혹은 〈극락전〉 또는 〈(아)미타전〉

이라고 부른다. 때문에 영주 부석사 무량수전과 강진 무위사 극락전은 이름만 다를 뿐, 모두 같은 부처를 모시는 불전이다.

우리나라에서 아미타불이 널리 전파된 것은 신라시대 원효라는 스님에 의해서였다. 당시 원효는 국왕과 귀족만이 구원받을 수 있는 불교의 폐쇄성을 뛰어넘어, 일반 백성들이 "나무아미타불"이라는 염불만 외우면 극락세계에 쉽게 도달할 수 있다고 설파했다. 이때부터 일반 백성들이 나무를 할 때나 밥을 지을 때에도 〈나무아미타불〉이라는 염불을 낭송하게 되었고, 오늘날에 이르기까지 가장 암송하기 쉬운 염불로 남게 된 것이다.

김제 금산사 입구 〈나무아미타불〉을 새긴 바위

숨어있는 문화유산 속으로

59

<원효>는 왜 당나라 유학을 포기했을까?

원효(元曉, 617~686)는 진덕여왕 2년(648)에 황룡사에서 승려가 되어 수도에 정진하다가, 2년 뒤에 당나라 유학길에 올랐으나, 중도에 고구려 순찰대에 붙잡혀 실패하였다. 그리고 661년 의상과 함께 유학길을 떠나 당항성(지금의 경기도 화성 근처)에 이르러 옛 무덤에서 하룻밤을 지내다가 불성을 깨달아 유학을 포기하기에 이른다. 원효는 잠을 자다가 잠결에 목이 말라 마신 물이 해골에 괸 물이었음을 알고, 사물 자체에는 정(淨)도 부정(不淨)도 없고 모든 것은 마음에 달렸음을 크게 깨달았던 것이다.

원효는 유학을 포기하고 스스로 파계한 뒤에 방방곡곡의 촌락을 돌아다니며 대중의 교화에 힘썼으며, 정토신앙(淨土信仰)을 널리 퍼트렸다. 정토신앙이란, 현세를 괴로운 세계라 생각하고 내세인 극락에 왕생하기를 기원하는 것을 말한다. 즉, 민중들이 현실의 고통으로부터 벗어날 수 있는 '깨끗한 땅'을 바라는 마음을 반영한 것이다. 통일이후 신라사회가 전제화되어 사회적 모순이 점증됨에 따라, 민중들의 염세적 경향이 증대된 탓이기도 하였다.

원효는 비록 유학은 가지 않았으나, 오히려 다른 고승보다도 더 뛰어난 학승으로 이름을 날려 당나라에서도 존경받을 정도였다. 그는 하나의 경론에만 집착하지 않고 여러 종파의 모순이 보다 높은 입장에서 융화 통일되어야 한다는 독특한 사상체계를 수립하였다. 이런 까닭에 그의 사상을 〈화쟁〉으로 표현하기도 하는데, 이는 『대승기신론소』라는 책에 잘 드러나 있다.

원효는 『유심안락도』에서, "정토의 깊은 뜻은 본래 범부를 위함이지, 보살을 위함이 아니다"라며, 민중의 구원에 힘썼다. 그래서 민중들에게 불경의 깊은 교리를 터득하지 못하더라도, 아미타불에 귀의한다는 뜻의 '나무아미타불'을 외는 염불만으로 아미타불이 산다는 서방정토, 즉 극락으로 왕생할 수 있다는 단순한 교리를 제시하였다. 이 교리는 순식간에 전국에 전파되었는데, 그의 전도 이후에 신라인 대부분이 불교를 믿게 되었다고 한다. 이에 지금까지도 원효를 민중불교의 위대한 전도자로 칭송하고 있는 것이다.

■Ⅱ 광주 무등산 원효사 원효대사 진영

숨어있는 문화유산 속으로

60

<5교 9산>이란 무엇일까?

<5교 9산>이란, 통일신라 말기에서 고려 전기까지 형성된 불교 종파를 총칭하는 말이다. 즉, 신라 말기부터 고려 초기 불교에서 교학 연구를 중시하는 5개의 교종 종파와 선의 수행을 통한 심성의 도야에 힘쓰는 선종의 9개의 산문(山門)을 가리킨다.

여기에서 교종의 5교란 열반종·계율종·법성종·화엄종·법상종을 일컫는다. 계율종은 신라 선덕여왕 때 자장이 통도사를 중심으로 창종했으며, 법상종은 신라 경덕왕 때의 진표가 금산사를 중심으로 개창했다고 전해진다. 또한 열반종은 신라 무열왕 때의 고승 보덕이 경복사를 중심으로 하여 개창하였고, 법성종은 신라 문무왕 때 원효가 분황사를 중심으로 만들었다고 알려져 있다. 그리고 화엄종은 신라 문무왕 때 의상이 당나라에 가서 화엄교학을 공부하고 돌아와 부석사를 중심으로 창종했다.

이후 조선 초에 이르러 5교의 명칭이 바뀌었는데 계율종은 남산종, 법상종은 자은종, 열반종은 시흥종, 법성종은 중도종, 화엄종은 그대로 화엄종으로 불리게 되었다. 그리고 조선 초 세종 때에 억불정책에 의하여 마침내 선·교 양종으로 통합되기에 이르렀다.

선종은 석가모니가 영산 설법에서 말없이 꽃을 들자, 제자인 가섭이 그 뜻을 알았다(염화시중의 미소)는 데에서 연유하였다. 이것이 하나의 종파로 성립된 것은 달마대사가 650년경 중국에 입국하면서부터 비롯되었는데, 혜가·홍인·혜능 등으로 계승 되면서 크게 발전하였다.

9산문이란 선종에 속하는 9개의 사찰을 말하는데, 실상산문·가지산문·동리산문·사자산문·사굴산문·희양산문·봉림산문·성주산문·수미산문 등이 그것이다. 가지산문은 도의 스님을 종조로 하여 전남 장흥 가지산에 보림사를, 실상산문은 신라 흥덕왕 때 홍척 스님이 전북 남원에 실상사를, 동리산문은 신라 문성왕 때 혜철 스님이 전남 곡성 동리산에 태안사를, 사자산문은 신라 말의 도윤 스님의 제자 절중 스님이 강원도 영월 사자산에 흥녕사를, 사굴산문은 문성왕 때 범일 스님이 강원도 강릉 굴산사를, 희양산문은 고려 태조 때 긍양 스님이 경북 문경에 봉암사를, 봉림산문은 신라 효공왕 때 진경 스님이 경남 창원에 봉림사를, 성주산문은 신라 문성왕 때 무염 스님이 충남 보령에 성주사를, 수미산문은 이엄스님이 고려 태조때 지금의 황해도 해주 수미산에 광조사를 세움으로써 개창되었다.

당시 선종은 신라 왕실의 권위를 부정함으로써 지방에서 독립된 세력을 구축하고 있던 호족세력에게 유리한 사상적 이념을 제시해주었다. 특히 해주 수미산파의 개창자 이엄이 호족 출신인 왕건의 스승이 되었기 때문에, 선종사상은 고려 왕조 개창의 정신적 지주 역할을 했다고 볼 수 있다.

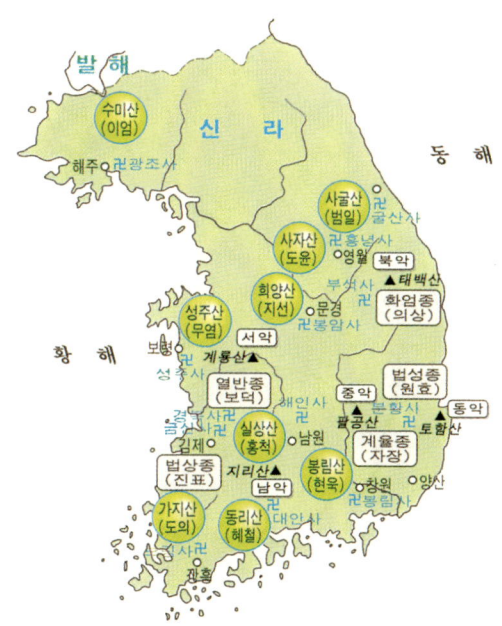

■ 5교 9산과 5악 지도

숨어있는 문화유산 속으로

61

<108 번뇌>에서 <108>은 무엇을 뜻할까?

염주(念珠)란 "생각하는 구슬"이라는 뜻으로서, 염불할 때나 불경을 외울 때에 잡념을 없애고 횟수를 기억하기 위한 불교의 의식도구를 가리킨다. 염주알이 108인 까닭은 인간의 번뇌가 108개인 데에서 유래하였다. 즉, 108개의 염주를 하나씩 손가락 끝으로 넘기며 염불을 행함으로써 인간의 번뇌를 하나씩 소멸시키고, 아울러 108삼매를 깨달을 수 있다는 믿음에서 출발한 것이다. 여기에서 번뇌란 "마음에서 일어나는 심한 괴로움"을 말하고, 삼매란 "한 가지 일에만 마음을 집중시키는 경지"를 일컫는다. 우리가 흔히 책을 열심히 읽는 모습을 보고서 "독서삼매경에 빠졌다"고 표현한 것도 마찬가지 뜻이다.

원래 108이라는 숫자는 단순하게 많다는 뜻이었는데, 후에 중생이 가지고 있는 온갖 번뇌를 지칭하게 되었다. 인간의 번뇌가 108개인 까닭은 나름대로 이유가 있다. 우선 인간은 사물에 대하여 눈·귀·코·혀·몸·마음이라는 6가지 요소로 인식하게 되는데, 여기에서 색깔·소리·냄새·맛·촉감·느낌을 얻게 된다. 그런데 이는 다시 좋음·싫음·무덤덤이라는 3가지 인식작용으로 분화된다. 이에 하나의 사물에 대해서 6×3=18의 계산을 통해 18개의 번뇌가 생기게 된다. 그런데 이는 다시 마음과 육체의 분화로 인하여 18×2=36 번뇌로 확장된다. 그리고 이는 또다시 과거와 현재 그리고 미래의 차이로 인하여 36×3=108 번뇌로 결정되는 것이다.

쉽게 설명하자면 코끼리라는 사물의 본질은 하나인데, 인간은 색깔·소리·냄새·맛·촉감·

■ 불교에서 사용하는 다양한 염주

느낌을 통해 6개의 인식을 하게 된다는 것이다. 그리고 여기에 다시 좋음·싫음·무덤덤이라는 가치가 결합됨으로써 18개의 새로운 인식이 생겨난다는 것이다. 그리고 이는 또다시 몸과 마음으로 인식하는 것이 분리되어 36개로 확장된 다음, 과거·현재·미래의 차이로 인하여 108개의 인식을 갖게 된다는 것이다. 때문에 코끼리라는 하나의 본질에 108개의 인식이 생겨난 탓에, 인간은 그 만큼의 번뇌에 빠지게 된다는 것이다. 여기에서 생겨난 인도 속담이 "장님 코끼리 만지듯"이라는 것이다.

이와 같은 의미에서 사찰에 가서 절을 하면 보통 108배를 많이 하며, 계단도 108층으로 만드는 경우가 종종 있다. 즉, 절을 하거나 계단을 오르는 동작을 108번 반복하면서 108번뇌를 잊어버리라는 뜻이다.

한편 염주의 종류는 108개 이외에도, 이의 절반인 54개짜리, 또 그 절반인 27개짜리가 있으며, 아울러 108의 10배인 1080개의 구슬을 가진 천염주도 있다. 그리고 염주의 재료로는 흔히 금·은·적동(赤銅)·수정 등 4가지가 대표적인데, 이외에 보리수 열매, 연꽃 열매, 다라수 열매 또는 나무나 유리, 호박 등도 사용된다. 특히 범어로 "마음을 깨쳐준다"는 뜻의 보리수 열매로도 많이 만드는 편인데, 이는 부처님이 보리수나무 아래에서 깨달음을 얻은 데에서 연유하였다.

숨어있는 문화유산 속으로

62

우리나라의 〈절〉은 왜 대부분 〈산〉에 있을까?

경주에 여행을 가서 황룡사터와 불국사를 보고나면 똑같이 신라의 수도에 있던 절임에도 불구하고 절이 위치한 장소가 전혀 다르다는 사실을 알 수 있다. 그렇다면 황룡사터는 왜 평평한 도심 한 가운데 있고, 불국사는 산 속에 있을까?

절은 위치한 공간과 장소에 따라서 평평한 곳에 세워진 〈평지형 가람〉, 깊은 산 속에 위치한 〈산지형 가람〉, 자연적 혹은 인공적인 굴속에 세워진 〈석굴형 가람〉으로 구분된다. 우리나라의 경우 신라가 통일을 하기 전까지는 주로 도심에 절이 세워졌는데, 부여의 정림사터나 익산의 미륵사터 그리고 경주의 황룡사터가 좋은 예이다. 이후 신라가 통일을 이룰 즈음부터 사찰이 서서히 산속으로 들어가기 시작했는데, 경주 감은사지가 여기에 해당한다. 그리고 신라의 삼국통일 이후에는 주로 산 속에 절을 짓게 되는데, 불국사와 화엄사가 대표적인 사례라 하겠다.

한편 우리나라의 절이 산 속에 많은 이유는 대략 다섯 가지로 설명할 수 있다.

첫째, 우리 민족의 뿌리깊은 산악 숭배사상의 영향을 받은 까닭이다. 경주의 남산, 강원도의 금강산·오대산 등에 많은 절들이 있었던 것은 이러한 산악신앙을 기초로 하여 그 산들을 불교의 성지로 발전시킨 때문이다.

둘째, 외적의 침입으로부터 나라를 지켜낸다는 호국사상으로부터 산지가람이 많이 생겨났다. 왜국의 침입과 관련하여 창건된 부산 금정산의 범어사, 경주 토함산의 불국사와 석굴암 등이 그 좋은 예이다.

셋째는 불교의 교리가 세속의 명예나 이득, 행복보다는 속세를 떠나 자기 수양을 통해 불도를 깨우치는 것이므로, 이에는 조용한 산 속이 적합한 장소로 될 수밖에 없었던 것이다.

넷째, 신라 말 도선스님이 제창한 풍수지리학에 따라, 나라를 튼튼하게 하려면 산의 적당한 곳에 절을 세워야 한다는 믿음이 크게 일어 전국 산 속에 많은 절이 생겨나게 되었다.

다섯째, 조선시대에 들어와서 시행된 불교 배척 정책 때문이었다. 이때에 절의 숫자를 제한하여 많은 절들을 없앴으며, 토지와 노비를 몰수하였다. 그리고 승려들을 다시 집으로 돌아가게 하는 등 탄압이 심해지자 자연히 산 속으로 숨어들어 절을 짓게 되었다.

▌▌ 양산의 영취산에 자리잡은 통도사

숨어있는 문화유산 속으로

63

<삼보사찰>이란 무엇일까?

〈삼보(三寶)〉란 불교에서 보물처럼 소중하게 여기는 불보(佛寶)·법보(法寶)·승보(僧寶)를 가리킨다. 여기에서 불보는 부처님 그 자체를, 법보는 부처님의 가르침을, 승보는 부처님의 가르침을 전하고 수행하는 승려를 뜻한다. 이와 같은 삼보를 모든 사찰에서 아울러 갖출 수 없으므로 각각 대표적인 사찰을 정해두었는데 이를 삼보사찰이라 부른다. 우리나라의 삼보사찰은 양산의 통도사·합천의 해인사·순천의 송광사를 말한다.

통도사에는 부처님의 사리와 가사(袈裟; 부처님이 입었던 옷)가 봉안되어 있기 때문에 불보사찰이라 하며, 해인사에는 부처님의 가르침인 팔만대장경의 경판이 모셔져 있기 때문에 법보사찰이라 하고, 송광사는 고승 대덕을 배출하여 한국 불교의 승맥을 잇고 있기 때문에 승보사찰이라고 부른다.

통도사는 신라 선덕여왕 12년(643)에 자장 율사가 중국유학을 마치고 귀국한 후 창건한 절인데, 그가 귀국하면서 가지고 온 불경과 진신사리를 봉안하기 위해 그곳에 따로 금강계단을 세웠다. 금강(金剛)이라는 말은 금강석 곧 다이아몬드를 가리킨다. 이는 어떤 물건이라도 금강석을 깨뜨릴 수 없지만 금강석은 모든 것을 깨뜨릴 수 있다는 상징으로서, 부처님의 설

숨어있는 문화유산 속으로

▎▎ 양산 통도사의 대웅전

법을 통해 이 세상의 모든 어둠을 밝혀 진리를 추구할 수 있음을 나타낸다. 그리고 금강계단에 모셔진 사리는 석가모니의 유해인데, 살아 계시는 부처님의 진짜 몸과 같은 존재로 인식하여 흔히 〈진신사리〉라고도 부른다. 이처럼 통도사에는 부처님의 진신사리와 가사를 금강계단에 봉안하고 있기 때문에 대웅전에 따로 불상을 세워두지 않았다.

해인사는 신라 애장왕 3년(802)에 순응과 이정 두 스님이 창건한 절인데 이 절이 법보사찰로 불리는 것은 불교 총서를 각판해 놓은 우리나라 최고(最古)·최대(最大)의 대장경을 소장하고 있기 때문이다. 이를 우리는 흔히 〈팔만대장경〉이라 부른다. 대장경은 주로 다른 나라의 침략을 받았을 때 부처님의 힘으로 나라를 구하기 위해 조성된 경우가 많았는데, 팔만대장경도 몽고의 침략에 맞서 항쟁하던 과정에서 만들어졌다.

송광사는 신라 말 혜린선사에 의해 창건되었다고 전해지고 있는데, 이

우리의 옛 사찰 속에 감춰진 이야기   175

숨어있는 문화유산 속으로

■ 순천 송광사의 국사전

절에서 대대로 훌륭한 스님들이 많이 배출되었기 때문에 승보사찰의 지위에 오르게 되었다. 승보의 대표는 단연 고려 중기의 고승 보조국사 지눌이라 할 수 있겠다. 그는 송광사에서 정혜결사를 통해 당시 타락한 고려 불교를 바로잡아 한국 불교의 새로운 전통을 확립하였다. 지눌은 고려 불교가 종교 본연의 모습을 잃게 된 것은 불교인들이 가장 기본적인 실천인 마음 닦는 일을 게을리 하기 때문이라고 진단하였다. 즉 마음 닦는 일을 제대로 하지 않기 때문에 스님들이 현실 문제에 휩쓸리고 타락한다는 것이다. 따라서 무엇보다도 모든 사람들이 마음닦는 불교를 정립해야 된다고 믿었다. 이러한 지눌의 사상은 그의 제자 혜심에서부터 조선 초기 고봉 법장스님에 이르기까지 16명의 국사를 통해 계승 발전되어 한국불교의 위대한 전통으로 남겨질 수 있었다. 때문에 송광사에서는 이들 16국사를 모신 국사전이 가장 중요한 위치로 자리매김된 것이다.

64

스님은 왜 <삭발>을 할까?

우리가 스님을 떠올릴 때 가장 먼저 생각나는 것은 삭발한 모습이다. 물론 종파에 따라서 예외적으로 머리를 기르는 스님도 있기는 하지만, 이는 아주 특별한 경우이다. 그렇다면 스님들은 왜 삭발을 할까?

석가모니가 출가하면서 "지금 나는 사람들과 더불어 고(苦)에서 해탈할 것을 서원하는 뜻으로 삭발을 하겠다"고 말한 후 머리를 깍고 수행길을 떠났다고 한다.

이에 불교에서는 출가하여 불문에 귀의할 때 긴 머리를 완전히 제거하는 <삭발례>를 행하고 있다. 일반적으로 삭발은 처음 출가할 때 깎고, 그 뒤에는 보름마다 한 번씩 깎는 것을 통례로 하고 있다. 삭발은 보통 머리는 물론 수염과 손톱까지도 깎는 것을 말한다. 이는 곧 세상 사람들이 소중히 여기는 수염과 머리를 깎아 버림으로써 세상을 떠났음을 의미한다. 삭발이 갖는 또다른 상징성은 모두가 똑같은 머리 모양을 하고 똑같은 옷을 입음으로써 불교 공동체의 이상, 즉 절대 평등을 실현한다는 데에 있다. 또한 인간의 머리카락을 번뇌에 비유하여 번뇌로 혹은 무명초라고 부르는데, 번뇌를 없애는 의미에서 머리와 수염을 깎는다는 견해도 있다.

숨어있는 문화유산 속으로

삭발례는 "특별한 때 혹은 특별한 목적과 상징적 의미를 담고 머리를 깎는 행위"를 가리킨다. 머리의 상징적 의미를 고려하였을 때 삭발은 한 사람의 인격이나 능력, 사회적 위치 등의 변화를 상징적으로 드러내는 행위라고 할 수 있다. 그것이 강압적인 박탈일 때도 있지만 여러 문화와 종교에서는 삭발이 지니는 이러한 상징적인 의미를 일종의 의례로서 정형화하여 발전시켰다. 어떤 사회적 위치에서 다른 사회적 위치로 바뀌는 시기를 맞은 사람에게 중요한 변화가 일어났음을 상징적으로 드러내기 위해 삭발이라는 의례 절차를 치르도록 한 것이다.

김제 금산사 대적광전에서 불경을 외는 스님의 모습

65

⟨큰스님⟩은 과연 ⟨사리⟩도 많이 나올까?

⟨사리(舍利)⟩란 '신체(Sarira)'라는 뜻을 가진 범어를 한문으로 옮겨 적은 말이다. 불교에서는 석가모니의 유골을 일컫는데, 흔히 "부처님의 진짜 몸과 같다"는 뜻에서 ⟨진신사리(眞身舍利)⟩라고도 부른다. 요즈음에는 일반 승려의 유골 또한 사리라고 부른다. 이때의 사리는 "참된 불도 수행의 결과로 생긴다고 전해지는 구슬 모양의 유골"을 가리킨다.

우리나라에는 양산 통도사와 오대산 상원사 등에 석가의 진신사리가 봉안되어 있는 것으로 전해지고 있다. 특히 통도사에는 부처의 진신사리가 봉안되어 있다고 해서, ⟨불보사찰⟩로 알려져 있다.

부처님의 사리를 보관하는 함을 사리함이라 하며 이를 넣어둔 건축물을 탑이라 한다. 사리는 대개의 경우 작은 유리병이나 상자에 넣어 안치하였다. 사리용기로는 간단한 토제나 석제가 많았으나 귀금속을 쓰기도 하였다. 현존하는 사리함 중에서 익산 왕궁리 오층석탑에서 출토된 사리함과 감은사지탑에서 출토된 사리함이 아름답기로 유명하다.

일반적으로 사리의 개수는 스님이 도를 닦은 정도에 따라 달라진다고 알고 있으나, 이는 잘못된 것이다. 유명한 스님이 돌아가신 후 화장을 하여

 숨어있는 문화유산 속으로

도 사리가 나오지 않은 경우가 있는가 하면 일반인들을 화장해도 사리가 나오는 경우도 있다. 때문에 사리의 형태나 갯수에 따라 스님의 불덕을 가늠하는 것은 의미없는 일이라 하겠다. 한편 스님의 다비식을 치르고 난 후 구슬모양의 사리가 나오는 이유는 아직까지 과학적으로 밝혀지지 않은 신비한 일로 남아있다.

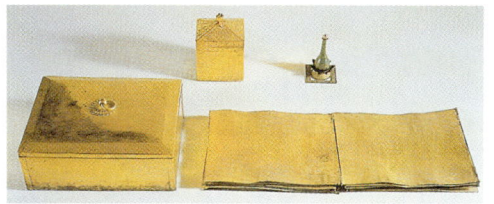

■∥ 감은사지 석탑에서 나온 사리장치

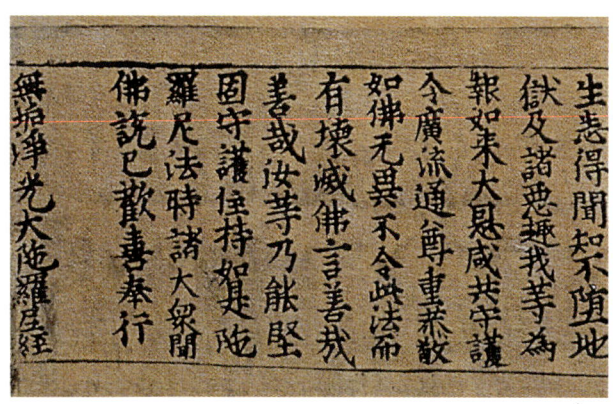

■∥ 무구정광대다라니경과 석가탑의 사리함

스님은 <하루>를 어떻게 보낼까?

　스님들의 절 생활은 그 자체가 종교적 수행이기 때문에 개인적인 일에서 대중 행사에 이르기까지 일정한 규율 속에서 이루어진다. 스님들은 음주나 흡연 그리고 육식을 하지 않음은 물론이며, 철저하게 정숙한 생활을 유지한다. 절에는 수많은 스님들이 있지만 각자 절에서 맡은 업무가 정해져 있다. 절의 행정적인 최고 책임자를 주지 스님이라고 하고 그 아래에는 총무·교무·재무의 일을 맡아 처리하는 스님들이 있다. 또한 절의 살림살이를 맡은 스님을 원주스님이라고 하는데, 그 아래에는 밥 짓는 공양주, 나무를 준비하는 부목, 반찬을 준비하는 채공 등이 있다.

　이와 같이 스님들은 각자 자신의 임무가 있기 때문에 하루 일과가 똑같지는 않지만 종교적인 수도 생활은 같이 한다. 스님들의 하루의 일과는 새벽 3시에 일어나 새벽 예불을 올리고, 6시에 아침 공양을 한다. 그리고 10시에 불공을 올린 뒤, 11시에 점심 공양을 한다. 또한 오후 6시 30분에 저녁 예불을 드리는데, 부처님께 향을 올리는 헌향·예참 의식 등을 공동으로 행한다. 그리고 9시에 잠자리에 든다. 스님들은 "하루 일하지 않으면 하루 먹지 않는다"라는 신조를 지키며, '울력'이라 하여 절의 건축이나 나무

숨어있는 문화유산 속으로

심기 혹은 채소 가꾸기 등 여러 가지 크고 작은 일들을 기꺼이 행한다.

한편 스님들에게 가장 중요한 일은 불도를 닦는 수도이므로, 이를 위해 절에서 스님에 대한 교육을 매우 엄격한 규율과 절차 아래 시행하고 있다. 이는 주로 강원과 선원을 중심으로 이루어지는데, 우선 강원은 주로 불경을 공부하는 곳으로서 수료 연한은 약 10년이다. 교육을 받는 스님들도 일반 스님들과 마찬가지로 새벽 3시에 일어나 저녁 9시 잠자리에 들어갈 때까지 불공과 공양 그리고 예불을 행한다.

다음으로 선원은 참선을 하는 곳으로서, 오전 오후 시간을 주로 조용히 앉아 마음을 다스리는 참선에 몰두하여 10시간 이상을 계속한다. 보통 음력 4월 15일에서 7월 15일까지 3개월간에 시행하는 것이 보통인데 이를 '하안거' 라고 하며, 겨울에도 10월 15일부터 이듬해 1월 15일까지 3개월간 행하고 있으며, 이를 '동안거' 라고 한다.

67

스님은 왜 <고기>를 먹지 않을까?

불교 초기에는 모든 승려들이 특별한 거처 없이 산 속이나 동굴에서 살면서 탁발(托鉢: 스님이 경문을 외우며 집집마다 다니면서 보시를 받는 일)하여 하루 한 끼만 먹으며 생활했기 때문에 특별하게 가리는 음식이 없었다. 이후 안거제도가 발달함에 따라 왕족과 부자들이 지어준 죽림정사가 생겨나면서 식생활에도 변화가 오게 되었다. 그 당시의 주식은 건반(乾飯: 말린 밥)·맥두반(麥豆飯: 콩과 보리를 섞어 지은 밥)·초(미숫가루)·육(肉: 고기)·병(餠: 떡) 등 5가지였고, 부식은 식물의 가지·잎사귀·꽃과 과일·우유·꿀·석밀 등이었다.

원래 인도 불교에서는 승려는 신자가 보시한 것이라면 아무 것이나 먹지 않으면 안 되었다고 한다. 승려가 음식을 거부하면 그것을 보시한 신자는 공덕을 쌓을 수 없기 때문이었다. 이에 출가자에게는 음식에 대한 금기가 있을 수 없었다. 그런데 현재 스님들은 육식을 금하고 있다. 이러한 계율은 불교의 자비정신에서 비롯된 것이다. 특히 '견(見)·문(聞)·의(疑)의 3육'은 절대 먹어서는 안 된다고 한다. '견·문·의 3육'이란, 우선 그 동물을 죽이는 장면을 눈앞에서 보게 되었을 때, "당신을 위해서 이 동물을 죽

여서 요리했다"는 말을 들었을 경우, 상황을 미루어 볼 때 일부러 자기를 위해서 그 동물을 죽인 것 같은 의심이 들 때를 말한다.

다만 질병이 든 비구에 한해서만 삼종정육·오종정육·구종정육 등을 허락하였다. 삼종정육은 앞의 '견·문·의 3육'을 말하며, 오종정육은 삼종정육 외에 수명이 다해 자연사한 금수의 고기와 맹수 또는 오수가 먹다 남은 고기를 뜻하고, 구종정육은 오종정육 외에 자신을 위해서 죽이지 않은 고기나 자연사한 지 여러 날이 되어 말라붙은 고기, 우연히 먹게 된 고기, 일부러 죽인 것이 아니라 이미 죽은 고기 등을 말한다.

스님들이 먹는 음식은 사찰이나 지역마다 조리법이 조금씩 다르기는 하지만 일반적으로 고기와 오신채를 사용하지 않고, 인공 조미료 대신 다시마·버섯·들깨·날콩가루 등의 천연 조미료와 산약초를 사용한다. 그리고 조리를 할 때에는 제철에 나는 재료를 이용해 짜거나 맵지 않게 재료의 풍미를 살려야 하고, 음식은 끼니때마다 준비해야 하며, 반찬의 가짓수는 적어도 영양이 골고루 포함되도록 만들어야 한다.

한편 선종 계통에서는 '불허훈주입산문(不許葷酒入山門)'이라 하여 술과 훈을 금하고 있다. 여기에서 훈이란 5신이라 불리는 냄새가 강한 야채를 말하는데, 부추·파·마늘·달래·흥거(무릇) 등의 다섯 가지 음식을 뜻한다. 불교음식은 오신채를 넣지 않아 맛이 담백하고 정갈하며, 영양이 우수하다. 불교의 기본 정신을 바탕으로 하여 간단하고 소박한 재료로 자연의 풍미가 살아 있는 독특한 맛의 경지를 이루었다.

68

<해우소>에 가면 근심이 사라질까?

화장실에 관한 용어가 이처럼 다양한 까닭은 무엇일까? 아마도 인간의 본질적 삶과 불가분의 관계에 있기 때문일 것이다. 인간이 하루라도 화장실을 찾지 않고는 생존할 수가 없다. 대소변을 보는 일은 실제로 먹는 일보다 훨씬 더 중요하다고 하겠다. 우리가 화장실을 찾는 것은 생존의 필수적인 생리작용이지만, 화장실에 대해서 내놓고 말하기를 쑥스러워 하는 편이다. 어쩌면 모순적인 일이기는 하지만, 워낙 은밀한 일인지라 남에게 내놓기가 민망한 탓도 있는 것 같다.

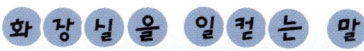

해우소, 화장실, 변소, Toilet, 측간 · 측상 · 측청 · 측흔 · 측투, 청방 · 청치 · 치청, 뒷간 · 치간, 똥통 · 똥칸, W · C, Washroom · Restroom, 남 · 여, 신사용 · 숙녀용, Men · Women, 변기통, 요강 등등

다만 사찰에서는 화장실을 <해우소>라 하여 "근심을 푸는 곳"이라는 독특한 명칭으로 부른다. 사찰의 해우소를 한번이라도 본 적이 있는 사람은

숨어있는 문화유산 속으로

잘 알겠지만, 완전 개방형이다. 남녀 화장실이 마주보고 있을 뿐 아니라, 일보는 곳에 앞문이 없다. 화장실에 문이 없다는 것은 보통 사람들은 생각하기 힘든 발상이다. 그러니 점잖은 분이 앉아서 일을 보기란, 어지간히 급하거나 용감하지 않고서야 쉬운 일이 아닌 셈이다. 더구나 해우소 밑을 내려다보면 배설물이 그대로 다 보인다. 그러니 밀폐된 화장실에 익숙해 있는 일반인들은 해우소가 생소할 뿐이다.

그럼에도 불구하고 사찰의 해우소는 거의 냄새가 나지 않는다는 특징을 갖고 있다. 물론 화장실인 탓에 냄새가 전혀 나지 않는다고는 할 수 없겠지만, 정화조도 없이 온통 배설물로 가득차 있는 화장실치고는 냄새가 거의 없다는 말이다. 아무튼 신기한 현상이기는 하지만, 자세히 살펴보면 그 이유는 오히려 간단한 데에 있다. 즉, 해우소는 개방되어 있기 때문에 냄새가 한 곳에 집중되지 않을 뿐이다. 이와 달리 도시의 화장실은 문을 굳게 닫아두어 냄새가 갈곳이 없으므로, 그곳을 찾는 사람들이 그 냄새를 집중적으로 맡아야 하는 차이가 있다. 해우소 입구에는 대팻밥이나 왕겨가 수북하게 쌓여 있는데, 대소변을 본 후에 이를 뿌리면 된다. 이를 통해 해우소의 배설물은 자연 발효가 되기 때문에 냄새가 나지 않을 뿐 아니라, 후일에 매우 유용한 퇴비로 활용한다.

원래부터 우리 조상들은 대소변 보는 일을 매우 소중하게 여겼다. 아마도 어지

■|| 순천 선암사 해우소

■|| 나주 불회사 해우소

간한 나이에 해당하는 사람들은, 어르신들로부터 남의 집에서는 아까워서 대소변도 보지 않았다는 말을 들어본 적이 있을 것이다. 그래서 대소변을 참고 집에까지 오면서 일어난 해프닝도 많이 들었을 것이다. 이는 사람의 대소변이 농사짓는 거름의 중요한 소재가 되기 때문이었다. 이처럼 사람의 대소변이 논밭으로 가서 농작물을 키우고, 인간이 그것을 다시 먹으니, 이를 다시 내뱉는 것은 당연한 순리인 것이다. 쓰레기가 결코 나올 수 없는 순환시스템이었던 것이다. '자연의 산물'을 대자연이 미쁘게 받아들이는 거름으로 만들어 다시 자연에 되돌려주었으니, 자연 순환원리의 극치라고 할 수 있겠다.

한편 화장실을 가장 아름답게 노래한 이는 정호승이다. 그의 「선암사」라는 시에는 해우소가 이렇게 노래되고 있다.

눈물이 나면 기차를 타고 선암사로 가라
선암사 해우소로 가서 실컷 울어라
해우소에 쭈그리고 앉아 울고 있으면
죽은 소나무 뿌리가 기어다니고
목어가 푸른 하늘을 날아다닌다
풀잎들이 손수건을 꺼내 눈물을 닦아주고
새들이 가슴 속으로 날아와 종소리를 울린다
눈물이 나면 걸어서라도 선암사로 가라
선암사 해우소 앞
등 굽은 소나무에 기대어 통곡하라

정호승 - 「선암사」

숨어있는 문화유산 속으로

69

절에는 왜 그토록 <문>이 많을까?

절에 가면 수없이 많은 문을 만나게 된다. 하지만 절에 있는 문은 보통 가정집의 대문처럼 담이나 벽을 둘러싸고 있는 문이 아니라, 그냥 ○○문이라고 써진 간단한 건축물일 뿐이다. 원래 문의 안과 밖은 전혀 다른 세계로 구분된다. 예를 들어 가정집에서 대문의 의미는 우리 집과 우리 집 아닌 곳을 구분하는 선이며, 현관문은 마당과 거실의 구분이고, 방문은 거실과 방안의 경계를 뜻한다. 절에 있는 문도 마찬가지이다. 문의 안과 밖의 다른 세계를 경계지은 것이다. 절에 있는 문은 산에 있다고 하여 산문(山門)이라 하고, 문이 대개 3개 있다고 해서 삼문(三門)이라 부르기도 한다.

절에서 우리가 만나는 첫 번째 문을 일주문(一柱門)이라 한다. 일주문이라는 말은 원래 "기둥이 한 개 서 있다"는 데에서 유래한 말이다. 아울러 일주문은 일심(一心)을 상징한다. 즉, 일주문은 사찰에 들어서는 첫 번째의 문으로서, "한 마음으로 진리의 세계로 향하라"는 불가의 가르침이 담겨져 있는 셈이다. 즉, 사찰 금당에 안치된 부처의 경지를 향하여 나아가는 수행자는 먼저 지극한 일심으로 부처나 진리를 생각하며 이 문을 통과해야 한다는 뜻이 내포하고 있다.

또한 일주문은 절의 안과 밖의 경계선을 상징하기도 한다. 이는 사찰의 영역을 표시한다는 뜻이다. 이러한 영향을 받은 탓인지, 대개의 사찰의 경우 일주문에 그 절이 소재한 산 이름과 사찰 이름을 함께 적어 놓는다. 예를 들어 봉정사 일주문에는 '天燈山鳳停寺'라고 쓰여 있고, 화엄사 일주문에는 '智異山大華嚴寺'라고 적혀 있다. 이는 일주문이 사찰의 이름과 소재지를 알려주는 현판 역할을 하고 있음을 의미한다.

일주문 다음에는 불이문(不二門)이 있는데, '불이'란 진리 그 자체를 표현한 말로써 진리가 둘이 아님을 뜻한다. '불이'의 경지에 도달해야 부처의 경지로 나아갈 수 있다는 의미에서 불이문을 해탈문이라고도 한다.

불이문 다음에는 금강문(金剛門)이 있는데, 금강문 좌우에는 불법을 수호하는 금강역사가 있다. 금강역사는 인왕 혹은 이왕이라고도 부른다. 대체로 불탑 또는 사찰의 문 양쪽을 지키는 수문장 역할을 수행한다. 금강문의 왼쪽에는 밀적금강이, 오른쪽에는 나라연금강이 서 있다. 나라연금강은 천상계의 역사로서 그 힘의 세기가 코끼리의 백만 배나 된다고 하는데, 일을 크게 열어 '아' 하는 소리를 내면서 공격하는 자세를 취하는 모습으로 서있기 때문에 '아 금강역사'라고도 한다. 밀적금강은 손에 금강저라는 무기를 쥐고 항상 부처를 호위하는 야차신의 우두머리로서 부처님의 비밀스런 행적을 지켜주는 수호

▌▌ 안동 봉정사 일주문

▌▌ 김제 금산사 금강문

숨어있는 문화유산 속으로

위 : 지국천왕(좌), 증장천왕(우)
아래 : 광목천왕(좌), 다문천왕(우)

신 역할을 수행한다. 이는 입을 굳게 다문 채 상반신을 벗은 모습으로 서있기 때문에 '음 금강역사' 라고도 한다.

금강문 다음에는 사찰에서 가장 흔하게 볼 수 있는 천왕문이 있다. 천왕문(天王門)은 '사천왕문' 이라고도 하는데, 여기에는 동서남북 4방면에서 불법을 수호하는 4천왕이 지키고 있다. '천' 에는 광명과 청정의 뜻이 있다. 곧 불법을 수호하는 역할을 하는 수미산 위의 여러 천에 거주하는 호법신이며, 인도의 고대 신화 중의 여러 토착신이 불교에 흡수된 것이다. 여기에서 말하는 4천이란 동방 지국천왕, 남방 증장천왕, 서방 광목천왕, 북방 다문천왕을 말한다. 원래 사천왕은 수미산 밑에서 사방을 수호하는 신이었는데, 후세에 불교세계의 축소판인 수미단의 사방을 지키는 신으로 변모되었다. 사천왕상이 손에 들고 있는 물건과 얼굴의 특징을 표로 만들면 다음과 같다.

〈사천왕상의 지물과 특징〉

맡은 방위	이 름	들고 있는 물건		색깔	얼굴 특징	서 원
		오른손	왼 손			
동	지국천왕(持國天王)	칼	주먹	청	다문 입	착한 이에게 복을 주고 악한 자에게는 벌을 주리라
남	증장천왕(增長天王)	용	여의주	적	성난 눈	만물을 소생시키리라
서	광목천왕(廣目天王)	삼지창	보탑	백	벌린 입	악한 자에게 고통을 주어 불법에 마음을 일으키게 하리라
북	다문천왕(多聞天王)	비 파		흑	치아 보임	어리석음의 어둠 속에서 방황하는 중생을 인도하리라

사천왕의 이름과 들고 있는 물건은 학자에 따라 다양한 견해가 존재하고 있음

숨어있는 문화유산 속으로

70

<대웅전>과 <극락전>은 어떻게 다를까?

　우리가 흔히 말하는 절은, 가람·사찰·사·사원 등으로 부른다. 여기에서 가람이란 범어로 'Samgharama'의 음역인 '승가람마'의 준말로, 승려가 수도하고 생활하는 장소인 사찰을 뜻한다. 그리고 '사'는 불교전파 당시의 중국 관청 이름에서 비롯되었다. 한나라 때 인도의 승려들을 맞아 접대하던 관청이 홍로시였는데, 점차 승려들이 머무는 곳이 다양화됨에 따라 관청과 구별하기 위해 '시'를 '사'라 달리 부르게 된 데에서 유래한 것이다. 또한 '사원'의 '원'은 주위에 회랑이나 담장을 두른 집을 의미한다. 이외에 사찰에 가면 절을 한다고 하여 '절'이라고 부르게 되었다는 속설도 있다.

　한편 사찰 건축은 불교의 전래로부터 출발한다. 우리나라에 불교가 처음으로 전래된 시기는 고구려 소수림왕 2년(372)이고, 전래자는 중국의 승려 순도로 알려져 있다. 이후 375년에 고구려의 수도인 국내성에 이불란사와 초문사가 창건됨으로써 사찰 건축의 역사가 시작되었다. 즉, 사찰 건축물은 신앙 대상을 모시고, 각종 종교의식을 행하기 위한 공간으로써 마련되었던 것이다. 때문에 우리가 건물에 들어가면 문에 있는 명찰을 보고 그 방의 용도와 안에 있는 사람을 알 수 있듯이 사찰의 전각도 마찬가지로 그 이름을

우리의 옛 사찰 속에 감춰진 이야기　191

숨어있는 문화유산 속으로

대웅전 현판

극락전 현판

보고 그 전각에 어떤 부처님이 모셔져 있는지, 또 어떤 역할을 하는 전각인지 알 수 있다. 각 전각의 명칭과 특징을 표로 만들어보면 다음과 같다.

<전각의 명칭과 특징>

명 칭	별 칭	본존불	좌우 협시불	후불 탱화	대표적 전각
적멸보궁	사리탑전 금강계단	진신사리	문수보살 · 보현보살 (가섭 · 아난)	영산회상도 3여래 탱화	5대 적멸 보궁: 양산 통도사, 오대산 월정사, 설악산 봉정암, 태백산 정암사, 사자산 법흥사
대웅전	대웅보전 각황전	석가모니불	문수보살 · 보현보살 / 아미타불 · 약사여래 / 미륵보살 · 관음보살 / 지장보살 · 관음보살 / (가섭 · 아난)	영산회상도 3여래 탱화	부산 범어사(보물 434호) 보은 법주사(보물 915호) 공주 마곡사(보물 801호) 안동 봉정사(보물 55호)
대적광전	비로전 화엄전 대광명전	비로자나불 독립상 보신 아미타불 · 화신 석가모니불 (노사나불 혹은 석가모니불)		삼신불탱화 화엄탱화	김제 금산사(보물 476호) 합천 해인사
극락전	극락보전 무량수전 무량문전 보광명전 (아)미타전	아미타불 무량수불	관음보살 · 대세지보살	아미타삼존탱화 극락구품도 극락회상도 관음도	강진 무위사(국보 13호) 영주 부석사(국보 18호) 부여 무량사(보물 356호) 김천 직지사
미륵전	용화전 자씨전 대자보전 내원궁	미륵불 미륵보살	일광보살 · 월광보살 법화림보살 · 대묘상보살 묘향보살 · 법륜보살	용화회상도 미륵탱화	김제 금산사(국보 62호)
관음전	원통전 보타전	관세음보살	남순동자 · 해상용왕	아미타불화 관음탱화 천수관음	법주사 원통보전(보물 916호) 낙산사 원통보전
명부전	지장전 시왕전 쌍세전	지장보살	도명존자 · 무독귀왕	지장탱화 시왕탱화	
약사전	유리전	약사불	일광보살 · 월광보살	약사회상도	강화 전등사(보물 179호) 순천 송광사(보물 302호)
팔상전	영상전	석가모니불	갈라보살 · 미륵보살	영산회상도	법주사(국보 55호) 통도사 · 쌍계사 · 해인사 개심사 · 선암사 · 송광사
조사전	조사당 국사전 영각	종파의 조사			영주 부석사(국보 19호) 순천 송광사(국보 56호)
나한전	응진전	석가모니불 16나한 500나한	가섭 · 아난 16나한	석가삼존탱화 16나한도 영산회상	울진 불영사(보물 730호) 완주 송광사 영천 은해사 거조암
천불전					김천 직지사/강화 보문사 해남 대흥사/구례 화엄사
삼성각	산신각 산령각	산신 (호랑이)		산신탱화	양산 통도사 삼성각
	칠성각	치성광여래	일광보살 · 월광보살	칠성탱화	
	독성각	나반존자	동자 · 문신	독성탱화	
장경각	법보전 판전 대장전	석가모니불 가섭 · 아난 존자상 경정 · 경판			합천 해인사 예천 용문사 김제 금산사

숨어있는 문화유산 속으로

71

<산신령>이 사찰에 있는 까닭은 무엇일까?

■ 사찰의 산신각에 모셔진 산신도

우리 민족은 유난히 산이 많은 자연 환경으로 인해 예로부터 자연스럽게 산을 숭상하게 되었다. 이는 도교적 전통의 영향이 크게 작용한 것이다. 도교에서 산을 지키는 산신은 산신령이라고도 하고, 친근하게 산신할아버지라고도 한다. 이는 모든 자연물에 영혼이 있다고 믿는 원시신앙인 애니미즘에서 나온 것으로서, 주로 신선의 모습이나 호랑이를 통해 표현하였다.

산신에게 제사하는 일을 산신제 또는 산제라 하는데, 우리 민족이 이 산신제를 지낸 것은 그 기원이 매우 오래되었다. 중국의 고대 역사책인 『후한서』 「동이전」에 "예(濊)는 그 풍속이 산천을 존중하고 호랑이에게 제사 드리며 그것을 신으로 섬긴다"고 적혀 있다. 그리고 『구당서』에도 "백제는 먼저 천신과 지신을 제사지내고 산천신에게도 올렸다"는 내용이 전한다. 또한 『삼국유사』에도 "신라 경덕왕 때 오악(五岳)과 삼산(三山)의 신에게 제사

지냈다"는 기록이 보인다. 여기에서 삼산은 중국식으로 봉래산·방장산·영주산을 말하며, 오악이란 동쪽의 토함산, 남쪽의 지리산, 서쪽의 계룡산, 북쪽의 태백산, 중앙의 부악을 가리킨다. 당시 국가에서는 이 삼산 오악에 직접 제사지냄으로써 국가의 안녕과 백성의 행운을 빌었던 것이다.

한편 산신각은 산신을 모시는 전각을 일컫는데, 사찰에 따라서는 산령각이라고도 부른다. 본래 산신은 도교에서 유래한 신으로, 불교가 전래되기 전에 많이 믿던 토착신이다. 특히 산지가 70%나 되는 한국에서는 삼국시대부터 조선말에 이르기까지 산신신앙이 널리 유행하였다. 이와 같은 산신을 모시는 산신각이 사찰에 세워진 것은 대개 조선 중기 이후부터이다. 산신각 내에는 산신을 그린 탱화를 모시는데 대개 흰수염, 대머리, 긴 눈썹이 휘날리는 모습으로 표현된다. 손에는 하얀 깃털부채나 파초선·불로초 등을 들고 있으며, 주로 봉래산·영주산·방장산 등의 삼신산을 배경으로 한다. 한편 한라산이나 속리산·계룡산·지리산 등지의 사찰에는 드물게 여자 산신을 모시는 경우도 있다.

■ 남악신에게 제사를 모시는 구례 화엄사 입구의 남악사

숨어있는 문화유산 속으로

72

사찰 건물의 〈단청〉은 왜 화려할까?

〈단청〉이란 일반적으로 "건축물에 여러 가지 빛깔로 그림과 무늬를 그리는 일"을 말하지만, 본래는 "왕실이나 나라의 길흉에 관한 의식이나 종교 혹은 신앙적인 의례를 행하는 건물과 의기를 엄숙하게 꾸미는 의장"을 가리킨다. 이는 옛날 국왕들이 하느님의 자손 곧 천손임을 증명하려고 자신들의 거처를 화려하고 장엄하게 꾸민 데에서 유래한 듯싶다. 또한 부처나 신상을 모시는 사찰의 전각들도 같은 원리로서 아름답게 채색했다. 이는 단청의 제일차적인 목적이 궁전의 위풍과 법당의 장엄함을 과시하는 데에 있었음을 뜻한다. 고구려의 담징이 일본에 건너가 법륭사의 벽화를 그린 사실이나, 신라의 솔거가 황룡사 벽에 노송을 그렸더니 새가 날아들었다는 일화는 우리나라의 단청의 역사를 말해준다.

특히 우리나라 건축물은 주로 나무를 사용했기 때문에 기술적인 측면에서 단청이 필요하기도 했다. 즉, 건축물을 영구보존하고, 재질의 조악성을 은폐하기 위해서 색깔을 덧칠할 필요가 있었던 것이다. 특히 단청을 통해 목재의 부식을 방지하는 효과는 탁월했던 것으로 전해진다.

단청의 모양은 사찰건물에는 주로 연화문 계통의 다양한 양식과 보상화

숨어있는 문화유산 속으로

■|| 단 청

문을 그려 넣었고, 궁전 건축에는 용·봉황·학 등을 구름과 함께 그려두었다. 단청의 문양은 보·도리·서가래 등의 부재 끝부분에 넣는 〈머리초 무늬〉, 문양과 문양을 잇는 오색의 띠 모양을 한 〈휘 무늬〉, 다채로운 색상과 화려한 무늬로서 장식하는 〈비단 무늬〉, 주로 연꽃 무늬를 그려넣는 〈꽃모양 무늬〉, 기둥 위쪽에 그려넣는 〈주의초〉, 천장의 반자에 그려넣는 〈천장초〉, 서까래·부연 등의 마구리에 넣는 〈부리초〉, 흑백 혹은 다양한 색선을 긋는 〈긋기 무늬〉, 직선·원·타원 등 수학적 선을 긋는 〈기하학적 문양〉, 고대 이래 상상의 동물을 그려넣는 〈신수문〉, 구름무늬를 그리는 〈운기문〉 등이 있다.

한편 단청의 색깔과 이것이 상징하는 방위와 계절을 표로 간추려보면 다음과 같다.

색깔	오행	계절	방위	동물
청	목	봄	동	청룡
적	화	여름	남	주작
황	토		중앙	
백	금	가을	서	백호
흑	수	겨울	북	현무

우리의 옛 마을 속에 감춰진 이야기 197

숨어있는 문화유산 속으로

73

<팔상전>에는 무엇이 그려져 있을까?

불교에서는 부처님의 생애를 크게 여덟 부분으로 구분한다. 즉, 탄생에서 열반에 이르기까지의 생애를 압축하여 8개의 사건으로 묘사한 것이다. 부처님의 생애를 여덟장의 그림으로 그려 보관하는 불전을 팔상전 혹은 영산전이라 부르는데, 속리산 법주사 팔상전(국보 55호)이 가장 유명하다.

우리나라의 팔상도는 다음과 같은 의미를 갖고 있다.

첫째, 도솔천에서 수행하시던 부처님께서 성스러운 무리들의 호위를 받으시며 사바세계로 내려오셔서 마야부인에게 탁태(托胎)하시는 모습을 그린 <도솔래의상(兜率來儀相)>.

둘째, 부처님께서 중생 제도라는 도솔천궁의 뜻을 점지받아 룸비니 동산에서 태어나시어 "天上天下 唯我獨尊(천상천하 유아독존)"을 외치는 장면을 그린 <비람강생상(毘藍降生相)>.

셋째, 부처님께서 궁성의 4대문을 나서서 생로병사를 발견하시고, 사문(沙門;수행자)을 만나 기뻐하시는 모습을 그린 <사문유관상(四門遊觀相)>.

넷째, 29세에 사랑하는 처자와 왕위 계승권을 버리고, 부처님께서 깨달음을 얻기 위해 궁전을 나와 성을 넘어 설산에서 머리를 자르시고 수도승이 되시는 장면을 그린 〈유성출가상(踰城出家相)〉.

다섯째, 출가하신 부처님께서 6년 동안 설산에서 수도 정진하여 득도하신 모습을 그린 〈설산수도상(雪山修道相)〉.

여섯째, 부처님께서 깨달음을 얻기 위한 수행 중에 각종 번뇌를 상징하는 마귀들로부터 유혹과 공격을 받았으나, 이를 물리치시고 보리수 아래에서 마귀의 항복을 받고 보살의 자비로 용서를 베푸는 장면을 그린 〈수하항마상(樹下降魔相)〉.

일곱째, 부처님께서 도를 깨달으신 후 노사나불로 화하시어 녹야원에서 불법을 설교하시는 장면을 그린 〈녹원전법상(鹿苑轉法相)〉.

여덟째, 부처님께서 사라쌍수 아래에서 길게 누워 열반에 드신 모습을 그린 〈쌍림열반상(雙林涅槃相)〉으로 구성되어 있다.

물론 부처님의 일생을 단 8개의 그림으로 그린다는 것은 처음부터 무리한 일이었겠지만, 가장 극적인 장면만을 골라 상징적으로 표현한 것으로 이해하면 될 것이다.

■∥ 속리산 법주사 팔상전

숨어있는 문화유산 속으로

74

대웅전 벽면에 그려진 <소>는 무엇을 의미할까?

불교의 선종 사찰에는 자신의 본성을 깨우치는 것을 소를 찾는 것에 비유하여 그린 벽화가 있는데, 심우도(尋牛圖) 혹은 십우도(十牛圖)라고 부른다. 이는 "소와 동자를 통해 선의 수행단계를 10단계로 도해한 그림"을 뜻한다. 그 대략적인 내용은 "처음 선을 닦게 된 동자가 '본성'이라는 소를 찾기 위해 산중을 헤매다가 마침내 도를 깨닫게 되고, 최후에는 선종의 최고 이상향에 이르게 되는 과정"으로 구성되어 있다. 이를 좀 더 구체적으로 살펴보면 다음과 같다.

① 소, 즉 '본성'을 찾기 위해 산 속을 헤매다가(尋牛),
② 소 발자국을 발견하여 본성의 자취를 어렴풋이 느끼게 된다(見跡).

■ 십우도 제1 −심우

■ 십우도 제2 −견적

③ 이윽고 멀리서 소를 발견하고(見牛),
④ 소를 붙잡아 고삐를 꿈으로써 견성(見性)의 경지에 이르게 된다(得牛). 그러나 이때의 소는 검은색을 띤 사나운 모습으로 묘사되는데, 아직 삼독(三毒)에 물들어 있는 거친 본성이라는 뜻에서 소의 빛깔은 검은색으로 표현된다.

■ 십우도 제3 －견우

■ 십우도 제4 －득우

⑤ 거친 소를 자연스럽게 놓아두더라도 저절로 가야 할 길을 알 수 있게끔 길들여 점차 검은색이 흰색으로 바뀌어 가며(牧牛),
⑥ 동자가 소를 타고 구멍 없는 피리를 불면서 본래의 고향으로 돌아오는데(騎牛歸家), 이때의 소는 완전한 흰색으로 묘사된다. 소는 특별한 지시를 하지 않아도 동자와 일체가 되어 피안의 세계로 나아가게 되며, 이때 구멍 없는 피리에서 흘러나오는 소리는 육안으로 살필 수 없는 본성의 자리에서 흘러나오는 소리를 상징한다.

■ 십우도 제5 －목우

■ 십우도 제6 －기우귀가

⑦ 집에 돌아와보니 애써 찾은 소는 온데간데없고 자기만 남아 있다(忘牛存人). 결국 소는 마지막 종착지인 심원(心願)에 도달하기 위한 방편이었으므로, 이제 고향집으로 돌아오게 되었으니 방편을 잊어야 함을 보여주고 있다.

⑧ 소 다음에는 자기 자신도 잊어버린 상태, 텅빈 원상(圓象)으로 묘사된다(人牛俱忘). 주(主; 동자)와 객(客; 소)이 분리되기 이전의 상태를 상징한 것으로, 이 경지에 이르러야만 비로소 완전한 깨달음이라고 일컫게 된다.

■ 십우도 제7 –망우존인

■ 십우도 제8 –인우구망

⑨ 주객이 텅 빈 원상 속에는 자연의 모습이 있는 그대로 비친다(返本還源). 조그만 번뇌도 없이, 있는 그대로의 모습을 볼 수 있는 참된 지혜를 상징한다.

⑩ 마침내 주인공은 중생에게 복과 덕을 베풀기 위해 지팡이에 큰 포대를 메고 사람들이 많은 곳으로 내려간다(入鄽垂手).

■ 십우도 제9 –반본환원

■ 십우도 제10 –입전수수

본성을 찾고 깨달음에 이르는 길을 소를 찾는 데 비유한 불교의 심우도는 모든 중생이 지니고 있는 본래의 자성, 즉 본성은 아무 것에도 물들지 않고 청정하다는 불교의 기본교리를 표현한 것이다. 특히 소는 생활 깊숙한 것에서 가장 현실적인 효용가치가 높은 존재이면서도 동시에 순박하고 평화로운 천성을 지니고 있어서, 모든 중생이 본래부터 지니고 있는 순진 무구한 본성에 비유된 것이다.

숨어있는 문화유산 속으로

75

절 처마 끝에 <풍경>을 단 까닭은 무엇일까?

절에 있는 법당의 처마 끝이나 탑의 옥개석(지붕돌) 끝 부분에 매달려 있는 조그마한 종과 물고기는 <풍경(風磬)>이라고 부른다. 이는 다른 이름으로는 풍령(風鈴) 혹은 풍탁(風鐸) 또는 첨마라고도 한다.

풍경은 옛날 중국에서 전래한 것으로, 작은 종처럼 만들어 가운데 추를 달고 밑에 쇳조각으로 붕어 모양을 만들어 매달아 바람이 부는 대로 흔들리며 맑은 소리를 낸다.

풍경에 물고기 조각을 매달아 놓은 것은 물고기가 잘 때도 눈을 감지 않는 데에서 유래하였다. 즉, 수행하는 스님은 잠을 줄이고 언제나 깨어 있어야 한다는 뜻을 담고 있다. 풍경은 바람에 흔들려서 소리를 내는데, 이를 통해서 수행 중인 스님의 게으름을 경계한다. 아울러 함부로 행동하는 것도 막아준다. 이러한 의식은 불교에서 소리를 내어 중생을 깨우치는 원리에서 비롯되었다.

우리나라에서는 경주 감은사지에서 출토된 청동풍경과 익산 미륵사지에서 출토된 금동풍경이 가장 오래되었을 뿐만 아니라, 예술적 가치 또한 높다.

숨어있는 문화유산 속으로

■ 풍경

숨어있는 문화유산 속으로

76
사찰에서는 누구를 위하여 〈종〉을 울릴까?

■ 성덕대왕 신종

어느 사찰이나 경내로 들어가는 입구에 누각이 있고 여기에 범종을 비롯하여 북·목어·운판이 함께 걸려있다. 이것들은 소리를 내는 공양구로서 흔히 〈사물(四物)〉이라 부른다. 이는 소리를 통해서 세상에 모든 생명이 있는 것들을 구제하려는 대승불교의 큰 의미를 담고있다.

범종을 치는 본뜻은 지옥의 중생들이 모두 고통에서 벗어나 즐거움을 얻도록 하는 동시에, 불법의 장엄한 진리를 깨우치게 하는 데 있다. 범종의 소리는 부처의 음성이며 언어인데, 이는 모든 중생들을 범종의 소리로 구제한다는 뜻을 내포하고 있다.

한편 절에서는 아침저녁으로 범종을 울려 주위사람들에게 시작을 알림은 물론 불사의 의식인 법요와 포교가 있을 때 그 개시를 알리기 위해 치기도 한다.

다음으로 북은 법고(法鼓)라고도 부르는데, 예전에 군사적으로 쓰이던 것이 사찰로 유입되어 군중을 모으는 불구로 이용되었다. 북소리가 널리 울려 퍼지듯 불법을 중생들에게 널리 전하여 세간에 있는 모든 중생들의 번뇌를 끊고 해탈을 이루게 한다는 의미를 가지고 있다. 법고는 주지가 대중들에게 설법하는 상당(주지가 법을 설하기 위해 법당으로 나가는 것)과 보설 등의 법요식 때 쓰는 큰 북을 말한다. 절에서 북을 치는 것은 북소리를 통하여 속세의 모든 가축들을 제도하기 위함이다. 북소리가 널리 세간에 퍼지는 것을 불법이 널리 퍼지는 것에 비유하며, 또 교법이 중생의 번뇌를 없애는 것을 마치 진을 치고 있던 군대들이 전진하라는 북소리에 맞춰 적군을 무찌르는 것에 비유하기도 한다. 일반적으로 법고의 몸통은 나무로 만들고, 두드려서 소리 내는 양면은 소의 가죽을 사용한다. 이때 암소와 수소의 가죽을 양면에 부착하는데, 이는 음양이 잘 조화되고 좋은 소리가 난다는 믿음에서 나온 것이다.

■ 법 고

또한 목어(木魚)는 나무를 물고기 모양으로 하여 배 부분을 파내고 안쪽의 양벽을 나무채로 두들겨 소리를 내는 법구이다. 소리로써 물속에 사는 중생을 구제한다는 의미이다. 처음에는 통도사의 목어처럼 완전한 물고기 형상을 취하였으나, 차츰 용의 머리에 물고기 몸을 취한 용두어신의 형태로 변하였고, 여의주를 물고 있는 모습으로 정착되었다. 목어가 여의주를 물고 있는 것은 온갖 속박에서 벗어나 어떤 것에도 구애되지 않고 자유로운 대자재(첫번째로 큰 자재, 여기에서 자재란 마음이 속박을 벗어나서 무엇인가에 얽매이

■ 목 어

숨어있는 문화유산 속으로

운 판

지 않고 방해받지 않는 것을 뜻한다)를 얻은 물고기(중생 또는 보살)를 상징한다. 한편 목어는 물고기가 눈을 깜빡이지 않는 것처럼 졸지 말고 수행에 힘쓰라는 의미가 있다고 한다. 다른 말로는 목어고·어고·어판이라고도 한다.

마지막으로 운판(雲版)은 구름처럼 생겼기 때문에 그렇게 불린다. 운판에 새겨진 문양을 보면 구름 위에 해와 달을 좌우에 배치하였거나 전면을 구름 모양으로 채운 경우가 많다. 운판은 원래 끼니때를 알리는 용도로 썼다고 하나, 요즘은 조석 예불 때 치는 의식용구로 사용되고 있다. 운판은 공중을 날아다니는 중생을 제도하고 허공을 헤매 떠도는 영혼을 천도하기 위하여 만들어졌다고 한다.

이와 같은 사물은 모두 부처님의 진리를 중생들에게 전해 깨달음과 해탈을 염원하는 중생구제의 의미로 사용되며, 아침과 저녁 예불뿐 아니라 모든 불교행사에 이용되고 있다.

77

<탑>과 <부도>는 어떻게 다를까?

　탑(塔)은 '스투파' 혹은 '탑파'라고도 쓰는데, 이들은 각각 다른 어원을 가지고 있다. 우선 '스투파'는 인도 고대어인 범어의 'stupa'의 소리를 한자로 음역 표기한 것이다. 다음으로 '탑파'는 또 다른 고대 인도어인 파리어의 'thupa'를 한자로 표기한 것인데, 영어의 'tomb'과 같은 의미로서 '묘'를 뜻한다고 한다. 이들 용어가 중국으로 건너와 번역되면서 여러 가지 형태로 쓰였는데, 솔도파·수두파·탑파·탑·부도 등이 그 같은 용례이다.

　탑은 "석가모니의 신골(유골), 사리를 봉안하고, 그것을 바깥에서 보호하고자 흙과 돌로 쌓은 건축물 또는 묘"를 나타내는 말로, 즉 석가모니의 사리를 봉안하기 위하여 만들어진 건조물에서 비롯되었던 것이다. 이런 점에서 불교 이외의 탑, 예를 들어 파고다 혹은 타워와는 구별된다고 하겠다.

　흔히 탑은 무슨 재질로 만들었는가에 따라 종류를 구분하는데, 나무로 만들면 목탑, 돌로 만들면 석탑, 벽돌로 만들면 전탑이라고 부른다. 예로부터 중국에는 전탑이 많아 '전탑의 나라'라고 불렀으며, 일본에는 목탑이 많아 '목탑의 나라'라고 불렀다. 우리나라는 화강암으로 만든 석탑이 많은

숨어있는 문화유산 속으로

■|| 충주 탑평리 중앙탑 (위)
　　화순 쌍봉사 철감선사 부도 (아래)

까닭에 '석탑의 나라'라고 불렸다.

한편 고승들의 사리나 유골을 안치한 것을 〈묘탑〉 또는 〈부도〉라고 하며, 우리나라에서는 9세기에 발달된 선종이 유행하면서 조성되기 시작하였다. 일부 부도 중에는 탑의 형식을 취한 것이 있는데 이런 것을 '부도탑'이라고 부르기도 한다. 부도명 끝에 어떤 것은 '부도'로, 어떤 것은 '탑'이라 붙인 것은 바로 이런 연유이다. 승려의 묘탑을 가리키는 용어로 부도를 사용하기 시작한 최초의 예는 신라 경문왕 때 세운 비문에서 처음 '석부도'라고 표현했다.

부도는 다른 석조물과 달리 탑비를 함께 건립하여 부도의 주인공과 그의 생애 및 행적 등을 알 수 있으며, 또한 당시의 사회상과 문화상도 알 수 있다. 현재 남아 있는 것 중 우리나라에서 가장 오래된 부도는 국립중앙박물관에 소장되어 있는 전흥법사염거화상탑으로 통일신라시대에 세워졌다. 그리고 가장 아름다운 부도로는 전남 구례 연곡사 동부도와 화순 쌍봉사 철감선사부도를 꼽을 수 있다.

78

탑의 <층수>는 어떻게 셀까?

　불국사 3층석탑(석가탑) 앞에 서서 왜 이것이 3층인지 한참을 고민하다 결국 층수 세는 걸 포기하고 안내문의 3층이라는 말만 외우던 기억이 있을 것이다. 언뜻 보기에는 탑의 층수가 더 높은 것 같은데 왜 3층이라고 했을까? 도대체 탑의 층수는 어떻게 세는 것인지 참 궁금해 하는 사람이 의외로 많다. 우선 탑에는 기단부와 탑신부, 그리고 상륜부가 있다. 탑의 층수를 셀 때는 기단부와 상륜부를 제외한 탑신부만 필요한데 일반 사람들은 기단부와 상륜부까지 포함해서 셈을 하기 때문에 많이 혼동이 되는 것이다.

　일반적으로 탑을 보면 마치 일반 건물의 지붕과 처마의 모양을 하고 있는 부분을 찾을 수가 있다. 위쪽 비를 맞는 부분은 비스듬한 경사를 이루고 있으며 아래쪽은 계단처럼 생긴 부분을 발견했다면 층수를 세는 일차적인 준비는 된 것이다. 앞에서 말한 비를 맞는 부분을 낙수면 이라고 하고 그 아래 계단처럼 생긴 부분을 옥개받침 또는 층급받침이라고 부른다. 이 두 개를 통틀어 부르는 말이 바로 옥개석이다. 이 옥개석 아래에는 사각형의 돌이 놓여있을 것인데 이 두 개를 한 층으로 셈하면 된다. 그 위에 또 옥개석이 있고 돌이 있으면 이것은 2층이 되는 것이다.

숨어있는 문화유산 속으로

여기에서 조심해야 될 것은 탑신처럼 보이는 상륜부이다. 가장 위층 옥개석의 위에는 노반과 복발이라는 상륜부가 있는데 노반은 마치 조그만 밥상처럼 네모난 돌이고 복발은 국그릇을 엎어 놓은 듯한 둥그런 모양의 돌이다. 이 부분을 한 층으로 잘못 셈하면 탑의 층수 세는 것이 어려워지는 것이다. 하지만 옥개석의 층급받침과 낙수면이 있는지 자세히 살펴보고 층수를 센다면 석탑의 층수를 헤아리는 데 결코 어려움이 없을 것이다.

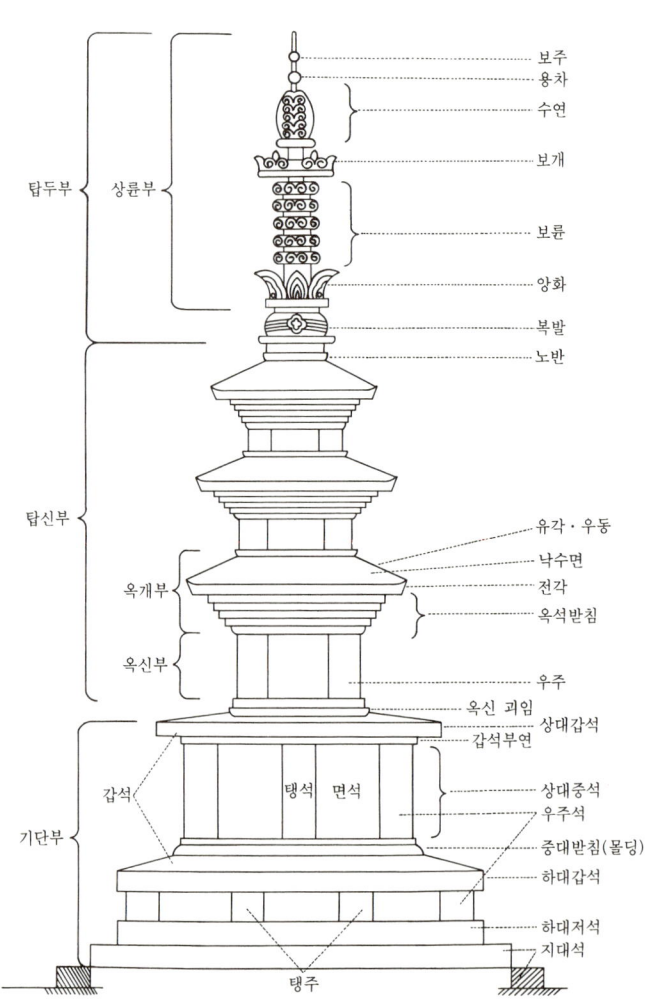

석탑 명칭 세부도

79

〈백제탑〉과 〈신라탑〉 어떻게 다를까?

현재 우리나라에 남아 있는 탑 가운데 가장 오래된 탑은 7세기 초 무렵에 만들어진 백제의 익산 미륵사지석탑과 부여 정림사지 5층석탑이다. 신라의 경우 경주 분황사 모전석탑과 의성 탑리 5층석탑 등이 초기의 형태를 유지하고 있는 석탑이다.

우선 백제시대 탑의 특징은 작고 낮은 2층 기단 위에 모서리기둥이 배불림으로 표현되고, 목조건축에서 보이는 도리·창방·인방·공포 등 목조건축물의 형식이 나타난다는 점을 들 수 있다. 또한 옥개석은 길고 넓은 평판석으로 짜여지고 추녀끝이 반전되며, 옥개석 추녀마루는 기와를 얹은 것처럼 두툼한 편이다. 아울러 일반적으로 기단부의 최대폭에 비해 1층 옥개석의 폭이 더 넓으며, 옥개석 상단에 별개의 돌로 1단의 방형 석재를 삽입하여 축조하였다.

이에 비하여 신라시대 탑의 특징은 모전석탑으로 높은 단층 기단을 가지며 옥신에 감실이 표현되고 옥개석의 위·아랫면이 모두 들쭉날쭉한 층급(지붕받침)을 이룬다는 점을 들 수 있다. 그리고 통일신라시대 탑의 경우 8세기 중엽에 이르러 절정에 달하며 전형적인 양식의 정형기를 맞이하게

숨어있는 문화유산 속으로

■∥ 부여 정림사지 5층 석탑(백제)　　■∥ 경주 불국사 석가탑(신라)

되는데, 모두 방형의 평면에 상·하 2층 기단(基壇)을 마련하고 그 위에 탑신을 쌓고 정상부에는 노반(露盤) 위에 상륜을 장식하는 양식이다. 또한 2층의 기단부를 두고 있으며, 갑석은 상하층 기단마다 두고 상층기단 갑석의 밑면에는 직각을 이룬 1단의 부연이 있다. 그리고 기단부의 하대 중석과 상대 중석에 각각 2~3개, 2개씩의 탱주를 모각했으며, 탑신부 각 옥개석의 옥개받침은 5단이다. 옥개석 상면의 낙수면은 급격하지 않고 처마의 곡선도 거의 수평을 이루다가 우동마루의 합각에 이르러 약간 반전하고 있다. 옥개석 상단의 탑신괴임은 2단의 각형이다. 이 시대에 조성된 전형적인 탑으로는 삼국을 통일한 문무대왕의 명복을 빌기 위해 그의 아들인 신문왕이 세운 경주 감은사지 동서 3층 석탑, 경주 고선사지 3층 석탑 등이 있는데 통일신라탑의 모본은 흔히 경주 불국사 3층 석탑(속칭 무영탑·석가탑) 등이 대표적이다.

이후 9세기 신라 하대에 접어들면서 점차 변화를 보이기 시작하는데, 이는 정치와 사회의 혼란과 선종의 대두로 예술도 힘찬 기상을 잃고 섬약해짐에 따라 조형미술품도 그 규모가 작아지고 각부 양식도 생략화된 탓이다. 이 때에 나타나는 변화로는, 2층 기단이 단층기단으로 변하고 하층 기단의 탱주가 2주에서 1주로 줄어드는 점, 옥개받침이 5단에서 3~4단으로 간략화되는 점, 추녀의 전각이 심해진 점 등을 들 수 있다.

한편 백제계 석탑과 신라계 석탑을 구분하는데 있어서 일반적으로 가장 많이 사용하는 방법이 몇 가지 있다. 먼저 상륜부 찰주의 꼭대기를 중심으로 1층 옥개석의 모서리와 상층기단의 갑석 모서리 그리고 기단을 연결했을 때 1층 옥개석이 기단부 갑석보다 바깥쪽으로 뻗어나와 5각형의 모양이 된다면 백제계 석탑일 가능성이 높다. 반면 신라계 석탑은 이등변 삼각형의 모습으로 줄이 그어진다. 달리 설명하자면 탑의 앞에 가서 보았을 때 1층 옥개석의 빗물이 기단부 밖으로 떨어질 정도로 크다면 백제계 석탑일 것이다. 백제와 신라계 석탑의 또다른 특징은 옥개석이 하나의 돌인지, 아니면 옥개석 윗부분에 별개의 커다란 돌이 놓여 있는지 살피면 된다. 백제계 석탑은 주로 후자의 특징이 나타난다.

다음으로 신라시대와 통일신라시대의 석탑을 구별하는 가장 쉬운 방법은 옥개석 아래의 층급받침이 5단인지 아니면 3~4단인지 살피면 된다. 만약 4단 이하라면 9세기 이후 통일신라 말기에서 고려 초기의 작품으로 보면 된다. 다음으로 하층기단의 탱주가 몇 개인지 살피는 것인데 2개가 있다면 이른 시기의 작품이고 1개 이하일 경우 9세기 이후의 작품일 가능성이 크다.

■ 경주 분황사 모전 석탑(신라)

숨어있는 문화유산 속으로

80

<불상>의 모양은 시대에 따라 어떻게 변했을까?

불상은 시대에 따라 조금씩 다른 모습을 보이고 있다. 그 대표적인 특징만을 간단히 정리해보면 다음과 같다.

우선 삼국시대 불상의 특징으로는 첫째, 얼굴은 갸름하고 살이 찌지 않은 모습에서 점차 살이 쪄보인다. 둘째, 눈은 은행알 모양이며, 입가에 미소가 있다. 셋째, 옷주름은 좌우 대칭을 이루며 고기 지느러미처럼 펼쳐져 있다. 넷째, 상의는 통견(양 어깨를 모두 덮은 가사)이며 두꺼운 편이다. 다섯째, 앉은 모습은 상현좌(대좌 위로 가사가 덮여 내려진 모양) 형식을 취하며, 연화대좌가 많은 편이다. 여섯째, 보살의 천의는 앞에서 X자형으로 교차된다. 일곱째, 목에는 삼도(三道: 煩惱道·業道·苦道로서 광대한 불신의 상징)가 없고, 수인은 통인이다. 여덟째, 주로 삼존불을 함께 조각하며, 반가 미륵 보살상이 유행한다.

다음으로 통일신라시대 불상의 특징으로는 첫째, 육계는 작아지고 나발이 많아진다. 둘째, 미소가 사라지고 근엄한 모습을 띤다. 셋째, 목에 삼도가 나타난다. 넷째, 옷차림은 우견편단(오른쪽 어깨를 드러내는 착의법)이 많아진다. 다섯째, 옷주름은 좌우 대칭을 이루지 않고 자유로워진다. 여섯째,

숨어있는 문화유산 속으로

서산 마애 삼존불상(백제)

우리의 옛 나찰 속에 감춰진 이야기

숨어있는 문화유산 속으로

상현좌 형식이 사라지고 옷끝이 대좌 위로 올라와 8각의 대좌가 완전히 노출된다. 일곱째, 수인은 통인이 사라지고 부처의 종류에 따라 다양해진다. 여덟째, 보살은 정면 직립에서 자유로운 자세를 취한다. 아홉째, 보살상은 천의의 X자형 교차가 없어지고 장신구가 화려해진다.

그리고 고려시대 불상의 특징으로는 첫째, 얼굴은 부드러운 면이 사라지고 경직된다. 둘째, 눈꼬리가 옆으로 길게 뻗고 입은 두툼해진다. 셋째, 어깨가 움추러들면서 좁아져 신체의 균형이 변한다. 넷째, 무릎의 폭은 좁아지고 높이는 높아지는 경향이 짙다. 다섯째, 법의는 두꺼워져 사실적인 표현이 둔화된다. 여섯째, 불신의 상반신에 비해 하반신의 표현이 약화된다. 일곱째, 8각의 대좌가 방형의 대좌로 바뀐다. 여덟째, 광배의 화염문과 두광의 연화문 조각기법이 둔화된다.

한편 조선시대 불상의 특징으로는 첫째, 인체의 파악이 부족하고, 얼굴은 개성미가 없고 역동감이 사라진다. 둘째, 옆에서 보면 등허리가 앞으로 굽어지고 턱이 앞으로 내밀려 있다. 셋째, 법의는 두꺼워지고 옷무늬도 극히 간략화된다. 넷째, 전체적으로 세속화된 느낌이 짙다.

연가 7년명 금동 여래 입상 (위)
감산사 아미타 여래상 (아래)

81

〈불상〉의 이마에 〈보석〉이 박혀있는 까닭은 무엇일까?

절에는 여러 부처님을 모셔 놓은 갖가지 집들이 있는데, 이 불전 안에 봉안된 부처들을 통칭해서 불상이라 부른다. 부처님이 살아 계셨던 시기부터 일정 시간 동안에는 불상을 만들지 않았는데, 그 이유는 부처에 대한 존경심과 신성함 때문이었다. 이 후 처음 불상을 만들기 시작하면서도 아무렇게나 만들 수 없었을 것은 자명하다. 이에 보통 사람과는 다른 부처님만의 특징을 조각하게 되었는데, 이것을 길상(吉相)이라고 한다. 즉, 아름답고 존귀한 모습이라는 뜻이다. 이러한 것이 무려 32가지나 되니, 흔히 '32 길상' 이라고 부른다. 이중에서 가장 중요한 것이 부처님 이마에 있는 하얀 털(백호; 白毫)인데, 훗날 보석으로 대체되어 장식되었다. 그 외에도 여러 가지 특징이 있는데, 이를 모두 하나의 불상에 조각하면 오히려 괴이한 모습이 되므로 대략 7~8가지 정도를 나타낸다. 여기에서는 중요한 것들만 간추려 살펴보기로 하자.

부처님의 머리는 원래 비구들과 마찬가지로 머리털을 모두 깎은 형태였을 것이 분명하지만 불상이 조성되던 당시에는 부처님의 모습을 일반 비구들과는 달리 표현할 수밖에 없었을 것이다. 그래서 머리의 정상에 높은 육

숨어있는 문화유산 속으로

계가 표현되고 머리칼은 나선형으로 오른쪽으로 돌아 올라가게 하였다. 이것은 원래 인도의 성자들이 하던 긴 머리카락을 위로 틀어올려 묶던 모양에서 유래한 것이다.

■ 경주 석굴암 본존불

한편 부처님은 가사를 걸치고 있는데, 입는 형식에는 통견과 우견편단이 있다. 통견은 가사가 두 어깨를 모두 가린 형식이고, 우견편단은 왼쪽 어깨만 걸쳐서 오른쪽 어깨가 드러난 형식이다. 부처는 가사 밑에 군과 저지라는 두가지의 의복을 입는다. 군은 하군 혹은 내의라고도 하며 아랫부분을 가리는 의복이다. 그리고 저지는 승각기·엄액의·승곤지·승각차라고도 하며 윗부분에 걸치는 의복으로, 옷자락이 왼쪽 어깨에서 오른쪽 겨드랑이 밑으로 내려간다.

불상은 부처님의 존귀함을 드러내기 위해 몸에서 빛을 발한다. 그림의 경우 수레바퀴의 살같이 머리를 중심으로 밖을 향하여 빛을 표현하거나 둥근 원만을 그리며, 조각일 경우에는 둥근 원을 머리 뒷부분에 붙인다. 이때에 머리에서 발하는 빛을 두광, 몸에 발하는 빛을 신광, 머리에서 몸전체에서 발하는 빛을 거신광이라고 부른다.

82

<불상>의 손모양은 왜 다를까?

부처님의 손모양을 수인(手印)이라고 하는데, 이는 부처나 보살이 스스로 깨달아 몸에 지니고 있는 진리나 서원을 밖으로 표시하기 위하여 열 손가락으로 여러 가지 모양을 만드는 표상을 뜻한다. 수인은 세존의 서원과 공덕의 표지이므로 불변하는데, 손가락을 꼬부리기도 하고 여러 가지 물건을 잡기도 한다. 인상은 손짓에 의한 수인과 소지물에 의한 계인의 두 종류로 구별된다. 수인의 종류는 무수히 많은데, 선정인(禪定印)·항마촉지인(降魔觸地印)·전법륜인(轉法輪印)·시무외인(施無畏印)·여원인(與願印) 등의 석존 5인이 대표적이다.

고흥 봉래사 대웅전 석가모니불 항마촉지인

첫째, 선정인은 왼손은 손바닥을 위로 해서 배꼽 앞에 놓고 오른손도 손바닥을 위로 해서 겹쳐 놓되 두 엄지손가락을 맞대는 형식이다. 이 수인은 어느 불상이나 지을 수 있는 수인이다.

둘째, 항마촉지인은 석가모니가 고행 끝에 악마의 갖은 방해를 물리치

▶ 부처님 수인

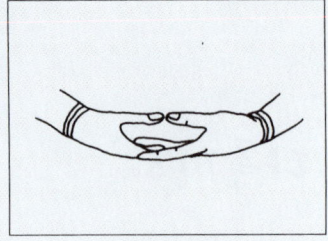
선정인(禪定印)

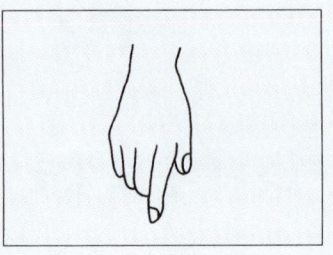
항마촉지인(降魔觸地印)

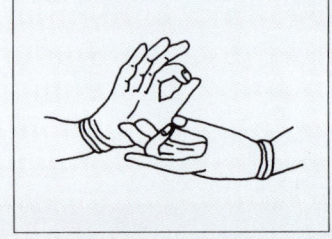
전법륜인(轉法輪印)

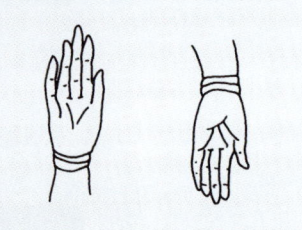
시무외인(施無畏印)·여원인(與願印)

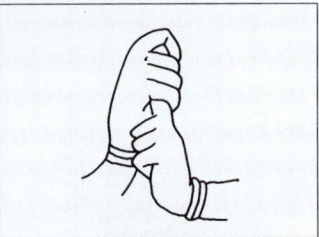
지권인(智拳印)

고 성도하는 순간을 나타내는 수인으로, 결가부좌에 선정인을 한 오른손을 풀어서 오른쪽 무릎 위에 얹고 손가락을 땅에 대고있는 손모습이다. 이는 오로지 석가모니불만 취하는 특정한 수인이다.

셋째, 시무외인은 중생들에게 모든 무서움을 떨쳐버리게 하는 수인으로서, 다섯 손가락을 가지런히 위로 펴고 손바닥을 밖으로 하여 어깨 높이까지 올린 형태이다.

넷째, 여원인은 생의 모든 소원을 이루어지게 하는 수인으로 손바닥을 밖으로 하고, 다섯 손가락을 펴서 밑으로 향하게 하고 손 전체를 쥔 모습으로, 시무외인과 반대형태이다. 대개 불상은 시무외인과 여원인을 함께 취하고 있는데, 이를 통인이라 부른다.

다섯째, 전법륜인은 부처의 설법을 전법륜이라 하며 최초의 설법을 초전법륜이라고 하는데 부처님이 설법을 하는 것을 나타내는 수인으로 왼손

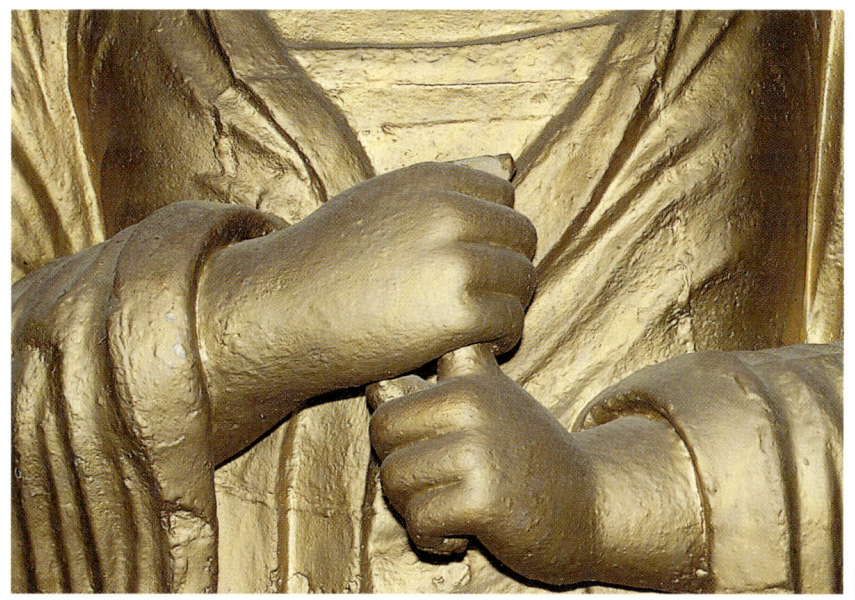

장흥 보림사
철조비로자나불
지권인

의 엄지와 검지의 끝을 서로대고 장지, 약지, 소지는 편다. 오른손도 같이 하고 왼쪽 손바닥을 위로 하여 약지와 소지의 끝을 오른쪽 손목에 대고 오른손은 손바닥이 밖을 향한 형태이다.

여섯째, 지권인(智拳印)은 일체의 무명(無名) 번뇌를 없애고 부처의 지혜를 얻는다는 수인으로, 대개 대일여래 곧 비로자나불이 취하는 수인이다. 좌우 두손 모두 엄지를 속에 넣고 주먹을 쥔 다음에 왼손을 가슴까지 들고 검지를 펴서 세운 다음 오른손의 소지로 편 왼손의 첫째마디를 잡는다. 그리고 오른손 주먹 속에서 오른손 엄지 끝과 왼손 엄지 끝을 서로 댄다.

한편 아미타불은 미타정인라 하여 별도의 수인을 갖고 있다. 그리고 여래상은 맨손으로 여러 형상을 나타내어서 서원을 표시하지만, 보살은 예외로 여래의 통인을 하기도 하지만, 대개 구슬·연꽃·법륜·고리 등을 든다. 그중 정병은 관세음보살만이 드는 물건이고, 석장은 지장보살만이 드는 물건이다.

숨어있는 문화유산 속으로

83

<석등>이 예배의 대상이 된 까닭은 무엇일까?

석등은 부처님이 계신 사찰에 어둠을 밝히기 위해 만든 것으로서, 주로 불전 앞에 설치되어 있다. 불교에서는 등불을 밝히는 것이 공양 중에서도 으뜸이므로, 일찍부터 등불을 안치하는 공양구로 제작되어 왔다. 불교에서는 사바 세계의 모든 고통은 근본 어리석음에서 비롯된다고 보는데, 어리석음은 곧 어둠이다. 때문에 부처님의 가르침이란, 어둠을 빛으로 그리고 어리석음을 지혜로 바꾸는 것인 바, 이를 상징하는 의미에서 등불에 공양하는 것이다. 이와 관련해서는 다음과 같은 설화가 전해져 온다.

부처님 당시에 가족과 친척도 없이 홀로 사는 가난한 노파가 있었는데, 그 노파는 어느 날 밥을 빌러 나갔다가 성안의 사람들이 기뻐하는 것을 보고서, 사람들에게 기뻐하는 까닭을 묻자, 그들은 "오늘 저녁에 부처님께서 우리 성에 오신답니다. 그래서 아잣타삿투 임금님과 우리 백성들이 모두 등불을 켜 들고 부처님을 맞이하기로 했답니다"고 대답했다. 그러나 가난한 노파는 부처님을 위해 등 하나 살 돈조차 없었다. 그래서 그 노파는 집집마다 구걸한 끝에 겨우 기름 한 종지를 살 돈을 마련하였다. 마침내 부처님이 오셨을 때, 성 주위는 온통 등불로 휘황찬란하게 뒤덮였다. 부처님의 설법이 끝나고 새벽이 가까워 오자

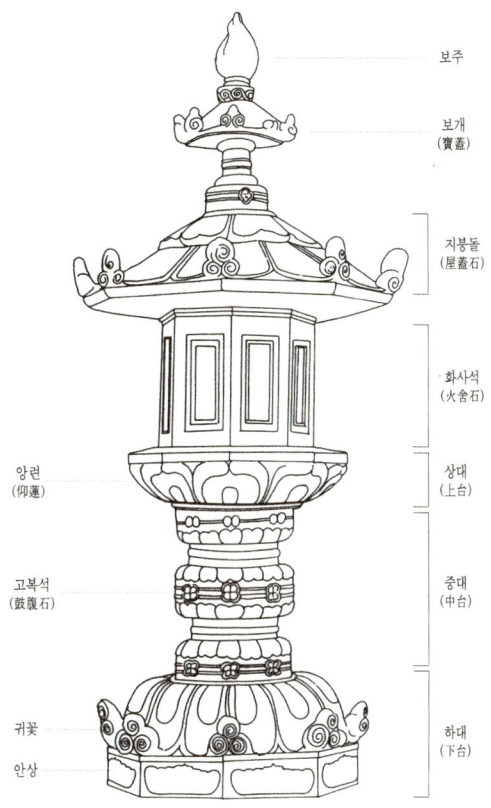

■ 석등 세부도

모든 등불이 다 꺼졌으나, 오직 그 노파의 등불만은 꺼지지 않고 밝은 빛을 내뿜고 있었다. 그래서 신통력이 뛰어난 부처님의 대 제자 목갈라나 존자가 등불을 꺼보려고 했지만, 등불은 꺼지기는커녕 오히려 하늘까지 솟아올라 온 세계를 밝게 비추었다. 이에 부처님께서 목갈라나 존자에게 조용히 이르시기를, "목갈라나여, 부질없이 그 등불을 끄려고 애쓰지 말아라. 그 등불에는 한 순결한 여인의 한결같은 정성과 서원이 깃들였나니! 그 등불은 영원토록 꺼지지 않으리라"하였다(김정빈 글, 최병용 그림, 『만화로 보는 불교이야기 1』, 고려원미디어, 1998, 86~94쪽).

혹시 기독교 신자이거나 성경을 읽어 본 적이 있는 사람들은, 이 설화를 듣고 나면 다음과 같은 성경 구절이 떠오를 것이다.

숨어있는 문화유산 속으로

> 예수께서 눈을 들어 부자들이 연보궤(헌금궤)에 헌금 넣는 것을 보시고, 또 어떤 가난한 과부의 두 렙돈 넣는 것을 보시고 가라사대, "내가 참으로 너희에게 말하노니, 이 가난한 과부가 모든 사람보다 많이 넣었도다. 저들은 그 풍족한 중에서 헌금을 넣었거니와, 이 과부는 그 구차(苟且)한 중에서 자기의 있는 바 생활비 전부를 넣었느니라" 하시니라(『누가복음』 21장, 1~4절 및 『마가복음』 12장, 41~44절).

기독교나 불교에 있어서, 신이 자신에게 절대적으로 헌신하는 인간에게 큰 복을 내려주는 것은 공통의 진리인 것 같다. 그런데 사람들도 누구나 자기에게 절대적으로 복종하고 사랑을 바치는 사람을 좋아한다. 군주는 신하가, 부모는 자식이, 선생은 학생이, 남녀지간에는 자기의 애인이, 친구지간에는 자기의 친구가, 직장 상사는 부하직원이 그러하기를 간절히 은밀히 혹은 노골적으로 바란다. 아마 인간이 신의 모습을 그대로 본따 닮기는 닮은 모양이다.

우리 나라에서는 부여 가탑리 폐사지와 익산 미륵사지에서 백제시대 석등의 파편이 출토된 사실로 미루어 보아, 이미 삼국시대에 석등이 만들어졌음을 알 수 있다. 통일신라시대에는 백제시대의 8각형 석등의 형식을 이어받아 발전하였으며, 부석사 무량수전 앞 석등을 비롯하여 법주사 사천왕석등·개천사지 석등이 유명하다. 또한 특이한 예로써 중간 기둥 대신에 사자 두 마리가 배치되어 있는 형식이 있는데, 이러한 쌍사자 석등은 통일신라시대에 유행하기 시작하여 고려시대와 조선시대에 이르기까지 그 전통이 이어지면서 많이 만들어졌다. 대표적인 것으로는 통일신라시대의 법주사 쌍사자석등·중흥산성 쌍사자석등, 고려시대의 고달사지 쌍사자석등, 조선시대의 회암사지 쌍사자석등·청룡사 보각국사정혜원융탑 앞 사자석등을 들 수 있다.

▋▋ 김제 금산사 석등

84

<당간지주>란 무엇일까?

사찰에 들어가기 전에 커다란 돌기둥을 본 적이 있을 것이다. 이것은 <당간지주(幢竿支柱)>라는 것인데, 당간을 지탱하기 위하여 당간의 좌우에 세운 기둥을 말한다. 당간은 당을 달아두는 장대인데 주로 돌이나 쇠로 만들어졌다. 당이란 부처님과 보살님의 위신과 공덕을 표시하는 깃발의 일종이다. 또한 중생을 지휘하고 마귀의 군사를 굴복시키는 상징물로 사용되기도 한다. 주로 사찰에서 기도나 법회 등의 의식이 있을 때 당간 꼭대기에 달도록 되어 있다. 이는 멀리서도 사찰에 행사가 있음을 알 수 있도록 하는 역할을 하기 위한 것이다.

일반적으로 당간은 나무를 이용해 만들었기 때문에 남아 있는 것이 없고 주로 당간을 묶어 두었던 당간지주만 남아 있다. 당간의 경우 철로 만든 당간과 돌로 만든 당간이 몇 개 남아 있는 정도이다. 현재 남아 있는 유명한 철당간으로는 충북 청주시 남문로에 있는 용두사지 철당간과 충남 공주군 계룡면 갑사에 있는 철당간 등이며, 석당간의 경우 전남 담양 등지에 몇 개 남아 있다.

나주 동문밖 석당간

숨어있는 문화유산 속으로

한편 당간지주와 비슷하게 생긴 것이 사찰의 불당 앞에 있는 경우가 많은데 이 경우 크기가 당간지주보다 조금 작게 생겼다. 이것은 법회가 있을 때 괘불을 걸기 위한 괘불대를 지탱하는 것으로 〈괘불지주〉라고 한다. 돌기둥 사이에 기둥을 꽂아 움직이지 못하게 하는 용도는 당간지주와 같은 것이다. 이 지주들의 용도를 쉽게 이해하기 위해서는 국기게양대에 가서 깃대 아래 부분을 자세히 살펴보면 이해하기 쉽다. 깃대 아랫부분 양옆으로 조그만 기둥 2개가 받쳐주고 있는 것을 볼 수 있을 것인데 이것이 바로 당간지주의 역할을 하는 것이다.

■|| 보은 속리산 법주사 철당간

■|| 경주 구황동 당간지주

85

절에 <연꽃> 그림이 많은 까닭은 무엇일까?

연꽃은 인도의 고대 신화에 등장하는데, 브라만교의 영원한 정령 '나라야나'의 배꼽에서 연꽃이 솟아났다는 설화가 전한다.

이로부터 연꽃을 우주 창조와 생성의 의미를 지닌 꽃으로 믿는 세계연화사상이 나타났다. 세계연화사상은 불교에서 부처의 지혜를 믿는 사람이 서방정토에 왕생할 때 연꽃 속에서 다시 태어난다는 연화화생(蓮華化生)의 의미로 연결되었다. 모든 불·보살의 정토를 연꽃 속에 들어 있는 장엄한 세계라는 뜻의 연화장세계라고 하는 것도 세계연화사상과 깊은 관련이 있다.

▮▮ 구례 화엄사 각황전 앞 식수대에 새겨진 연꽃모양

한편 석가모니가 마야부인의 겨드랑이에서 태어나 사방으로 일곱 걸음을 걸을 때 그 발자국마다 연꽃이 피어났다고 한다. 이는 바로 연꽃이 화생의 상징물임을 나타낸다. 사찰 벽화나 불단 장식 중에서 동자가 연꽃 위에 앉아

있거나 연밭에 놀고 있는 모습 역시 연꽃이 화생의 상징임을 묘사한 것이다.

사바세계의 번뇌와 집착을 벗고 극락 정토에 왕생하기를 바라는 것은 불자들의 공통된 소망이다. 그런데 다시 태어나기 위해서는 모태가 필요했다. 그래서 창조와 생성의 의미를 지닌 연꽃이 그 모태의 상징이 된 것이다.

연꽃은 늪이나 연못에서 자라지만 더러운 펄흙에 물들지 않으면서 맑고 미묘한 향기를 간직하고 있다. 이러한 연꽃의 생태적 속성이 불교의 이상과 부합되어 청정과 고결을 상징하게 되었다.

불교의 궁극적인 목적은 해탈이요, 그것은 자기의 본성을 깨달아 부처가 되는 견성성불과 왕생극락을 내용으로 한다고 할 수 있다. 연꽃 문양에는 모든 망상과 미혹을 버리고 자기의 천성을 깨달아, 죽어 극락정토에 가서 연꽃 속에 다시 태어나기를 염원하는 불자들의 종교적 열망과 신앙심이 담겨 있으며, 청정한 부처님의 경지와 미묘한 권능에 대한 숭모의 마음이 표현되어 있다. 또한 연꽃 문양은 불성 그 자체인 우리 근본 심성의 표징이며, 신앙의 가르침과 그 내용을 도상화한 기호이기도 하다. 그러므로 연꽃 문양은 불교 교의와 신앙 체계를 비롯하여 부처님에 대한 불자들의 신앙심과 종교적 염원 등 여러 가지의 내용을 함축하고 있는 불교 상징문양의 극치라 할 수 있다.

■❙❙ 김제 금산사 대웅전 창문의 연꽃 그림

숨어있는 문화유산 속으로

86

〈卍〉자와 〈卐〉는 어떻게 다를까?

'十'이 기독교의 상징이라면 '卍'은 불교의 상징이다. 卍은 사찰건물에 불교의 상징으로 가장 흔하게 그려져 있는 것으로 건물의 서까래나 기와·탑비의 귀부·불화 등에 나타나 있다.

卍은 범어로 스바스티카(Svastika)라 하며, 원래는 글자가 아니라 상(相)이요, 상징형이었다. 卍은 십자형에서 유래했는데, 동·서·남·북의 상징점이 오른쪽으로 도는 모습이다. 한편 중국 민간에서는 卍자를 신묘한 능력을 가지고 있으며, 우주 천지를 그 속에 간직하고 있는 글자로 간주하였다. 그리고 당나라의 승려 현장(玄裝, 602~664)은 卍을 '德'자로 해석하였다.

우리나라에서는 특히 고려시대 불화에서 卍문양을 많이 찾아볼 수 있는데, 최근에는 주로 사찰의 건물 지붕의 합각 부분이나 서까래 마구리에 그려져 있다.

卍자는 그 사방 끝이 종횡으로 늘어나 펼쳐지고 계속 이어지면서 끊어지지 않는 각종 문양으로 형성된다. 이런 문양은 무한 장구하다는 뜻을 내포하고 있는데 긴 다리를 지녔다는 의미의 장각만자(長脚卍字)라고도 한다.

불교에서 만자의 의미를 가장 적극적으로 받아들인 화엄종에서는 비로

숨어있는 문화유산 속으로

예산 수덕사
대웅전의 '卍'字

자나의 연화장세계 혹은 해인(海印 : 일체를 깨달아서 아는 부처의 지혜)과 같은 깨달음으로 받아들였다. 여기에서 비로자나의 연화장세계란 "겹겹이 다함이 없으며, 연꽃과 같은 청정한 세계"를 말하는데, 주로 만자로서 나타낸다. 또한 좋고 상서로움이 바다의 구름처럼 몰려온다는 뜻으로 만자를 쓰면서 여래의 대인상을 표상하기도 한다.

한편 나치 독일은 오른쪽 만(卍)자의 변형(卐)을 '하켄크로이츠'라고 하여 아리안 민족의 우수성을 강조하는 심볼로 사용하였다. 이는 독일 민족이 아리안족의 적자라는 것을 강조하고 아울러 과거의 영광을 되찾자는 상징적 의미를 안고있다.

숨어있는 문화유산 속으로

87

사찰에 〈사자〉와 〈코끼리〉 조각이 많은 까닭은 무엇일까?

불교에서 사자는 부처님의 나라를 지키는 성스러운 짐승을 상징한다. 특히 사자는 지혜를 상징하는 동물이다. 그래서 반야의 지혜를 대변하는 문수보살은 사자를 타고 있는 모습으로 많이 묘사된다.

한편 부처님의 설법을 사자후(獅子吼)라고도 한다. 사자가 포효하면 모든 동물이 다 굴복하듯이 부처님의 설법이 모든 중생의 번뇌를 제압한다는 것을 상징화한 것이다. 그리고 사자심(獅子心)이란 말은 사자가 백수 중에서 가장 강하고 겁이 없는 것처럼

■❙❙ 구례 화엄사 각황전 앞 노주의 4사자상

불심도 모든 것 중에서 가장 뛰어남을 의미한다. 또한 부처님의 자리를 사자좌(獅子座)라고 하는 것은 부처가 동물계의 사자처럼 인간 중에서 뛰어난 존재이기 때문이며, 이는 제왕의 자리를 용좌라 하는 것과 같다.

불교에서는 코끼리 가운데에서도 흰 코끼리, 즉 백상을 매우 중요시한

숨어있는 문화유산 속으로

■| 마야부인의 태몽에 나타난 코끼리모습   ■| 여수 흥국사의 연등행사에 사용된 코끼리 형상

다. 백상은 불교에서 모든 힘의 원천을 상징하는 동물로써 경전과 설화 등 여러 곳에 등장한다. 마야부인이 부처를 잉태할 때 자신의 배 안으로 들어오는 꿈을 꾸었으며, 보현보살이 타고 있는 동물로 등장하기도 하고 『아함경』에서는 대승보살을 비유한다. 한편 백상을 'gaya'라고 하는데 가야는 산크리스트로 코끼리를 뜻하는 말이다. 해인사가 있는 가야산의 '가야(伽倻)' 역시 불교의 백상과 관련된 이름이다.

이렇게 흰 코끼리가 불교에 자주 등장하는 것은 고대 인도에서 이 동물을 모든 생명의 근원으로 여겼기 때문이다. 특히 비를 내려 만물을 소생시킨다고 믿어졌으며, 이러한 역할이 불교에 수용되면서 위용과 덕을 상징하게 되었다.

88

사찰에 <토끼와 거북이> 조각을 해둔 까닭은 무엇일까?

구례 화엄사 천불전 벽면에는 토끼 한 마리가 거북이 등위에 앉아 있는 모습이 조각되어 있다. 그리고 승주 선암사 원통전의 출입문 궁창에는 두 마리의 토끼가 계수나무 아래에서 방아를 찧는 모습이 새겨져 있다. 또한 김제 금산사 보제루에서는 누운 자세로 건물 부재를 받치고 있는 한 쌍의 토끼를 볼 수 있다. 아울러 남원 선원사 칠성각의 외벽과 상주 남장사 극락보전의 내부 창방, 양산 통도사 지장전의 내벽 등에서도 토끼 형상이 눈에 띄며, 여천 흥국사 대웅전 축대 위에도 토끼가 조각되어 있다. 이들 가운데 선암사와 금산사의 경우는 토끼만 그려져 있으며, 선원사와 남장사 및 통도사의 경우에는 토끼와 자라가 함께 나타난다. 이렇듯 사찰에서 자주 볼 수 있는 토끼와 자라 혹은 거북이는 불교와 어떤 관련을 맺고 있을까?

사찰 장식에 나타나는 토끼는 크게 두 가지 의미로 해석할 수 있다. 하나는 헌신과 희생의 상징형으로 달에 살고 있는 토끼이며, 다른 하나는 부처의 전생설화(前生說話)와 관련된 토기이다. 토끼가 헌신과 희생의 상징형으로 간주되기 시작한 것은 제석천과 토끼에 얽힌 불교설화에서 비롯되었다고 한다.

숨어있는 문화유산 속으로

어느 날, 여우와 원숭이와 토끼가 불심을 터득한 것을 자랑하려고 제석천에 찾아갔다. 이들을 시험하기 위해 제석천이 시장기가 돈다고 하자, 여우는 즉시 잉어를 물어오고 원숭이는 도토리알을 들고 왔으나, 토끼만 어떻게 하지 못하고 빈손으로 왔다. 토끼는 제석천 앞에서 모닥불을 피우더니 불 속에 뛰어들며, 내 고기가 익거든 잡수시라고 하였다. 제석천이 토끼의 진심을 가상히 여겨, 중생들이 그 유해나마 길이 우러러보도록 토끼를 달에다 옮겨놓았다. 이렇게 하여 토끼가 달에서 살게되었다.

■‖ 구례 화엄사 천불전의 거북이와 토끼 조각상

■‖ 김제 금산사 보제루 창방을 받치고 있는 토끼상

이러한 설화에서 유래한 것이 선암사 원통전의 토끼문양과 고창 선운사 영산전의 천장화 가운데 여우가 물고기를 잡아 입에 물고 있는 그림이다.

다음으로 부처님의 전생설화인 본생담이 전화된 토끼이야기가 있다.

인도에서 악어의 처가 원숭이의 심장을 먹고 싶어서, 악어가 원숭이를 잡으러 육지로 나왔다. 그리고 악어가 원숭이를 꾀여서 수중으로 데려 갔는데, 원숭이가 속은 것을 깨닫고 다시 악어를 속여서 육지로 나왔다.

이러한 설화의 내용이 중국에 전파되면서 악어와 원숭이가 자라와 원숭이 또는 용과 원숭이로 바뀌었다. 그리고 다시 우리나라로 전해지면서 그 주인공이 토끼와 거북으로 변한 것이다.

한편 남장사 극락보전의 내부 창방에 그려진 그림과 통도사 지장전 내벽의 벽화에는 토끼가 자라 등에 올라타고 바다를 건너가는 장면이 있는데, 토끼와 자라 일행이 용궁을 향해

가고 있음을 암시하기 위하여 수면 위에 기와지붕을 그려놓은 것이 흥미롭다. 남장사 그림에는 자라 등에 타고 있는 토끼와 함께 육지에서 그들을 환송하는 또 한 마리의 토끼가 있어 민담의 내용을 그대로 보는 듯하다.

우리에게 널리 알려져 있는 『별주부전』은 인도에서 석가모니 부처의 일대기를 다룬 설화에서 유래했다. 이는 옛날 인도에서 교훈적인 우화로 전해오다가 불교경전에 포용되었는데, 원래 인도설화에 등장하는 동물은 원숭이와 악어로서, 물에 사는 악어 아내가 원숭이의 간을 먹고 싶어한다는 내용이었다.

숨어있는 문화유산 속으로

89

부도비는 왜 <용머리>에 <거북몸>을 하고 있을까?

■| 영월 흥녕사 징효대사 탑비

스님의 무덤 옆에 세워져있는 부도비를 살펴보면 대개 몸은 거북모양이고, 머리는 용모양을 하고 있음을 알 수 있다. 여기에서 비신을 받치는 귀부를 자세히 보면 네 발로 땅을 짚고 앞을 향해 나아가는 자세를 취하는 경우가 많다. 화순 쌍봉사 철감선사탑비 귀부의 앞발을 보면 왼발은 땅을 짚고 있고, 오른발은 발바닥이 보이도록 위로 젖히고 있어 앞으로 헤엄쳐 나가는 모습을 묘사하려는 의도가 역력히 보인다. 이는 거북이 힘차게 앞으로 나아갈 때 취하는 행동이 분명하다.

그렇다면 거북은 어디를 향해 가고 있는가? 그것은 아마 도교에서 보면 선계가 될 것이고, 불교에서 보면 사후에 안주하는 극락정토가 될 것이다. 그런데 그곳으로 가는 길은 멀고도 험하며 마귀와 잡신의 방해가 예견되어 있다. 이에 변화무쌍한 위력을 가진 용의 힘을 빌리게 된 것이다. 즉, 거북의 몸은 바다를 건너가는 힘으로 작용하고,

용의 머리는 거북을 지켜주는 수호신의 역할을 하게 되는데, 용두귀신(龍頭龜身)이라 부른다. 이는 불교에서 피안의 정토로 건너갈 때 타고 가는 반야용선(般若龍船)이라는 상상의 배에서 유래한 것이다.

자라나 거북은 용궁으로 가기 위한 탈 것, 또는 인도자로서 뿐만 아니라 사찰의 특정 공간을 바닷속 용궁으로 조성하기 위한 상징물로도 이해된다. 그런데 사찰건물은 아니지만 남원 광한루의 기둥머리와 평방에 토끼가 자라 등에 올라타 앉은 모습이 장식되어 있다. 누각뿐만 아니라 경내에 있는 열녀춘향사당 앞쪽 기둥머리에도 똑같은 조각상이 장식되어 있으며, 광한루 연못가에도 물 속을 향해 큼직한 자라석상이 하나 놓여 있는 것이 대표적인 예이다.

▌▌ 화순 쌍봉사 철갑선사 부도비

IV

우리의 문화재를 만나러 가는 답사이야기

숨어있는 문화유산 속으로

90
땅속이나 바닷속에서 찾은 〈문화재〉의 주인은 누구일까?

〈문화재〉라는 말은 독일어 'Kulturgür'(쿨투어귀어)의 번역어로써, "민족문화의 유산으로 보존할 만한 가치가 있는 것"을 의미한다. 우리 나라의 「문화재보호법」에 따르면 '문화재'란, "인위적·자연적으로 형성된 국가적·민족적·세계적 유산으로서 역사적·예술적·학술적·경관적 가치가 큰 유형문화재·무형문화재·기념물·민속자료"를 말한다. 이러한 문화재는 「문화재보호법」에 의거하여 다시 세부적으로 나뉘어진다.

문화재와 관련하여 상식적으로 알고 있어야 할 몇가지 사실을 요약하여 정리해 보면 다음과 같다.

첫째, 문화재는 지정권자에 따라 문화재청장이 지정하는 국가지정문화재, 특별시장·광역시장·도지사가 지정하는 시·도지정문화재·문화재자료로 구분된다.

둘째, 내용에 따라서는 ① 유형문화재, ② 무형문화재, ③ 기념물, ④ 민속자료로 나뉜다.

셋째, 유형문화재는 "건조물·전적·서적·고문서·회화·조각·공예품 등 유형의 문화적 소산으로서, 역사적·예술적 또는 학술적 가치가 큰 것과 이에 준하는 고고자료"를 말하는데, 이중에서 문화재청장이 지정하여 보존 관리하는 문화재를 보물과 국보라 하고, 그리고 시·도 지방자치단체가 지정하여 보존 관리하는 문화재를 시·도 유형문화재라 한다.

넷째, 무형문화재는 "연극·음악·무용·공예기술 등 무형의 문화적 소산으로서 역사적·예술적 또는 학술적 가치가 큰 것"을 말하며 이는 문화재청장이 지정하여 보존 관리하는 중요무형문화재와, 시·도지방자치단체가 지정하여 보존 관리하는 시·도 무형문화재로 구분된다.

다섯째, 기념물은 ① 사지·고분·패총·성지·궁지·요지·유물포함층 등의 사적지로서 역사적·학술적 가치가 큰 것, ② 경승지로서 예술적·경관적 가치가 큰 것, ③ 동물(서식지·번식지·도래지 포함)·식물(자생지 포함)·광물·동굴·지질·생물학적 생성물 및 특별한 자연현상으로서 역사적·경관적 또는 학술적 가치가 큰 것으로 구분된다. 이는 다시 문화재청장이 지정하여 보존 관리하는 사적·명승·천연기념물, 그리고 시·도지방자치단체가 지정하여 보존 관리하는 시·도 기념물 등으로 나뉜다.

여섯째, 민속자료는 "의식주·생업·신앙·연중행사 등에 관한 풍속·관습과 이에 사용되는 의복·기구·가옥 등으로서 국민생활의 추이를 이해하는 데에 불가결한 것"을 가리키는데, 문화재청장이 지정하여 보존 관리하는 중요민속자료와 시·도 지방자치단체가 지정하여 보존 관리하는 시·도 민속자료로 구분할 수 있다.

일곱째, 국보 제 1호와 제 2호처럼 문화재의 일련번호는 그 문화재의 가치 높낮이와는 전혀 관련이 없으며, 오로지 지정된 순서만을 나타낼 뿐이다.

여덟째, 토지·해저 또는 건조물 등에 포장된 문화재를 매장문화재라 하는데, 이 또한 국가의 귀속자산으로 본다. 그러므로 이를 발견했을 때에는 문화재청장에게 신고해야 한다.

숨어있는 문화유산 속으로

91

<국보>와 <보물>은 어떻게 다를까?

<보물>이란 기관인 문화재청이 지정·관리하는 유형문화재를 가리킨다. 이러한 보물 중에서 "인류 문화의 견지에서 그 가치가 크고 유례가 드문 것"을 골라 한단계 높은 수준의 문화재로 지정한 것을 <국보>라고 부른다.

보물에서 국보로 승격될 때에 필요로 하는 항목을 구체적으로 살펴보면 다음과 같다.

첫째, 특히 역사적·학술적·예술적 가치가 크거나,
둘째, 제작연대가 오래되고 특히 그 시대를 대표하거나,
셋째, 제작의장·제작기술이 특히 우수하여 그 유래가 적거나,
넷째, 형태·품질·제재·용도가 현저히 특이하거나,
다섯째, 특히 저명한 인물과 관련이 깊거나 그가 제작했어야 한다.

우리나라의 국보 제1호는 숭례문이다. 그렇다고 숭례문이 우리나라에서 가장 우수한 문화재라는 말은 아니다. 제1호라는 숫자는 단지 지정된 순서를 나타낼 뿐이기 때문이다.

한편 숭례문과 흥인지문은 똑같은 서울의 도성이면서도 하나는 국보1호

▰▰|| 국보 1호인
서울 숭례문

이며, 다른 하나는 보물 1호로서 차이가 있다. 여기에는 몇 가지 이유가 있는데, 숭례문은 1395년에 세워졌고, 흥인지문은 1396년에 세워진 까닭에 제작 연도에서 일단 차이가 있다. 다음으로 숭례문이 갖고 있는 건축기술적인 수준이 흥인지문에 비해 한 단계 높다는 사실도 중요하게 작용했다.

그리고 국보는 문화재전문위원 회의를 거쳐 관보에 고시한 날로부터 효력을 발생한다. 국보로 지정되고나면, 문화재보호법에 의하여 국가의 보호를 받는다.

숨어있는 문화유산 속으로

92

<숭례문>이 불타버리면, <국보 제1호>는 다른 문화재로 바뀔까?

국보나 보물, 그리고 시·도지정 문화재는 한번 지정되었다고 해서 영원히 변하지 않는 것은 아니다. 만약 문화재가 가짜로 판명되었거나 화재 등의 이유로 소실되어 더 이상 존재하지 않을 경우 등에는 문화재가 취소되기도 하고 가끔 문화재의 등급이 변경되기도 한다. 이는 천연기념물 가운데, 동물과 식물은 생명이 있는 대상이기 때문에 죽거나 이동하면 천연기념물에서 해제되는 경우와 마찬가지 원리이다.

우리나라는 문화재 이름에 각자 고유의 번호가 부여되고 있다. 그런데 국보 제1호는 숭례문, 사적 제1호는 포석정 등등 문화재에 붙은 번호는 절대 그 번호가 빠르다고 우수한 문화재를 의미하는 것은 아니다. 단순히 문화재로 지정된 순서를 의미할 뿐이지 문화재의 비중을 염두에 두고 붙은 번호는 아니라는 것이다.

그럼 불타 없어진 문화재의 번호는 어떻게 될까? 만

보물 제163호였다가 1984년 화재로 소실된 이후 문화재 지정에서 해제된 화순 쌍봉사 대웅전(복원된 모습)

■ 일본의 국보 표지판

약 이 문화재를 취소하고 다시 번호를 앞으로 당긴다고 생각해 보면 수많은 문화재 번호가 다 바뀌는 번거로운 일이 생기게 된다. 그래서 문화재에서 해제되거나 등급이 바뀌어서 빈 번호가 생기는 경우 그 번호는 그냥 비워놓는다.

그런데 문화재에 이런 번호를 붙이는 것은 그리 좋은 것은 아닌 듯 싶다. 왜냐하면 마치 국보 1호가 국보 300호보다 뛰어난 문화재라는 인상을 심어주기 때문이다. 우리나라는 일본의 문화재법을 거의 따라 만든 것인데, 막상 우리가 따라한 일본은 요즘 문화재의 지정 번호를 모두 삭제하고 국보와 보물과 같은 등급만 표시하고 있다.

숨어있는 문화유산 속으로

93

<동물>이나 <식물>도 <문화재>가 될 수 있을까?

동물이나 식물 혹은 광물이나 동굴도 문화재가 될 수 있다. 이들 중 국가에서 지정하면 <천연기념물>이 되며, 지방자치단체에서 지정하면 △△시(도) 기념물이라고 부른다. 여기에서 말하는 <천연기념물>이란, "학술 및 관상적 가치가 높아 그 보호와 보존을 법률로써 지정한 동물(그 서식지)·식물(그 자생지)·지질·광물과 그 밖의 천연물"을 뜻한다.

1906년 발족한 <프로이센 천연기념물 보호관리 국립연구소>의 활동원칙 제2조에 의하면 "천연기념물이란 특히 특색 있는 향토의 자연물로써 지역의 풍경·지질·동물 등 무엇이든 그 본래의 장소에 존재하는 것을 말한다"고 정의하고 있다. 한국에서의 천연기념물 지정 및 보호는 일제강점기의 조선총독부가 「조선 보물고적명승천연기념물 보호령」을 공포하면서 비롯되었는데, 이 법은 1962년 「문화재보호법」이 제정 공포될 때까지 효력을 발생하였다. 고유한 한국의 자연을 원형대로 보존하고 기념물적 성격의 자연물을 보전·보호하기 위해 제정된 「문화재보호법」에 따라 문화재위원회에서는 1963년 728점의 지정문화재를 재분류 지정하면서 98점을 천연기념물로 지정하였다. 2001년 11월 현재 지정된 천연기념물은

329점에 이른다.

  한국에서의 천연기념물로 지정된 식물은 줄나무·등나무·동백나무·은행나무·이팝나무·향나무·올벗나무·탱자나무·왕버들·소나무·한란·망개나무·주엽나무·후박나무·팽나무·밤나무·비자나무·굴참나무·느티나무·소태나무·백일홍·다래나무·회양나무·측백나무 등이다. 그리고 동물은 진돗개, 오골계, 크낙새·따오기·황새·두루미·흑두루미·먹황새·백조·재두루미·팔색조·저어새·느시·흑비둘기·까막딱따구리·사향노루·산양·무태장어·어름치·장수하늘소·수리 등이다. 또한 천연보호구역으로는 한라산·설악산·홍도 등이 있다.

숨어있는 문화유산 속으로

94

〈화엄사 4사자 삼층 석탑〉이라는 이름은 어떻게 붙였을까?

모든 문화재 옆에는 그 문화재를 설명하는 안내판이 세워져 있는데, 왼쪽에는 한글로 적혀 있고, 오른쪽에는 영어(혹은 일어 겸용)로 쓰여 있다. 한글판의 맨 위에는 항상 그 문화재의 명칭이 제시된다.

명칭의 예

- 구례 화엄사 4사자 삼층 석탑(국보 제35호)
- 부여 정림사지 5층 석탑(국보 제9호)
- 철원 도피안사 철조 비로자나불 좌상(국보 제63호)
- 경주 구황리 금제 여래 입상(국보 제80호)
- 성덕대왕 신종(국보 제29호)
- 연가 7년명 금동 여래 입상(국보 제119호)

원래부터 명칭을 갖고 있던 문화재는 거의 없고, 후대에 일정한 원칙에 따라 붙여준 이름들이다. 우선 명칭의 맨 앞에는 지역명이 나오는데, 흔히 군 단위의 지명을 붙인다. 다음에는 소속 기관을 알려주는데, 예를 들어 화엄사라는 사찰에 소속되어 있으면 그 사찰명을 적는다. 그 사찰이 현존해 있으면 '사'라고 하며, 사찰이 없어져 버리고 그 터만 남아 있는 경우에는 '사지(址)'라고 쓴다. 그리고 문화재에 대한 구체적 설명이 제시되는데, 대개 층수(3층·5층 등)·재질(석·철조·금제·금동 등)·명칭(탑·불·종, 혹은 비로자나불·여래 등)·형태(좌상·입상) 등을 나타낸다.

구례 화엄사 4사자 삼층석탑

철원 도피안사 철조 비로자나불 좌상

숨어있는 문화유산 속으로

95
우리나라 〈세계 문화유산〉에는 어떤 것이 있을까?

〈세계문화유산〉이란 "주로 한 국가를 초월하여 세계사와 세계문화에 중요한 영향을 준 자료, 역사적 중요시기를 이해하는데 중요하거나 그 시기를 특별한 방법으로 반영하는 자료, 세계사 또는 세계문화 발전에 기여한 지역에 대한 정보를 지닌 자료, 세계사 또는 세계문화에 기여한 인물에 관련된 자료, 세계사 또는 세계문화의 주요사항을 기록한 자료, 뛰어난 미적 양식을 보여주는 자료, 뛰어난 사회적·문화적 또는 정신적 가치를 가지는 자료"를 말한다.

〈세계유산〉이 되기 위해서는 우선 잠정목록을 선정하여 유네스코에 제출하여야 하며, 이 가운데 등록신청 대상 문화재를 선정하여 매년 2월 1일까지 세계유산 등록신청서를 유네스코 세계유산위원회 사무국에 제출한다. 유네스코에서는 2차례의 심사를 한 후, 매년 6월에 열리는 세계유산위원회 정기총회에서 등록 여부를 결정한다. 〈세계유산〉에 등록되면 관광객이 크게 증가하여 고용과 수입이 늘어나게 되며, 세계유산기금(World Heritage Fund)으로 부터 기술적, 재정적 원조를 받을 수 있는 등 다양한 이점이 있다. 현재 세계유산 등록현황(2008년 3월 현재)은 141개국 851건

(문화유산 660건, 자연유산 166건, 복합유산 25건)이다.

우리나라의 문화재 중에서 〈세계문화유산〉으로 등록된 것은 종묘(1995), 해인사 장경판전(1995), 석굴암·불국사(1995), 창덕궁(1997), 화성(1997), 경주역사유적지구(2000), 고창·화순·강화 고인돌유적(2000) 등이 있다. 이외에 훈민정음·조선왕조실록(1997)과 세계 최초의 금속활자본인 『직지심체요절』 하권, 『승정원일기』(2001), 팔만대장경판·조선왕조 의궤(2007) 등은 〈세계기록유산〉으로 지정되었으며, 종묘제례 및 종묘제례악(2001), 판소리(2003), 강릉 단오제(2005) 등은 〈세계무형유산〉으로 지정되었다.

2007년에는 제주화산섬과 용암동굴(Jeju Volcanic Island and Lava Tubes)이라는 이름으로 한국 최초의 자연유산이 탄생하였으며, 2004년에는 북한 최초로 고구려 고분군이 세계문화유산에 등재되기도 하였다.

한편 우리나라는 설악산 천연보호구역, 강진도요지, 삼년산성, 공주 무령왕릉, 안동 하회마을, 월성 양동마을, 남해안일대 공룡화석지, 조선왕릉 등을 세계유산 잠정목록에 올려두고 이들을 추가로 세계유산에 등재시키기 위해 노력하고 있다.

■■ 종묘 세계유산 표석

숨어있는 문화유산 속으로

96

<조선왕조실록>이 <세계기록유산>으로 지정된 까닭은 무엇일까?

『조선왕조실록』은 태조(太祖: 1392년 즉위)에서 철종(哲宗: 1864년 승하)까지 25대 국왕 472년간의 역사를 연월일 순서에 따라 편년체(編年體)로 기록한 조선시대 대표적인 역사책이다. 이는 1,893권 888책으로써, 글자 수가 6천 4백만 자이며, 2백자 원고지에 옮기면 그 높이가 63빌딩의 세 배에 달하는 거대한 분량이다. 한 국가나 왕조에 대한 기록으로써는 가히 세계 최대이자 최장이라 할 수 있겠다.

한편 『조선왕조실록』은 일제 식민통치기에는 『이조실록(李朝實錄)』으로 불려졌는데, 이는 일본인이 '조선'이라는 국호를 고의적으로 무시하기 위해 붙인 명칭으로써 올바른 이름이 아니므로 사용에 유의해야 할 것이다. 우리가 흔히 말하는 『조선왕조실록』은, 1950년대에 국사편찬위원회에서 개별 국왕들의 실록을 한데 모아 영인·출판하면서 붙인 이름이다. 즉, 25명 국왕의 실록에 대한 통칭인 셈이다.

『조선왕조실록』이 '세계기록유산'으로 지정될 정도의 역사적 가치를 갖고 있다면, 도대체 그것은 무엇일까?

첫째, 『조선왕조실록』은 내용면에서 동아시아 어느 국가의 실록보다도

■|| 전주 사고

충실하다는 점이다. 『조선왕조실록』에는 매일 매일의 왕에 대한 보고내용과 왕의 명령사항 및 각 관청에서 취급한 일들이 빠짐없이 기록되어 있는 바, 그 자세함과 정확함에 있어 세계역사상 그 유례를 찾아보기 힘든 역사 기록물이다. 특히 근 500년간의 왕정 기록이 하나의 체계 아래 작성된 예는 극히 드물다.

둘째, 『조선왕조실록』의 편찬과정과 관리방식이 공정하고 엄격했다는 사실을 들 수 있다. 실록은 공정성을 지키기 위해 해당 국왕의 사후에 편찬하는 것이 관례였다. 예를 들어 『태조실록』은 다음 왕인 정종대가 아닌 태종 10년(1410)에 편찬되었는데, 이는 태조가 왕위에서 물러나고서도 10년이나 더 생존해 있었기 때문이었다. 또한 사관(史官)에 의해 제출된 사초(史草: 실록 편찬의 기초자료)는 극비성을 유지하기 위해 사관 이외에는 아무도 볼 수 없었고, 국왕도 예외는 아니었다. 그리고 사초의 내용을 누설한 사관은 중죄로 처벌하는 등 직필(直筆)을 위한 제도적 장치가 다양하게 마련되어 있었다. 중국·일본·월남 등 유교문화가 지배적이었던 국가에서는 모

숨어있는 문화유산 속으로

두 실록이 편찬되었지만, 이를 후손 왕이 볼 수 없다는 원칙을 지킨 나라는 조선왕조뿐이었다. 태조·세종·성종 등 숱한 국왕들이 실록을 열람하려 했으나, 사관들의 목숨을 건 반대에 부딪혀 결국 보지 못했다. 다만 연산군이 무오사화(戊午士禍) 때 사초의 일부를 본 것이 유일한 경우였을 뿐이다. 권력자가 자신에 대해 좋은 평가를 기대하는 것은 당연한 욕구이겠지만, 조선시대의 국왕들은 그 유혹을 물리치고 공정한 역사편찬을 지지하고 도와주었던 것이다. 현재의 정치지도자들도 이같은 선인들의 엄숙한 절제력을 무게있게 받아들여야 하지 않을까 싶다.

셋째, 『조선왕조실록』은 금속활자 또는 목활자로 된 인쇄물이라는 점에서도 큰 의미를 지닌다. 동아시아 국가의 실록은 거의 필사본인데 비하여, 유독 조선시대의 실록만이 대부분 활자로 인쇄되었다. 다른 나라 실록들은 한두 질 생산하는데 그쳤으므로 필사로 만족했으나, 『조선왕조실록』은 이를 후세에 영구히 전하려고 네 다섯 곳에 분산 배치하였기 때문에 활자인쇄가 더 편리했던 것이다. 이 과정에서 소위 '실록자'(실록편찬을 위한 활자)가 많이 만들어졌고, 특히 보다 아름다운 활자로 인쇄하기 위해 각 시대마다 새로운 금속활자가 만들어졌다. 바로 조선시대 활자인쇄술 발달의 토대였던 것이다. 또한 실록 편찬 작업에 쓰여진 한지의 제조 및 재생법의 발달에도 큰 영향을 끼쳤다.

넷째, 『조선왕조실록』을 보관하기 위해 치열하게 노력한 점을 높이 평가해야 할 것이다. 편찬과 인쇄가 완료된 실록은 사고에 봉안하여 관리하였는데, 세종 때부터 중앙의 춘추관과 지방의 성주·충주·전주 등 세곳에 보관하였다. 임진왜란 때에는 춘추관·충주·성주 사고의 실록이 모두 병화에 소실되었고, 전주 사고의 실록만은 전주의 선비 안의와 손홍록이 1592년 일본군의 침입 소식을 듣고 사재를 털어서 태조에서 명종까지 13대의 실록을 정읍의 내장산으로 옮겨 지켜 내었다. 이후에는 전란에 의한 피해를 막기 위해 중앙의 춘추관 외에 지방의 깊은 산 속에도 보관하였는데, 정족산·적상산·태백산·오대산에 사고를 짓고, 부근의 전등사·안국사·각화사·월정사를 수호사찰로 지정하여 지키게 하였다. 한편 일제 침략기에는 정족산·태백산 사고의 실록은 조선총독부로, 적상산 사고의 실록은 구황동 장서각에, 오대산 사고의 실록은 일본의 동경제국대학으로 이관되었는데, 이후 정족산본과 태백산본은 규장각도서와 함께 경성제국대학으로 옮겨졌고, 오대산본은 1923년 일본 관동대지진 때에 거의 소실되었다. 1945년 광복 이후 정족산본과 태백산본은 서울대학교 도서관에 소장되어 현재에 전해지고 있으며, 적상산본은 6·25전쟁 당시 북한측에서 가져가 현재 김일성종합대학 도서관에 소장되어 있는 것으로 알려져 있다.

숨어있는 문화유산 속으로

97

〈팔만대장경〉이 〈세계문화유산〉으로 지정된 까닭은 무엇일까?

　대장경은 경(經)·율(律)·논(論)의 삼장(三藏)을 말하는데, 고려시대에는 대개 위기에 처한 나라를 불력(佛力)에 의해 구원하기 위해 제작하였다. 현종 때의 초조대장경도 거란족의 침입을 맞아, 이를 물리치기 위해 조성한 것이었다. 이 대장경은 팔공산 부인사에 봉안되어 있다가, 고종 19년(1232)에 몽고군의 침입으로 불타 버렸다. 재조대장경 또한, 『동명왕편』의 저자 이규보(李奎報)가 『大藏刻板君臣祈告文(대장각판군신기고문)』에서, "몽고의 잔인과 몽매를 부처님에게 호소하면서, 그로 인해 불타 없어진 부인사 대장경에 갈음하여 다시 각성할 터이니, 신통력을 발휘하여 몽고군의 침입을 물리치고, 국가가 평안하게 해줄 것을 군신의 소망으로서 간절히 기원한다"고 언급한 데에서도 잘 드러나 있듯이, 대몽항쟁의 소산이었다. 이 대장경은 고종 23년(1236)부터 고종 38년(1251)까지 무려 16년의 시간을 들여 완성하였는데 처음에 강화도 선원사에 봉안하였다가 조선 태조 7년(1398)에 서울의 지천사로 옮겼고 이후 다시 해인사로 이관하여 현재까지 보존되고 있다.

　우리는 흔히 이 대장경을 〈팔만대장경〉(국보 32호)이라 부르는데, 이는

합천 해인사
팔만대장경 판고

대장경의 전체 경판(經板) 수가 팔만여 판인 데에서 연유한 수량적인 별칭이다. 다른 이름으로는 고려 현종 때 처음으로 판각된 '초조대장경'에 이어 두 번째로 새겨졌다 하여 '재조대장경'이라 한다. 또한 고려시대에 만들어졌다 하여 '고려 대장경판'이라고 부르기도 하며, 해인사에 보관하고 있기 때문에 '해인사 대장경판'이라고도 한다. 그러나 이를 가리키는 가장 정확한 명칭은 '해인사 고려 대장도감 각판'이다. 현재 해인사에 있는 고려대장경 경판은 정판 1,547부 6,547권, 보판 15부 236권으로 모두 1,562부 6,783권이며, 총 경판수 81,137판이 663함으로 나누어져 있다.

경남 합천군 가야산 자락에 자리잡은 해인사는 의상의 '화엄 10찰' 중의 하나로써, 신라 애장왕 3년(802)에 순응(順應)과 이정(利貞)이라는 두 스님에 의해 창건되었다. 이후 조선 성종 19년(1488)에 인수·인혜 왕대비의 후원으로 학조(學祖) 대사가 중창하였으며, 순조 18년(1818)에 중건되어 오늘에 이르고 있다. 해인사라는 이름은 『화엄경』 중에 나오는 '해인삼매'(海印三昧)에서 연유한 말인데, "수행자로 하여금 물러섬이 없는 경지에 속히 도달케 하는 깨달음을 얻어, 적은 방편을 써서 큰 이익을 얻게 하는 것"을 의미한다.

숨어있는 문화유산 속으로

팔만대장경 경판(위)
팔만대장경 판목(오른쪽)

　'해인사 대장경'이 유네스코에 의해서 '세계문화유산'으로 지정된 까닭은 첫째, 우선 내용에 있어 정확무비(正確無比)하다는 사실을 들 수 있다. 승통 수기(守其) 등의 고승들이 북송(北宋)의 대장경·거란의 대장경·고려 현종 때의 대장경의 내용을 꼼꼼히 비교·검토한 뒤에 탈자·오자·결자를 바로 잡아 놓은 최고로 정확한 대장경으로 꼽히고 있다.

　둘째, 그 보존의 완벽성을 꼽을 수 있다. 해인사는 1490년 중창된 이후 숙종 21년(1695)의 소실을 비롯하여 모두 여섯 차례에 걸친 화재가 있었다. 그러나 이때마다 대장경을 보관하고 있는 대장경판전(국보 52호)만은 화재를 모면하여 지금까지도 법보 도량의 기적적 영험으로 여겨지고 있다. 대장경판전은 수다라장·법보전·동사간고·서사간고 등 네 개의 건물을 통칭하는데 이들의 가장 중요한 기능은 역시 경판을 온전히 보존하는 데에 있었다. 이를 위해서 통풍이 잘 이루어지도록 건물 외벽에 붙박이 살창을 두었는데, 벽면의 아래와 위, 그리고 건물의 앞면과 뒷면의 살창 크기를 달리함으로써, 공기가 실내에 들어가서 아래에서 위로 돌아 나가도록 설계한 최고의 과학성을 담보하고 있다. 즉 건물의 앞면 벽에 있는 아래 창은 윗창보다 약 4배 정도 크고 뒷면은 윗창이 아래 창보다 1.47배 크게 제작되었는데 이러한 차이는 건물 뒤쪽에서 내려오는 습기를 억제하고 건물 안의 환기를 원활하게 만들려는 의도에서 비롯한 것이었다. 또한 판면에는 옻칠을 한 뒤에 마구리를 대어 판목의 뒤틀림을 방지하였고 건물 바닥 흙과 천장을 이용해 습기를 조정하기도 하였다. 이와 같은 치열하고 빈틈없는 과학정신이야말로 '해인사 대장경'을 700년 동안 어떠한 재해로부터도 안전하게 보호해낸 은인이라 하겠다. 이외에도 대장경이 지닌 글자체의 아름다움, 목판의 견고성, 수준높은 문화의식이 높이 평가되고 있다.

숨어있는 문화유산 속으로

98

<불국사>와 <석굴암>이 <세계문화유산>으로 지정된 까닭은 무엇일까?

어떤 미술평론가는 우리 나라를 대표하는 사찰 건축으로서 영주 부석사·순천 선암사·경주 불국사를 꼽으면서 한국 사람은 부석사의 호방스러운 기상을 일본 사람은 선암사의 오묘한 분위기를 서양 사람은 불국사의 공교로운 인공의 멋을 좋아한다고 평가한 바 있다. 실제로 불국사에 대한 평가의 대강은 "자연적 조건에 인간의 기술을 가장 절묘하게 가미시켜 조화를 이룬 최고의 걸작품"이라는 데에 일치한다.

『삼국유사』에 따르면, 불국사는 경덕왕 10년(751) 김대성이 창건했다고 한다. "가난한 집 출신의 김대성이 자신의 재산 전부를 점개라는 승려에게 보시한 후 죽었다가, 이후 재상 김문량의 아들로 다시 태어났는데, 그 또한 재상이 되어 현세의 부모님을 위해 불국사를 세우고, 전생의 부모님을 위해 석굴암(지금은 석불사라 불리기도 한다)을 지었다"는 설화는 널리 알려져 있다.

불국사는 원래 2,000칸이 넘는 큰절이었으나 목조 건물은 임진왜란 때 불타 없어졌던 것을 1970년대에 대대적인 복원공사를 통해 지금의 모습을 갖추게 되었다. 불국사는 높은 축대 위에 평지를 조성하고 여기에 전각들

■ 경주 불국사 전경

숨어있는 문화유산 속으로

■■ 경주 불국사 청운교와 백운교

을 세운 산지형 가람인데 그 지형상의 특징 때문에 자연스럽게 세 영역으로 나뉘어져 있다. 대웅전 공간·극락전 공간·비로전 공간이 그것인데 굳이 불교적 해석을 붙인다면 이들 각각은 석가여래의 피안의 세계를 아미타불의 극락 세계를, 비로자나불의 연화장 세계를 나타낸다고 한다. 그리고 한 세계에서 다른 세계로 나아가기 위한 계단으로써 청운·백운교와 칠보·연화교가 있으며 그곳을 통과하는 관문으로써 자하문과 안양문이 존재하는 것이다. 즉 불국사는 부처의 세계와 세속의 세계를 석축을 통해 평면적으로뿐 아니라 공간적으로도 구분해 놓은 가람배치의 원형을 이루게 된다.

불국사에서 가장 중요한 미학의 요체는 대웅전 앞의 다보탑과 석가탑에 있다고 하겠다. 다보탑은 구례 화엄사의 4사자탑과 함께 통일신라시대 석탑의 최고 걸작품으로 꼽힌다.

다보탑과 함께 나란히 서있는 석가탑(일명, 무영탑)은 아사달과 아사녀의 전설이 너무 슬픈 탓인지, 항상 처연하게 서있는 것 같은 느낌을 준다.

그 애달픈 사랑이 예술 혼으로 승화된 단아함과 청순함, 그리고 거의 완벽한 균형미 등은 만든 사람의 관점이라기 보다는, 탑돌이 하면서 혹은 공양하면서 아래쪽에서 바라보는 중생들의 시선을 고려했기 때문이라 한다. 석가탑은 해체과정 중에, 세계 최고의 목판인쇄물인「무구정광대다라니경」이 발견됨으로써 더욱 유명해졌다.

　토함산 정상에 위치한 석굴암은 통일신라시대 건축예술의 모든 것을 아우르고 있는 결정체라 할 수 있다. 석굴암은 중국의 석굴사원 양식을 받아들여 만든 것인데, 중국의 그것이 자연적인 바위벽에 이루어진 것인 데 비하여, 신라의 것은 인공의 석굴을 만들어서 불상을 모신 데에 차이가 있다. 석굴암은 사각형의 전실과 원형의 후실로 이루어져 있는데 후실 천장은 돔 양식으로 돌을 쌓아 올린 것이다. 이는 기술적으로 교묘할 뿐 아니라 역학적으로도 든든하게 설계되어 있었다고 한다. 그러나 석굴암이 가장 석굴암다운 점은 그 벽면에 마련된 조각에 있다. 이들은 후실 중앙의 석가상을 비롯하여 둘레의 벽에 부조된 11면관음과 여러 보살 및 나한, 그리고 전실의 8부신장과 인왕·사천왕 등으로서 모두가 각기 특색을 지니고 조화된 미의 세계를 이루고 있다. 그 조각의 정교함과 아름다움은 가히 상상을 초월한다. 그러나 일본 총독부에 의한 세 차례의 잘못된 해체와 복원 때문에 내부의 정확한 구조를 알 수 없게 되었고, 이후의 잘못된 보수로 인해 석굴암 내부에 습기가 차서 현재는 목조 전실로 들어가 유리로 막아놓은 벽 너머로만 석굴암의 내부를 들여다 볼 수밖에 없어 안타까울 뿐이다.

■ 경주 불국사 다보탑

숨어있는 문화유산 속으로

■∥ 경주 불국사 대웅전 앞 석등과 석가탑

불국사와 석굴암은 모두는 경덕왕대(742~765)에 만들어졌다고 한다. 신라가 삼국을 통일한 이후 갓 50년을 넘긴 경덕왕대는 귀족들의 힘이 강해지기 시작할 무렵이었다. 신문왕 9년(689)에 귀족들의 경제적 기반을 없애기 위해 폐지된 녹읍제가 그로부터 70여 년이 지난 경덕왕 16년(757)에 부활되었는데, 이로써 중앙과 지방귀족들은 막대한 부를 쌓아 왕권에 도전해 나갔다. 이후 약 150여 년 동안에 21명의 왕이 평균 7년 동안 재위하는 신라 하대의 혼란상이 전개되었고 아울러 귀족들의 가혹한 수탈과 호족들의 발호로 이어졌다. 즉, 신라는 경덕왕 시대를 고비로 내리막길로 접어들었던 것이다. 그런데 이즈음에 통일신라시대의 가장 무르익은 기교의 산물인 불국사와 석굴암이 세워졌다.

불국사와 석굴암은 "성중에는 하나의 초가집도 없이 지붕과 담이 연하였으며 노랫소리가 길에 가득하여 밤낮을 그치지 않았다"는 기록에서 알 수 있듯이 호사스런 물질적 풍요를 바탕으로 이루어졌다. 당나라의 어떤 황제는 "신라의 기교는 하늘이 만든 것이지 사람의 재주가 아니다"고 감탄했다고 한다. 그렇다면 불국사와 석굴암은 삼국통일이 가져다 준 물질적 풍요와 하늘이 내려 준 기교가 합쳐져 발현된 셈인데, 공교롭게도 이들의 건축과 함께 신라가 패망의 길을 걷게 되었다는 사실이 흥미롭다. 이는 인간이 항상 추구하는 최고의 가치라는 것이 물질적이든지 혹은 정신적이든지 간에 오히려 몰락의 단서가 될 수도 있음을 뜻한다.

99

답사는 <누구>와 함께 가는 것이 좋을까?

답사의 사전적 의미는 "그 곳에 실지로 가서 보고 조사함"이다. 답사의 한자어가 '踏査'인 데에서도 잘 드러난다. 때문에 답사의 가장 본질적인 의미는 현장성에 있다고 하겠다. 아울러 그 현장성은 단순한 놀이의 차원을 뛰어넘어 연구와 조사라는 교육적 기능을 확보하고 있어야 한다. 때문에 답사란 원래부터 전문적인 영역이었다고 할 수 있다. 그런데 오늘날에는 제반 조건이 좋아져서 남녀노소를 불문하고 답사를 자주 할 뿐 아니라 즐기고 있다. 이제 답사는 전문 영역에서 상식 수준으로 연구나 조사에서 대중의 여가선용과 지적 호기심으로 확산되었다. 이에 답사란 무엇이고 도대체 어떤 답사가 가장 유효하고 가치있는가 고민해야 할 것이다. 이는 "답사를 누구랑 어디로 가서 무엇을 볼 것인가?"라는 질문으로 바꿀 수 있을 것이다.

우선 답사의 3요소부터 짚고 넘어가야겠다. 답사의 중심을 이루는 세가지 요소로는 답사를 가는 주체, 답사의 대상물 그리고 답사에서의 느낌 등을 들 수 있다. 우선 답사의 주체는 '나'라고 하는 단독주체와 '우리'라고 하는 공동주체로 나눌 수 있다. 또한 공동주체라 하더라도 애인이나 친구

숨어있는 문화유산 속으로

몇 명끼리 가는 소규모 주체와 100명 이상씩 가는 대규모 주체로 나뉠 것이다. 이러한 답사행위 주체가 누구인가에 따라 그 답사의 장소와 성격 또한 달라진다. 때문에 답사를 갈 때에는 이 주체의 문제를 먼저 확인해야 할 것이다.

그렇다면 답사는 누구와 함께 가는 것이 가장 좋을까? 물론 "좋은 사람"과 가야 한다. 여기에서 말하는 좋은 사람이란 어떤 사람일까? 자 지금부터 여러분들이 머리 속으로 그 사람을 떠올려보시라. 만약 "아, 그 사람이랑 가면 좋겠구나" 하는 사람이 떠올랐다면, 바로 그 사람이 좋은 사람이라고 할 수 있겠다. 친구, 애인, 짝사랑하거나 사모하는 사람, 부모나 가족 등등. 그러나 단서가 있다. 생각하는 사람이어야 한다. 일찍이 함석헌 선생은 "생각하는 백성이어야 산다"고 강조한 바 있다. 또한 공자도 "배우기만 하고 생각하지 않으면 맹목적이고, 생각만 하고 배우지 않으면 위태롭다(學而不思則罔 思而不學則殆)"고 말하였다. 많이 배우고 학식이 높은데도 생각이 없으면 무의미하다는 뜻이다. 여기에서 생각이란 사상이고 인식이고 세계관일 터이다. 물론 선악의 가치개념까지 동원될 필요는 없더라도, 최소한 '더 좋은 세상'의 꿈을 이루는 데 동의하는 수준 정도는 되어야 하겠지만 말이다. 왜냐하면 우리가 주위에서 학벌 좋은 사람들이 비리에 연루되어 국민에게 큰 폐해를 끼치는 경우를 종종 볼 수 있는데, 이들 또한 '학이불사(學而不思)' 한 존재들이기 때문이다. 즉, '학이불사' 한 사람들의 잘못된 행동과 처신이 그 자신의 타락에만 그치는 것

■ 부안 내소사 전나무 길을 걷는 연인

이 아니라, 궁극적으로는 훨씬 많은 사람들의 일상을 고달프게 하고 괴롭힌다는 것이다. 이에 좋은 생각을 갖는다는 것은 개인이나 나라를 위해서 좋은 일임에 틀림없다. 그렇다면 큰 배움의 뒤에는 항상 좋은 생각이 있어야 함은 만고의 진리인 것 같다.

과연 내 주변에는 좋은 사람이 있는가? 이런 고민은 전혀 무의미하다고 하겠다. 왜냐하면 자기 자신이 아무 생각없이 하루하루를 살아간다면, 자기 주변에 어찌 생각있는 사람이 몰려들겠는가? 즉, 자신이 스스로 좋은 생각을 가지고 생활하면, 자기 주변에는 모두 같은 무리들이 모여 있기 마련이다. 그래서 옛 사람들은 친구를 만날 때는 항상 '괄목상대(刮目相對)'를 권했던 것이다. 단 3일이 지난 뒤에 만나더라도 그 모습이 변하여 눈을 씻고 다시 볼 수 있는 친구를 뜻한다. 3일만에 변한 자신의 친구를 보고 놀랄만한 사람이라면, 그 또한 다른 친구에게 '괄목상대'할 터이니, '끼리끼리'라는 말이 그나마 긍정적으로 사용되는 대표적 경우라 하겠다.

■ 김제 금산사에 견학 온 유치원생들

■ 영주 부석사를 찾은 사학과생의 답사모습

숨어있는 문화유산 속으로

100
가장 좋은 <답사지>를 꼽는다면 어디일까?

　원래 답사라는 게, "언제 누구랑 다녀왔느냐"에 따라 그 기분과 느낌이 매양 다르기 때문에 가장 좋은 답사지를 꼽는다는 것은 어려운 일이다. 그러나 답사를 일삼아 다니다 보면 아무래도 '참 좋은 곳', '그런 대로 가볼 만한 곳', '괜히 왔다싶은 곳' 등으로 값이 매겨지곤 한다. 그렇다면 진정, 답사하기 가장 좋은 곳은 어딜까? 만약 한 군데만을 선택해야 한다면 경북 영주의 부석사를 추천하고 싶다.

　봄날 부석사 앞길을 걸으면 사과 꽃이 활짝 피어 있다. 유홍준교수 표현대로 "세상에 느티나무 뽑을 장사는 있어도 사과나무 뽑을 장사는 없다"할 정도로 힘이 센, 그래서 굵고 용틀음 하는 것 같은 앙상한 가지에 그토록 아름다운 꽃이 핀다는 것은 마치 요술같다. 가을철 부석사로 올라가는 비탈길에는 빨갛게 익은 사과가 빼곡하게 열려 있다. 어릴 적부터 동화책에 등장하는 마귀 할멈의 과일바구니 속, 아니면 명절 때 선물로 받은 나무상자 안에 갇혀있는 사과가 아니라, 진짜로 나무에 열려있는 사과를 한없이 볼 수 있다.

　그리고 해질녘 붉은 노을이 하늘 한 쪽을 덮고 있을 때에 부석사를 찾으면 장엄한 태백산맥 봉우리들, 그 위에 떠있는 구름들 그리고 '시간의 아득함'을 느낄 수 있다. 그리고 한나절 내내 외로움에 지쳐있던 온 산을 뒤덮어버린, 참으로 은은한 종소리 그리고 북소리를 들을 수 있다. 우리가 많은 사찰을 돌아다니면서 종과 북을 보지만, 그들이 울리는 모습을 보기 힘들다. 때문에 부석사 답사는 박제화 되어 있는 문화유산에 대한 고정관념을 일순간에 해체시켜 버리곤 한다. 그래서 부석사 답사는, 항상 불가능한 것들에 대한 꿈으로 다가선다. 아주 조용히 말이다.

부석사는 문무왕 16년(676) 의상대사가 세운 절이다. 의상이 당나라에서 수학하던 도중, 당나라가 신라를 침공하려 한다는 소식을 전하려고 돌아온 뒤, 양양 낙산사를 비롯하여 전국을 돌아다니다가 마침내 자리잡은 대표적인 화엄도량이다. 그래서 부석사 경내에 자리잡은 건물의 배치도 자세히 살펴보면, '華'라는 글자 모양으로 이루어져 있다고 한다.

부석사에는 의상에 대한 당나라 여인 선묘의 애절한 사랑을 담은 전설이 깃들여 있다. 당나라 여인 선묘는 유학승 의상을 사모한 끝에 불가에 귀의하였다. 의상이 당나라 유학을 마치고 신라로 떠나는 배를 타던 날, 선묘낭자가 부두에 나아갔지만 이미 배는 떠난 뒤였다. 이에 선묘는 의상에게 주려고 마련한 옷가지가 든 상자를 바다에 던지며, "이 상자를 저 배에 닿게 해 달라"고 서원하니, 상자가 물길을 따라 배에가 닿았다. 뒤이어 "이 몸 용이 되어 의상대사의 뱃길을 호위하게 하소서"하며 몸을 바다에 던지니 소원대로 용으로 변하여 의상이 무사히 신라 땅에 닿을 수 있도록 호위하였다고 한다. 이렇게 신라에 돌아온 의상은 후일 태백산 자락에 절을 세우려 하였으나, 이미 500여 명의 '이단의 무리'가 자리잡고 있어 그 뜻을 이루지 못하였다. 이에 선묘낭자가 사방 십 리나 되는 커다란 바위

■|| 영주 부석사 內 선묘도

숨어있는 문화유산 속으로

■ 영주 부석사의 부석바위

로 변하여 공중에 떠서 그들을 위협하자 두려움에 떤 '이단의 무리들'이 물러나게 되어 마침내 이곳에 절을 세웠는데, 그 창건설화에 따라 '부석사'(浮石寺: 떠 있는 바위가 있는 절)라 이름지었다고 한다. 지금도 무량수전 서쪽 뒤편에 이 때의 바위가 있는데, 뒷날 누군가 '浮石'이라는 글자를 새겨 놓았다. 『택리지』의 저자 이중환이 1723년에 부석사를 찾아, "실을 넣어 이리저리 돌려보아도 막힌 데가 없으니, 정말 신기하다"는 기록을 남겨두었는데, 사실 여부는 답사 여행 때에 직접 확인해보기 바란다.

한편 부석사에서 가장 눈여겨보아야 할 문화유산은 무량수전(국보 제15호)인데, 이는 현재 봉정사 극락전 그리고 수덕사 대웅전과 함께 우리나라에서 가장 오래된 목조건축물 중의 하나로 꼽히고 있다. 특히 부석사 무량수전은 '배흘림 기둥'으로 너무도 유명하며, 그 건축 기법으로 보아 가히 현대인이 엄두도 못 낼 정도로 정교하고 아름답게 지어진 건물로 평가받고 있다.

이외에도 부석사에는 의상을 모시고 있는 조사당(국보 제19호), 무량수전 안에 모셔진 아미타여래좌상(국보 제45호), 통일신라시대의 대표적 석등(국보 제17호), 9세기경에 세워진 삼층쌍탑(보물 제249호), 같은 시기에 조성된 삼존불상(보물 제220호), 화엄종찰의 깃발을 나부꼈을 당간지주(보물 제255호), 산등성을 서로 연결시켜주는 거대한 석축과 안양문 등등 수많은 문화유산이 산재해 있으나, 이들의 가치와 아름다움에 대해서는 답사객의 몫으로 남겨두어야 할 것 같다.

만약 불가능한 꿈들에 대한 그리움과 소망을 안고 사는 이들이 있다면, "나무에 열려있는 사과를 볼 수 있고, 〈시간의 아득함〉이 느껴지고, 해질녘 산사에 종소리가 울려 퍼지는", 부석사를 찾으라고 권하고 싶다.

영주 부석사와 태백산맥

참고문헌

- 이기백 책임편집,『한국사 시민강좌』1~32, 일조각, 1987~2003.
- 신영훈,『사원건축』, 대원사, 1989.
- 정영호,『석탑』, 대원사, 1989.
- _____,『부도』, 대원사, 1990.
- 진홍섭,『불상』, 대원사, 1989.
- _____,『석불』, 대원사, 1989.
- 최완수,『명찰순례』2, 대원사, 1994.
- 최현각 · 김봉렬 · 소재구 글,『법주사』, 대원사, 1994.
- 유홍준,『나의 문화답사기』1 · 2 · 3, 창작과 비평사, 1993 · 1994 · 1997.
- 김원룡 감수,『한국미술문화의 이해』, 예경, 1994.
- 히로 사찌야 지음, 최재선 옮김,『석가와 예수의 만남』, 여래, 1994.
- 베네딕트 앤더슨 저, 최석영 역,『민족의식과 역사인류학』, 서경문화사, 1995.
- 송석상 · 이강승 편저,『그림으로 배우는 우리의 문화유산』, 학연문화사, 1996.
- 한국문화유산답사회 엮음,『답사여행 길잡이 6 -지리산 자락-』, 돌베개, 1996.
- 한국불교연구원, 한국의 사찰 <화엄사>, 일지사, 1976.
- 김희태 · 조웅 · 김경칠,『문화재를 위하여』, 향지사, 1997.
- 이재창 · 장경호 · 장충식 글,『해인사』, 대원사, 1997.
- 함동선,『함동선의 문학비 답사기』, 앞선책, 1997.
- 김정빈 글, 최병용 그림,『만화로 보는 불교이야기 1~5』, 고려원미디어, 1998.
- 데미엔 키언, 고길환 옮김,『불교란 무엇인가』, 동문선, 1998.
- 이중환 저 · 이익성 역,『택리지』, 을유문화사, 1998.
- 권영한,『재미있는 우리 사찰의 벽화이야기』, 전원문화사, 1999.

참고문헌

- 박언곤 글·김종섭 사진, 『한국의 누』, 대원사, 1999.
- 우리시대의 역사학자 18인 씀, 『역사의 길목에 선 31인의 선택』, 푸른역사, 1999.
- 이해준, 『역사속의 전라도』, 다지리, 1999.
- 정영호 감수, 『그림과 명칭으로 보는 한국의 문화유산』, (주)時空테크, 1999.
- 정찬주, 『길 끝나는 곳에 암자가 있다』, 해들누리, 1999.
- 강성열 지음, 『지리로 보는 지리산』, 향지사, 2000.
- 구미래, 『한국인의 상징체계』, 교보문고, 2000.
- 이범직·김기홍 편저, 『전통문화란 무엇인가』, 건국대학교출판부, 2000.
- 이정모 지음, 『달력과 권력』, 부키, 2000.
- 장선희·정경운, 『호남문학기행』, 박이정, 2000.
- 정병삼·김봉렬·소재구 글, 손재식 사진, 『화엄사』, 2000.
- 허균 지음, 『사찰장식, 그 빛나는 상징의 세계』, 돌베개, 2000.
- 손승철·김세민·이상배 지음, 『역사속으로의 하남여행』, 경인문화사, 2003.

숨어있는 문화유산 속으로

3쇄발행 2008년 2월 29일
지은이   김병인 · 조상현

발행인   한정희
발행처   경인문화사
         서울특별시 마포구 마포동 324-3
등록 제10-18호(1973.11.8)
전화   02-718-4831
팩스   02-703-9711
편집 · 디자인   김명선
원색 · 제판   산성

ISBN 89-499-0208-7 03910
값 12,000원

*파본 및 훼손된 책은 교환해 드립니다.